AF361996

Editorial
NUN

Ficha bibliográfica

Padilla Monroy, Juan Carlos

Los bordes del tiempo

1a. edición, 2021

ISBN Impreso: 978-607-99468-3-8
ISBN Digital: 978-607-99468-4-5

Editorial Notas Universitarias, S.A. de C.V.
Impreso en la Ciudad de México

Formato: 15 × 21 cm

296 pp.

Editorial NUN

Es una marca de Editorial Notas Universitarias, S.A. de C.V.

Xocotla 17, Tlalpan Centro II, alcaldía de Tlalpan, C.P. 14000, Ciudad de México

www.editorialnun.com.mx

Dirección editorial y diseño de portada: Miryam Meza Robles
Cuidado de edición: Felipe G. Sierra Beamonte
Corrección de estilo: Lorena García Contreras

Impreso en México

Los bordes del tiempo

Juan Carlos Padilla Monroy

Índice

SEGUNDA PARTE
Crítica a la teoría de la aceleración social

Introducción

Hartmut Rosa (1965) es un sociólogo y filósofo alemán, catedrático en la Universidad de Jena, Alemania, que ha desarrollado en los últimos quince años una teoría sobre la aceleración social.

La principal preocupación de Hartmut Rosa consiste en comprender por qué el ser humano, a pesar de los avances científicos y tecnológicos del presente siglo, parece que no ha alcanzado un estado de bienestar, una *buena vida* (*good life*) a nivel mundial.

En su libro *High-Speed Society: Social Acceleration, Power, and Modernity*, el autor esboza el marco teórico de su trabajo. Primero, analiza las perspectivas clásicas de la aceleración social a partir de diferentes ámbitos sociales y culturales a través de autores como Henry Adams (historiador), Georg Simmel (sociólogo), Filippo Tommaso Marinetti (artista), John Dewey (pedagogo) y Carl Schmitt (politólogo), lo que demuestra el carácter transdisciplinario que pretende la obra. Segundo, elucida los fundamentos teóricos de una sociedad altamente acelerada, las consecuencias éticas y políticas, la aceleración histórica, las dinámicas espaciotemporales y sus repercusiones respecto al poder y la democracia, a partir de las ideas de intelectuales del siglo xx como Reinhart Koselleck (historiador), Bob Jessop (politólogo), Hermann Lübbe (filósofo) y John Urry (sociólogo). Tercero, estructura las consecuencias políticas de una sociedad acelerada en torno a crisis de gobierno, fuerzas armadas, civilidad y cultura, donde dialoga con pensadores actuales como Paul Virilio (urbanista), Stefan Breuer (sociólogo) y Herfried Münkler, William E. Connolly y William E. Scheuerman (politólogos). Esta primera obra se publicó en 2008 y sirvió como base para el desarrollo de su teoría.

Social Acceleration: A New Theory of Modernity fue publicada en 2013 y ofrece una estructura sólida sobre lo que considera la aceleración social. Primero, sitúa la teoría en el marco del análisis de la modernidad, y afirma que en estos estudios no se ha considerado de forma suficiente la temporalidad como factor determinante; asimismo, aproxima una noción/definición de la aceleración social. En segundo término, indaga sobre los mecanismos y manifestaciones de los fenómenos de aceleración social y explica el balance entre las dimensiones de aceleración y las categorías de inercia; es decir, establece las tres categorías de la aceleración social y expone que estas fuerzas producen resistencias a la aceleración, en otras palabras, las formas de desaceleración social e inercia. Tercero, revisa las causas de la aceleración y establece sus motores mediante la explicación de que, en sinergia, generan autopropulsión, es decir, forman un círculo de aceleración que no se detiene nunca. Y cuarto, observa las consecuencias que genera la aceleración social, tanto desde el impacto en la globalización política y económica, como en aspectos culturales y sociales de la posmodernidad, sus paradojas, la identidad, la temporalidad y la desintegración social.

En 2016 se publicó el primer libro de Hartmut Rosa en idioma español, a cargo de la editorial argentina Katz. El libro pretende ofrecer un bosquejo, desde la teoría crítica, de la teoría de la aceleración social con el objetivo de abrir el diálogo en países de habla hispana. Ya en 2011 la Universidad "Alberto Hurtado" en Chile lo había invitado a dar una conferencia sobre las *consecuencias éticas y políticas de una sociedad acelerada*, lo que hace pensar que la teoría de la aceleración social ha encontrado mayor eco en Suramérica que en México; sin embargo en los últimos años, cabe mencionar, el autor ha hecho un importante esfuerzo por dar a conocer su trabajo en diferentes foros y universidades de distintas latitudes, incluido México.

Quizás una de las razones por las que la teoría de la aceleración social de Hartmut Rosa no ha alcanzado la notoriedad que amerita es el pesimismo implícito en ella, pues en *High-Speed Society* habla del inminente "fin de la historia" y la necesidad de permitir que el mundo se siga acelerando, ya que, al ser la aceleración la fuerza productora, la desaceleración no podría contenerla. Surgieron críticas alrededor del mundo y, por ello, en agosto de 2019, publicó su más reciente obra, *Resonance: A Sociology of Our Relationship to the World*. En ella, elabora una propuesta sociológica frente a los retos del acelerado siglo xxi. "Si la aceleración es el problema, la solución sería la resonancia", pues la calidad de vida humana no puede medirse en términos de recursos, opciones y momentos de felicidad, más bien se debe considerar la relación con el mundo. Según el autor, todas las crisis de la sociedad moderna (ambiental, democracia, psicológica, etcétera) se pueden entender en términos de resonancia.

El presente libro persigue explicar y responder algunas interrogantes que se desprenden de la teoría de la aceleración social de Hartmut Rosa, la cual cobra mayor relevancia con los cambios sociales suscitados a nivel mundial a partir de la pandemia viral del año 2020. Nuestro trabajo está compuesto por dos partes; la primera se dedica a explicar la teoría de la aceleración social de dicho pensador; hemos intentado contextualizarla en la realidad mexicana y con ejemplos académicos principalmente dirigidos a universitarios, dada la relevancia de dar a conocer a Rosa para que sus ideas y trabajo tengan difusión y susciten más diálogos interdisciplinarios. La segunda parte del libro consiste en una crítica a la teoría de la aceleración social, acompañada por reflexiones interdisciplinarias que buscan robustecer el diálogo con nuestro teórico, empleando ora categorías de autores contemporáneos –algunos, incluso, contrarios a su pensamiento–, ora categorías propias que permitan elevar la discusión en torno a este tema en los ámbitos académicos de habla hispana. En esta segunda parte, hay algunos aspectos que cobran particular relevancia, debido a una relación intrínseca –entre el autor y su obra, así como entre la crítica y la teoría–, uno es la noción heideggeriana de *ser-en-el-mundo*, implícita en el trabajo de Rosa; otro, la diferenciación lingüística, ontológica y epistémica de John Searle, la cual forma parte esencial de la crítica, pues el tiempo así como las variables que desprende, se comprende a partir de lo que sobre él podemos explicar lingüísticamente.

En la primera parte de este libro proponemos exponer la teoría de la aceleración social en Hartmut Rosa con dos objetivos muy concretos: para dar a conocer la obra del autor de quien sólo se ha impreso un libro en español referente a un trabajo que lleva ya quince años; aunado a ello, con el fin de establecer los aspectos más importantes de su teoría y así poder elaborar una crítica que permita fortalecerla y aprovecharla.

La teoría de la aceleración social constituye un *planteamiento complejo* debido a que consiste en un trabajo inter y transdisciplinario. Sus categorías se encuentran en la frontera entre la sociología y la filosofía; además, la respuesta a la pregunta en torno a la *vida buena*, a la que quiere dar respuesta nuestro autor, constituye un problema transversal que se puede mirar desde otras perspectivas tanto científicas (física, medicina, psicología), como humanísticas (historia, antropología, comunicación).

La aceleración social consiste en un fenómeno social que afecta a los miembros individuales de la sociedad, pues se genera sistémicamente; razón por la que las personas entran involuntariamente en el mecanismo aceleratorio, sin prácticamente percatarse de él y con dificultades para reconocerlo y sustraerse de tal aceleración. Su origen puede situarse en el comienzo de la Revolución Industrial, cuando las fuentes de energía permitieron la producción masiva, el aumento en la velocidad de la comunicación y los transportes; desde entonces, se ha desarrollado en periodos que encuentran refuerzos y resistencias, y con el advenimiento de las llamadas segunda y tercera revoluciones industriales, los procesos mismos de la aceleración social se aceleran.

Aun cuando autores como Carlos Marx, Augusto Comte y Norbert Elias han abordado los procesos de transformación históricos de la sociedad, en el caso de los dos primeros, y la comprensión social del tiempo en el segundo, para Hartmut Rosa el problema de los estudios sobre la modernidad es que no han contemplado suficientemente la variable de la temporalidad. Por ello, elabora un análisis de las posturas sociológicas que han intentado explicar la modernidad, así como sus promesas y paradojas. El estudio de los fenómenos sociales nunca podrá ser estático; por eso es necesaria la variable del tiempo, pues las cosas ocurren, acontecen y cambian.

La teoría de la aceleración social contempla tres categorías de aceleración específicas, a saber, la aceleración tecnológica, la aceleración del cambio social y la aceleración del ritmo de la vida. Las dos primeras son más fácilmente apreciables desde una perspectiva sociológica, pero la tercera requiere de un análisis más profundo desde la antropología filosófica y la psicología. Estas categorías sólo establecen los puntos de referencia. Los mecanismos de aceleración constituyen las causas que producen este fenómeno social-individual.

El motor económico de la aceleración social está relacionado con una sociedad altamente competitiva y cuyo eje rector es el dinero; por su parte, el motor cultural se relaciona con la ausencia, en el mundo contemporáneo, de una idea de trascendencia. Por otro lado, también podemos hallar la causa en la promesa de la modernidad, con respecto a la posibilidad de ser y hacer casi cualquier cosa en esta vida. Finalmente, el motor estructural consiste en la asimilación de la aceleración en la vida cotidiana, pues si todo se mueve con mayor velocidad, la única manera de mantener el ritmo es moverse cada vez con mayor velocidad. Cuando todo alrededor cambia, las personas se ven forzadas, estructuralmente, a cambiar con el entorno.

De este modo, llegamos al corazón de la teoría que propone Hartmut Rosa, pues si reconocemos y aceptamos las causas de la aceleración, debemos preocuparnos por las consecuencias y las posibles salidas al problema; es ahí donde surge la denominada *desaceleración social*, que consiste en una respuesta consecuente, a veces natural y a veces voluntaria, frente al fenómeno social.

El autor propone cinco formas de desaceleración e inercia. Es necesario advertir que el fenómeno desacelaratorio es consecuencia de la propia aceleración, razón por la cual ambas fuerzas, aceleración y desaceleración, no están en balance, pues la primera engendra la segunda. Por su cuenta, las formas de desaceleración social son una crítica y un análisis de las formas de aceleración, pues no todas las cosas del mundo se aceleran o pueden acelerarse, y la velocidad misma, intrínsecamente, tiene límites.

El fenómeno de aceleración se observa sobre todo en las ciudades. No todas las regiones del mundo se aceleran de la misma manera ni al mismo ritmo, pero debemos reconocer que la aceleración social no es un fenómeno que afecta sólo al mundo que habitamos, sino también al modo en que nos relacionamos con él y, necesariamente, a nosotros como parte del mundo en que vivimos. Desde la rebelión de Ned Ludd en el siglo XVII y hasta nuestros días, hay personas que resisten a los cambios sociales, ya sea de manera individual o de manera organizada. El Hartmut Rosa de sus primeros trabajos pensaba que la inercia de aceleración no tenía freno posible, sin embargo, en el último libro, *Resonancia*, ofrece una respuesta más optimista frente la posibilidad de poner un freno, o quizá, lograr un cambio.

La segunda parte del libro elabora una crítica inter y transdisciplinaria de la teoría de la aceleración social de Hartmut Rosa con el objetivo de enriquecerla y fortalecerla, pues consideramos que el trabajo es esencialmente correcto, pero puede refinarse con el apoyo de otros autores contemporáneos que han hecho observaciones en torno al tiempo dentro de sus respectivos análisis sobre la modernidad. Para ello, hemos optado por adoptar algunas categorías relacionadas con la temporalidad en otros autores y generar algunas propias, de manera que podamos entablar un diálogo siempre constructivo con nuestro autor.

El libro toma el nombre *Los bordes del tiempo* porque, para hablar de la temporalidad, es necesario revisar, como lo propone John Searle desde la filosofía del lenguaje, sus aspectos ontológicos y epistémicos. El análisis del tiempo es complejísimo, pues implica no sólo la comprensión ontológica del sujeto que tiene un tiempo existencial, sino también la revisión del tiempo del mundo que habita, un mundo que, a su vez, transforma al sujeto y es afectado por éste; asimismo, debemos abordar la epistemología del tiempo, desde su percepción hasta su medición, para delimitar sus bordes. Por si fuera poco, estamos ante una noción tanto abstracta como concreta, en ocasiones superficial y por momentos dramática.

La teoría de la aceleración social no delinea los bordes del tiempo, simplemente asocia observaciones sociológicas con argumentos filosóficos; en este libro proponemos establecer *los bordes del tiempo* a partir de la teoría de Rosa con el fin de comprender los límites del tiempo mismo y de la teoría dentro de dichos límites.

La complejidad propia de la teoría impide abordar todas sus aristas, pero muchos otros pensadores contemporáneos exploran aspectos relacionados con la aceleración social; considerando lo anterior, en nuestro estudio son pertinentes desde los filósofos Searle y Byung-Chul Han, hasta sociólogos como Zygmunt Baumann o Pierpaolo Donati, pasando por pensadores más polifacéticos como Iván Illich y Steven Pinker, el economista Serge Latouche, el científico Carlo Rovelli o la teoría crítica de la Escuela de Frankfurt –de la que el mismo Rosa se ha convertido en pionero desde una nueva forma de comprenderla–, sin olvidarnos nunca de los clásicos, que constituyen la base del pensamiento occidental. Todo lo anterior desde la comprensión de que no son los únicos autores con quienes se podría dialogar un fenómeno tan importante como éste, particularmente a partir del año 2020 en que la forma de relacionamos con el mundo está cambiando.

Una de las ventajas de analizar los aspectos ontológicos del tiempo es que nos permite abrir la teoría de Hartmut Rosa hacia una idea de trascendencia (que también precisa su propia temporalidad) no presente en su obra, en buena medida, porque es heredera de la tradición filosófica heideggeriana que contempla al ser-en-el-mundo como uno limitado por el mundo mismo, un ser para la muerte sin más destino que la muerte misma.

A pesar de que la idea de trascendencia escapa a la teoría de la aceleración social, el propio Hartmut Rosa comprende que la *religión* es un aspecto importante para que la persona tenga cabal serenidad en el mundo; independientemente de la que se profese, el espíritu humano halla una paz que permite pausar la vida cotidiana y despliega la posibilidad de que el ser humano se pueda replantear su existencia en el mundo.

Además de la *religión*, el propio autor a lo largo de su obra menciona las ideas de *estrategia* y de *resonancia*, nociones que reconcilian la negatividad del discurso de Rosa con la posibilidad de una *buena vida*. Por un lado, la *estrategia* consistiría en asumir la aceleración del mundo y aprovecharla en propio beneficio, pues el aumento en la velocidad de ciertas actividades puede ser provechosa. Los cambios de ritmo, como cuando corremos o hacemos ejercicio, pueden ser benéficos; una estrategia de aceleración con un objetivo claro sería la forma inteligente de acelerar y frenar el ritmo de la vida intencionalmente. Por su parte, la *resonancia* consiste en la posibilidad de comunicar a los otros la problemática del sistema inercial de aceleración, de modo tal que cada uno pueda tomar sus propias decisiones para modificar el ritmo de su vida. Si los seres humanos cambian inercial e intencionalmente sus ritmos vitales, necesariamente el sistema institucional del mundo cambia también. Estas tres categorías serían el término medio entre los procesos de aceleración y sus efectos desaceleratorios.

Además de considerar las categorías *religión*, *estrategia* y *resonancia* que el autor contempla, aunque no desarrolla, realizamos una crítica a la teoría de la aceleración social e incorporamos cinco categorías de reflexión adicionales que ayudarían a dar respuesta a la pregunta central de la teoría sobre la buena vida y la manera en que vivimos el tiempo. La primera de las categorías es la *contraproductividad*, que puede entenderse como la condición adquirida por una herramienta cuando ha perdido la razón por la cual fue creada, o bien, como la herramienta, que es un medio para la obtención de un fin, y se convierte, en sí misma, en un fin.

En el análisis histórico de la condición humana observamos que el ser humano ha modificado su manera de relacionarse con el trabajo, pasando de un *animal laborans* que debe realizar un trabajo físico que le exige extenuarse, hasta un *homo faber* que diseña herramientas para facilitar su trabajo. El ser humano debe impedir que sus herramientas, diseñadas para facilitar sus actividades lo regresen a una condición de *animal laborans*. Esto ocurre cuando dichos objetos se convierten en fines, o bien, al producir más trabajo del que prometían facilitar; en otras palabras, cuando se vuelven contraproductivos.

La segunda de las categorías que sirven como crítica a la teoría de la aceleración social de Hartmut Rosa es la *desincronización*. Esta categoría se desprende de la aceleración tecnológica, pues las nuevas herramientas que, en teoría, facilitan la vida del ser humano, permiten la sensación de control del tiempo; sin embargo, si las herramientas tecnológicas son contraproductivas, lo que tenemos en realidad es (des)control del tiempo. La desincronización surge cuando se pierde la unidad espaciotemporal en los aspectos subjetivos del tiempo, ontológico y epistémico, y trae como consecuencias la insatisfacción del goce del presente, la impresión de que no se tiene la buena vida que se persigue.

El problema con la *desincronización* es que rompe la continuidad del tiempo, el ser se encuentra presente espacialmente, pero ausente temporalmente, y esta discontinuidad del tiempo conduce a una acción desafortunada en el *timing* de la vida cotidiana, lo que equivale, en términos de la mitología helénica, a permitir que *Kairos* se escape.

Con la idea de que "somos tiempo", se traza una línea de continuidad histórica, individual en cada ser humano, además de colectiva. Los acontecimientos, al igual que la vida individual de las personas, requieren de una narración pero, como toda narración, se necesita una dirección y un sentido que rija el tiempo que se narra; así, la *dirección y el sentido del tiempo* son la tercera categoría de nuestro análisis. En la vida cotidiana se usan expresiones como "hay un tiempo para todo" que no es otra cosa que la forma en la cual cada persona da sentido a su tiempo, pues la libertad permite a cada uno, a pesar de las circunstancias de vida, llevar a cabo las acciones que considere convenientes para su existencia, y estas acciones, así como sus consecuencias, sólo son posibles en el tiempo y dejarán, asimismo, una huella en el tiempo.

Uno de los problemas de la aceleración social expuesta por Hartmut Rosa consiste en que las personas ya no se percatan del tiempo cotidiano, la vida se ha vuelto rutinaria y acelerada como el primer satélite artificial *Sputnik* (que después de ser lanzado al espacio, ya sólo daba vueltas alrededor del planeta sin mayor sentido). A fin de recuperar el *sentido del tiempo*, es necesario hacer una pausa para contemplar el motivo de nuestras acciones y retomar el rumbo, es decir, la *dirección* que queremos dar nuestras existencias.

La cuarta categoría sobre la que deseamos hacer una reflexión es la de *alteridad*. Preferimos esta noción sobre la de *otredad*, pues implica la capacidad no sólo de ser otro, sino también de ser distinto con respecto a lo demás que hay en el mundo, mientras que otredad se refiere más a la distinción del sí mismo como otro. Como quiera que sea, la alteridad es todo lo que hay en el mundo, lo animado e inanimado, lo completamente distinto y, por supuesto, los otros similares a mí, con quienes comparto mi habitar el mundo. Todos juntos ofrecen negatividad y resistencia hacia mí y no me permiten asimilarme en ellos, ni yo a ellos diluirse en mí. Esta resistencia dolorosa y negativa permite al sujeto forjar una personalidad auténtica que se encuentra a sí misma en el tiempo, en su afectación por los demás.

La persona que se forja en la interacción del ser con el mundo podrá comprender al mundo, si y sólo si logra vivir y superar la paradoja de ser-en-el-mundo sin ser el mundo y acepta que su permanencia es temporal en él. Los griegos no estaban equivocados al sostener que el hombre virtuoso va construyéndose en el tiempo, pues incluso él se puede corromper en el tiempo y permanecer, aristotélicamente hablando, en el justo medio; se trata de un arte, como es un arte vivir una vida en el mundo tardomoderno del siglo xxi gozosa y trascendentemente o, en términos de Hartmut Rosa, viviendo una buena vida (una vida que sea buena y merezca llamarse como tal).

La última categoría que desarrollamos en este trabajo es la de *relación*, pues tanto la vida del ser humano, como la existencia ontológica y episté-mica del tiempo es en relación con algo. La gran aportación de la física de Einstein en esta crítica de la teoría de la aceleración social es, precisamente, su teoría de la relatividad: relatividad y relación son quizá las caras de la misma moneda; aunque una palabra pueda ser empleada como concepto riguroso y la otra como simple noción, en el fondo son relacionales.

Las relaciones sociales son múltiples para un ser humano y cambian constantemente en el tiempo, de ahí su relatividad. Pero en la relación del ser con la alteridad es donde cobran sentido la existencia y el tiempo, el ser y el estar, el aquí y el ahora, perdidos en el acelerado mundo en que vivi-mos. Cuanto más próximo se encuentra un objeto o una persona, más se le conoce y más tiempo se pasa con él; su relación se vuelve más estrecha y su resistencia es mayor entre sí. La negatividad es la que mantiene con vida la relación, y si en algún momento dado la relación rompe su sentido, necesariamente extravía el sentido también, la alteridad se aleja y el ser encuentra otra alteridad para relacionarse, crecer, acercarse o alejarse.

La teoría de la aceleración social es relevante porque el mundo moderno ha perdido sus relaciones y las ha reemplazado por conexiones que, en el fondo, no ofrecen ninguna resistencia ni negatividad. Una persona que pasa su vida a gran velocidad podrá encontrar mucha alteridad a su alrededor, pero si no entra en relación con ella, porque la velocidad deforma todo cuanto encuentra, jamás entrará en una relación y tan pronto como la observe, la perderá.

El propósito de este libro consiste en referir la aceleración social en Hartmut Rosa a sus aspectos antropológicos, con el objetivo de fortalecer la teoría en el ámbito filosófico, pues estamos comprometidos con su legítima preocupación, cuya complejidad requiere soporte y reflexión. Quizá este soporte permita establecer nociones más precisas para lograr mediciones asequibles para un estudio interdisciplinario de la aceleración social.

Finalmente, por respeto a las ideas de Rosa y precaución por si el lector deseara desarrollar algún trabajo a partir de las referencias expuestas en este libro, se podrá advertir que las citas correspondientes a sus obras se encuentran tanto en el interior del texto como en notas a pie de página; esto se debe a que la cita en español es una traducción propia de la obra consultada en inglés, y la original en inglés (que se encuentra al pie de página) es directamente de Hartmut Rosa, quien escribió estas obras en esa lengua —a pesar de ser un autor alemán—. Es decir, no se trata de una traducción al inglés del alemán original, sino de escritura en inglés del mismo autor; en ese sentido, prefiero ofrecer al lector una traducción personal de la obra y permitir también que se lea directamente a Rosa en el idioma original.

PRIMERA PARTE

Teoría de la aceleración social en Hartmut Rosa

CAPÍTULO 1

Problema complejo

Hay más cosas en el cielo y en la tierra, Horacio,
de las que has soñado en tu filosofía.

William Shakespeare

El filósofo y sociólogo alemán Hartmut Rosa (1965) ha desarrollado una teoría sobre la *aceleración social* a partir de la cual busca explicar en qué consiste y cómo puede ser superada la *paradoja del tiempo* en el mundo tardomoderno del siglo xxi. Así escribe su objetivo: "Mi tesis será que la aceleración corresponde a una desnaturalización de la experiencia tradicional del tiempo".[1] Ciertamente, se habrá de comprender en qué consiste esta *paradoja del tiempo* y qué debemos entender por "experiencia tradicional del tiempo"; sin embargo, debemos asumir en su totalidad la preocupación de nuestro autor si deseamos resolver algunos de los problemas derivados de su teoría. Ahora bien, para entender dicha teoría, es preciso advertir y también aceptar al menos dos cuestiones generales, pero fundamentales e inherentes a la propuesta, mismas que delimitan sus alcances.

---

[1] Hartmut Rosa, *High-speed Society: Social Acceleration, Power, and Modernity*, The Pennsylvania State University Press, 2010, p. 116. "My thesis will be that acceleration corresponds to a denaturalization of the hitherto traditional experience of time".

El primer gran problema es que se encuentra en los límites entre la sociología y la filosofía: es un trabajo sociológico porque busca comprender el actuar humano en el *velociférico* siglo xxi; asimismo, es filosófica, pues su elemento constitutivo es la temporalidad humana, uno de los temas filosóficos más comentados en la historia.

Precisamente, es por este problema general que la teoría de Rosa ha recibido fuertes críticas; por un lado, sus afirmaciones se basan en observaciones de las experiencias y el comentario que otros autores han hecho sobre estas mismas; por otro, sus nociones no son fácilmente medibles ni conceptualizables.

La segunda cuestión general se desprende de la anterior, pues el término de aceleración social carece todavía de una definición clara y práctica debido a la complejidad de su planteamiento, ya que implica una multiplicidad de variables tanto objetivas como subjetivas, filosóficas y sociológicas, físicas, biológicas, culturales, etcétera. Entendamos complejidad como la concibe Edgar Morin: "Es complejo aquello que no puede resumirse en una palabra maestra, aquello que no puede retrotraerse a una ley, aquello que no puede reducirse a una idea simple".[2]

El pensamiento complejo enfrenta al "paradigma de simplificación", el cual postula como principio de verdad las "ideas claras y distintas" que desde el siglo xvii han gobernado los conceptos de algunas ciencias para ordenar racionalmente su campo de estudio; en ese sentido, el pensamiento complejo de Morin "integra lo más posible los modos simplificadores de pensar, pero rechaza las consecuencias mutilantes, reduccionistas, unidimensionalizantes y finalmente cegadoras de una simplificación que se toma por reflejo de aquello que hubiere de real en la realidad".[3] El pensamiento complejo aspira al conocimiento multidimensional, pero comprende desde el comienzo su imposibilidad de saberlo todo.

---

[2]   Edgar Morin, *Introducción al pensamiento complejo*, Barcelona, Gedisa, 2007, p. 21.

[3]   *Ibid.*, p. 22.

Para Morin, la complejidad requiere una "vocación transdisciplinar",[4] y su desafío consiste en pensar complejamente como método de acción en cualquier campo del conocimiento; es decir, requiere comprender la *entropía* y la *neguentropía*[5] del ser humano en su entorno. La aceleración social contempla aspectos de la experiencia humana en el mundo, en su ser biológico y cultural, donde la complejidad se presenta con los rasgos inquietantes de lo enredado, lo inextricable, el desorden, la ambigüedad y la incertidumbre.

Metodológicamente, la complejidad no busca ir de lo simple a lo complejo, sino de la complejidad hacia aún más complejidad; se trata de una "epistemología abierta", en especial cuando se habla en términos de autonomía humana –que implica subjetividad–, como lo hace Hartmut Rosa.

Asumir la complejidad de un problema es aceptar sus contradicciones; de hecho, el mismo Rosa lo vislumbra cuando habla de las paradojas de las fuerzas de la modernidad (de las que hablaremos más adelante), y no conforme con ello, aún pretende complicar más la investigación agregando la temporalidad como variable.

Morin habla de tres principios para pensar la complejidad: el *principio dialógico*, aquel que nace del encuentro entre dos tipos de entidades; el *principio de recursividad organizacional*, el cual se asemeja al proceso de un remolino donde cada momento es producido y, al mismo tiempo, productor del fenómeno; y el *principio hologramático,* que hace alusión a un holograma físico donde el menor punto de la imagen del holograma contiene la casi totalidad de la información del objeto representado, lo cual está presente en el mundo biológico y en el sociológico. La teoría de la aceleración social, como veremos, cumple con los tres requisitos propuestos por el pensamiento complejo y, por ello, debemos considerarlo también como un problema complejo.

---

[4]   El propio Morán refiere que "transdisciplinaria significa, hoy, indisciplinaria", abierto a múltiples posibilidades. Véase Edgar Morin, *Introducción al pensamiento...*, p. 79.

[5]   En las ciencias, la *entropía* indica el grado de desorden molecular de un sistema y la *neguentropía* es la tendencia natural de que un sistema se modifique de acuerdo con la estructura que lo constituye gracias, a su vez, a las subestructuras del propio sistema.

Pareciera que el estudio de la aceleración social es una empresa quijotesca donde la locura del hidalgo lo llevará a enfrentarse con molinos de viento; sin embargo, el riesgo vale la pena, aunque la causa pueda aparentar estar perdida, pues sólo las causas perdidas merecen ser luchadas. De esa forma, "la complejidad es el desafío, no la respuesta", como sugiere Morin; y el desafío que plantea la teoría de la aceleración social en Rosa es enorme y muy complejo.

A continuación, expondremos las preocupaciones que llevaron a Hartmut Rosa a desarrollar su teoría. Los problemas planteados son complejos y requerirán una explicación amplia para su comprensión y para realizar una crítica que aporte luz a los estudios de la modernidad en el intrincado siglo xxi.

Planteamiento original

Aunque la teoría de la aceleración social busca exponer las razones por las que el mundo del siglo xxi vive cada vez a mayor velocidad, la preocupación filosófica de fondo, para Hartmut Rosa, consiste en saber cómo es la vida de los habitantes del planeta en el siglo xxi. Por lo anterior, la cuestión fundamental consiste en saber: ¿qué es una *buena vida*[6] y por qué no la tenemos?, pues en opinión del autor, los avances tecnológicos y científicos no sólo no han garantizado, como prometían, una vida mejor, sino que están llevando a la humanidad al fin de su historia y al mundo a su destrucción. En ese sentido, y en buena medida por esta razón, Rosa se ha convertido además de un continuador de la teoría crítica emanada de la Escuela de Frankfurt, en uno de sus representantes más efervescentes y con una visión potenciadora.

Adopta la noción de buena vida de Charles Taylor, quien afirma, sólo puede alcanzarse si se conjugan la realización de los "mejores bienes" para la sociedad, con el compromiso de los individuos para el "buen uso" de aquellos bienes:

---

[6]   *"Good life"* es una noción de controvertida traducción al español ("vida buena" / "buena vida") y compleja por todas sus implicaciones. Hartmut Rosa prefiere utilizar la expresión buena vida, por lo que optamos por comprenderla de este modo.

> La identidad de los seres humanos está necesariamente constituida por lo que él llama 'evaluación fuerte', es decir, la interrelación de 1. Una distinción entre un bien o conjunto de bienes que se consideran incomparablemente más altos en valor que otros bienes (o valores) y 2. Los correspondientes compromisos motivacionales o de actitud por parte del agente con esos puntos de vista evaluativos.[7]

Esta visión anglosajona le permite a Rosa separar su investigación en dos rubros generales, uno normativo y otro teórico-sociológico, al que dedica la mayor parte de su trabajo. En este libro, analizamos los aspectos filosófico-sociales que permiten una aproximación para una idea más actualizada de buena vida, aunque dejamos abierto el planteamiento sobre la posibilidad y conveniencia de una regulación normativa en favor de políticas públicas para la desaceleración social.

Con el fin de analizar los aspectos sociológicos de la buena vida, es necesario indagar cómo se emplea el tiempo en el siglo XXI, a qué actividades y por qué motivo se invierte más tiempo en unas cosas y no en otras.

> Cómo queremos pasar nuestro tiempo. Consideraciones como éstas han llevado a Rosa más recientemente a hacer la afirmación aún más fuerte de que 'el objetivo último, aunque en su mayor parte tácito, y también a menudo inconsciente de la sociología es la cuestión de la buena vida, o más precisamente: el análisis de las condiciones sociales en las que una vida exitosa es 'posible'.[8]

Ésta es quizá una de las grandes paradojas de la modernidad, pues a pesar de tener más tiempo disponible para la realización de actividades de

---

[7] Cfr. Charles Taylor, *Human Agency and Language: Philosophical Papers*, citado por Hartmut Rosa, *Social Acceleration: A New Theory of Modernity. New Directions in Critical Theory*, Nueva York, Columbia University Press, 2013, p. XXVII. "Identity of human beings is necessarily constituted by what he calls *"strong evaluation"*, namely, the interrelation of 1. a distinction between some good or set of goods that are seen as incomparably higher in worth than other goods (or values) and 2. the corresponding motivational or attitudinal commitments on the part of the agent with those evaluative views".

[8] Hartmut Rosa, *Social Acceleration...*, p. XXX. "How we want to spend' our time. Considerations like these have led Rosa more recently to make the even stronger claim that "the ultimate, though mostly unspoken, and also often unconscious object of sociology is the question of the good life, or more precisely: the analysis of the social conditions under which a successful life is 'possible'".

ocio, gracias al ahorro de tiempo que permiten la ciencia y la tecnología, el empleo del tiempo es "mal gastado", o bien, hay la impresión de que no es suficiente; así, surge la pregunta sobre la buena vida, la longevidad, la experiencia, las acciones cotidianas y las extraordinarias, la salud, la utilidad, la trascendencia, etcétera. Sin embargo, la complejidad de la noción de buena vida radica en la gran variedad de ideas en torno y la validez que cada una desentraña. Ahora bien, Hartmut Rosa apunta una paradoja entre libertad y sentimiento de dominación/sometimiento derivada del ahorro de tiempo en las sociedades tardomodernas:

> Hay una enorme pluralidad de concepciones de la buena vida y una libertad de elección de mayor alcance entre el sinnúmero de opciones que presentan todas las esferas de la vida. Por lo tanto, las sociedades y los individuos modenos se experimentan, con toda la razón, como 'excesivamente libres'. ¿Cómo es posible esto? ¿Cómo podemos estar completamente libres y, sin embargo, excesivamente coordinados, regulados y sincronizados, en ambos casos en un grado sin precedentes? Mientras los individuos se experimentan como completamente libres, también se sienten completamente dominados por una lista excesiva y en constante crecimiento de exigencias sociales.[9]

Resulta sorprendente, mas no extraño, que el ser humano viva contradicciones como ésta porque la lógica huye naturalmente de las paradojas, sin embargo, se acostumbra y se adapta a ellas. Por ejemplo, los atletas son capaces de llevar la resistencia física a niveles increíbles y extenuantes, y estas acciones son en cierto grado ilógicas, pero el cuerpo se acostumbra y adapta a estos extremos.

Existen acciones cotidianas cuyos efectos y consecuencias ya no se ponen en cuestión; acciones normalizadas por algún tipo de obligatoriedad, las cuales en ocasiones se admite, son poco importantes y, no obstante, son llevadas a cabo como justificación por algún deber, sentimiento de culpa, o por cualquier otra razón más o menos coherente.

---

[9] Hartmut Rosa, *Alienación y aceleración: hacia una teoría crítica de la temporalidad en la modernidad tardía*, Buenos Aires, Katz Editores, 2016, p. 131.

> Me atrevo a decir que en ninguna parte fuera de la esfera de la modernidad occidental, se justifican tan constantemente las acciones cotidianas a través de la retórica del 'deber': siempre legítimamente lo que estamos haciendo ante nosotros mismos y antes los demás en función de alguna demanda externa: 'Realmente tengo que ir a trabajar ahora', 'Realmente debo completar mi declaración de impuestos', 'Necesito hacer algo por mi estado físico', 'Tengo que aprender un idioma extranjero', 'Ahora tengo que actualizar mi software o hardware', 'Tengo que ponerme al día con las noticias' –la lista es infinita– y, al final, 'Realmente tenemos que hacer algo para relajarnos, calmarnos y descansar un poco'. Si no lo hacemos, estaremos amenazados por un infarto, por la depresión o por el agotamiento profesional. La vida cotidiana se ha transformado en un sofocante mar de demandas.[10]

La libertad, la autonomía y la flexibilidad que prometía la modernidad se han convertido, de acuerdo con el autor, en una falsa promesa, en una expectativa no cumplida y en un lastre para las sociedades contemporáneas, pues no hay tiempo para satisfacer todas las posibilidades que el mundo ofrece, de forma que se genera un sentimiento de culpabilidad e impotencia. Por este motivo, los estudios sobre la modernidad deben considerar la variable de la temporalidad en sus investigaciones.

Como ha estudiado la sociología, los seres humanos cumplen con un *rol social* que consiste en cumplir con un papel de representación o una expectativa que en ocasiones no se alcanzan a cumplir; el incumplimiento de esta expectativa genera un sentimiento de culpabilidad que afecta directamente en la visión que tiene el sujeto sobre sí mismo y sobre el mundo. Con este panorama, es fundamental comprender las causas de este sentimiento de culpabilidad, además de los efectos y las consecuencias que produce.

Aunque no se ha concretado una definición de buena vida, esta aventura: "Podría ser, al final, aquella que es rica en experiencias multidimensionales de 'resonancia'; una vida que vibra a lo largo de 'ejes de resonancia'",[11] si entendemos *resonancia* como los signos que advierten que una persona ha logrado una buena vida y son visibles para el prójimo. Nuestra misión con-

---

[10] *Ibid.*, p. 132.

[11] *Ibid.*, p. 2.

sistirá en descubrir dónde se pueden encontrar estas resonancias, o bien, las condiciones bajo las cuales es posible alcanzarla.

Alienación sistémica

Hasta el momento, hemos comprendido la principal preocupación de Hartmut Rosa en la pregunta sobre la buena vida, pero debemos entender por qué la teoría de la aceleración es sociológica y no únicamente filosófica, además de asumir la investigación sobre la temporalidad como perspectiva en el análisis.

Ya hemos señalado que la aceleración social es un problema complejo, que existen una serie de paradojas temporales ceñidas a la relación ser-mundo en donde el ser humano no alcanza una plena satisfacción de su existencia; se ha mencionado también que el hombre no parece administrar su tiempo de manera óptima, pero esta incapacidad de administración del tiempo no es meramente subjetiva, pues, si así fuera, sólo algunas personas sentirían la presión del tiempo en su vida. Si bien este no es un problema universal, sí es uno general, por lo que se sospecha que además es un problema objetivo concerniente al mundo, ciertamente a uno generado por el ser humano y, por lo mismo, a un sistema, en términos sociológicos, que ha rebasado la capacidad misma de los individuos. Por lo anterior, Rosa afirma que también se trata de una alienación: "La aceleración social conduce a formas de alienación social graves y empíricamente observables, que pueden ser consideradas como el obstáculo principal para la realización del concepto de una buena vida en la sociedad tardo moderna".[12]

Esta alienación, producto de la aceleración social, afecta a todos los individuos sin distinción de posiciones laborales, económicas, sociales o culturales; aunque, como se verá más adelante, la aceleración social está mayormente presente en las grandes ciudades.

---

[12] *Ibid.*, p. 11.

Cuanto mayor sea el grado de relación con los motores que impulsan la aceleración social, mayor será la alienación que ese individuo sufra y, probablemente, le sea más difícil desacelerarse.

> En prácticamente cualquier campo de trabajo, los empleados (y también los empleadores) se quejan de que el tiempo que dedican a sus asuntos centrales va disminuyendo. Esto es válido para el tiempo que pasan los médicos con sus pacientes, el tiempo que los profesores dedican a enseñar o educar, el tiempo que los científicos pasan investigando, etc. En última instancia, la queja de que 'nunca llegamos a hacer' lo que 'realmente queremos hacer' está basada simplemente en el hecho que [...] la lista de las 'cosas por hacer' se va alargando en todas las esferas, año tras año. La 'retórica del deber' revela este sentimiento instintivo de alienación con toda claridad: que tendamos a justificar todo lo que hagamos con frases que parecen excusas del tipo 'realmente tengo que (leer las noticias, actualizar mi ordenador, rellenar el formulario de impuestos, comprarme ropa nueva, etc.) y lo tengo que hacer ahora' constituye una indicación inconfundible de la medida en la que consideramos estas actividades como heterónomas.[13]

La normalización de nuestras actividades cotidianas impide que el sujeto se percate del grado de aceleración social que lo envuelve, pues el cuerpo humano tiene una enorme capacidad de adaptación que le permite sobrevivir a diferentes escenarios. Así como se adapta al clima (o al cambio climático), a un nuevo integrante en el hogar, a la velocidad de los transportes, de igual modo, también a los cambios en la velocidad de sus actividades cotidianas.

Es relevante conocer la manera en que el ser humano reacciona frente a los estímulos del mundo y la forma en que es afectado por ellos. En ocasiones, el sujeto es consciente de su entorno, pero en otras no; por ello, comenta el científico alemán Stefan Klein, en referencia a la aceleración social, "la atención es un bien preciado". En ese sentido, dicha capacidad es contraria a la tendencia en el mundo tardomoderno que se caracteriza por realizar un número cada vez mayor de actividades simultáneas: "Como han demostrado los neurocientíficos, el cerebro sólo puede ejecutar conscien-

---

[13] *Ibid.*, pp. 161-162.

temente una actividad a la vez. La atención de alguien que, sin embargo, trata de responder un correo electrónico mientras habla por teléfono, debe necesariamente saltar de un lado a otro".[14]

La atención es un factor determinante, sin embargo, el creciente número de actividades de nuestra vida cotidiana merma esta capacidad cognitivo-espiritual que nos vincula con nosotros mismos, especialmente en este siglo, cuando las tecnologías de información parecen obligar a estar en todos los lugares al mismo tiempo. Sin la atención puesta enteramente en la actividades que realizamos, corremos el riesgo de no vivirlas satisfactoriamente y, por tanto, perder parte de la experiencia que implica.

> Esto se debe a que el cerebro no puede procesar toda esta nueva información tan rápido como la recibimos. Sólo hay dos soluciones a este dilema. La primera alternativa es dedicar menos tiempo a cada estímulo individual, pasando a la siguiente información tan pronto como llegue. La segunda alternativa es seleccionar lo que queremos. Simplemente ignoramos la información entrante para pasar más tiempo procesando la información recibida previamente.[15]

El ser humano tiene capacidades limitadas, pero la tecnología nos hace creer que el límite de esas capacidades es superlativo y el desarrollo de la ciencia y la tecnología no tiene freno. Por esta razón, se piensa que la capacidad humana de abarcarlo todo tampoco terminará; no obstante, es claro que el uso de las herramientas tecnológicas del siglo xxi, si bien es cierto son favorables al individuo, también es cierto que desvinculan las relaciones humanas. Respecto a ello, afirma Stefan Klein que la alta velocidad en la que vivimos en la actualidad es adictiva: "Sólo cuenta la sensación más fuerte. Un día de alta velocidad tiene un efecto similar. El tiempo es adictivo.

---

[14] Stefan Klein, "In the Tsunami of Stimuli On the 'Velocity' Drug", en Hartmut Böhme y Hartmut Rosa (eds.), *The Art of Deceleration*, Alemania, Hatje Cantz, 2012. "As neuroscientist have demonstrated, the brain can only consciously execute one activity at any given moment. The attention of someone who nevertheless tries to answer an e-mail while speaking on the telephone must by necessity incessantly jump back and forth".

[15] *Idem*. "This is because the brain cannot process all this new information as rapidly as we receive it. There are only two solutions to this dilemma. The first alternative is to devote less time to each individual stimulus, turning to the next piece of information as soon as it arrives. The second alternative is to select what we want. We simply ignore incoming information in order to spend more time processing previously received information".

Al igual que los adictos, no sólo perdemos nuestra efectividad sino también, y mucho peor, la libertad de autocontrol".[16]

El tiempo se convierte en adicción porque, como veremos más adelante, su asociación con los límites humanos y el dinero alimenta el ansia por hacer y tener más de lo que se puede hacer y tener; sin embargo, esta ansia se nutre socialmente, depende no sólo de las exigencias y satisfacciones personales, sino de la demanda social misma que ha alienado indirectamente al ser humano en un sistema. El mismo Hartmut Rosa señala que "el capitalismo genera nuevas formas organizativas, nuevas tecnologías, nuevos estilos de vida, nuevas modalidades de producción y explotación y, por lo tanto, nuevas definiciones sociales objetivas del espacio temporal".[17]

La razón por la que estamos tan ocupados siempre y mantiene la preferencia de las sociedades contemporáneas de vivir con alta velocidad sobre actividades que requieren tiempo, es la interdependencia que el individuo adquiere como parte de un sistema donde detenerse a meditar, reflexionar o tomarse un tiempo no es posible si se quiere conservar un *statu quo*. Ya hemos apuntado la importancia que tiene la normalización y atención de nuestras actividades cotidianas en la conciencia que cada persona puede generar sobre su particular forma de alienación con el sistema: "La medida en que el tiempo se convierte en un problema en este plano también depende del grado de rutinización y habituación",[18] comenta Rosa en otro de sus libros.

Se vuelve necesario indagar sobre la temporalidad en el mundo contemporáneo, ya que gran parte de su problemática radica en comprender cómo se emplea el tiempo en el siglo XXI. De acuerdo con Hartmut Rosa, una forma de estudiar las estructuras sociales contemporáneas y la calidad de la vida es centrando las investigaciones en los patrones de la temporalidad humana: 'Sostengo que las sociedades modernas están reguladas, coordinadas y do-

---

[16] *Idem*.

[17] Hartmut Rosa, *High-speed Society*..., p. 291. "Capitalism generates new organizational forms, new technologies, new lifestyles, new modalities of production and exploitation and, therefore, new objective social definitions of time space [...]".

[18] Hartmut Rosa, *Social Acceleration*..., p. 8. "The extent to which time becomes a problem on this plane also depends upon the degree of routinization and habitualization".

minadas por un preciso y estricto régimen temporal que no está articulado en términos éticos'.[19]

Por este motivo, dicho autor insiste en la necesidad de incorporar a los estudios sobre la modernidad la variable de la temporalidad, pero precisamos, hay que hacerlo tanto en el ámbito sociológico como en el filosófico para abarcar un espectro más amplio de complejidad, pues la falta de comprensión de la complejidad de estos estudios dificulta la elaboración de una teoría. Siguiendo al sociólogo Werner Bergmann, respecto a la necesidad de conexiones entre los fenómenos de los diferentes ámbitos de la vida cotidiana, Rosa comenta:

> [Werner] Bergmann afirma que el principal obstáculo para la sociología del tiempo consiste en la falta de una conexión sistémica bien fundada con la formación de la teoría sociológica general. Como regla general, los estudios sociocientíficos existentes sobre el tiempo se basan en modelos de tiempo pre-teóricos y seleccionados arbitrariamente que en su mayor parte se basan libremente en conceptos filosóficos, antropológicos o incluso cotidianos. Como consecuencia, la literatura sociológica sobre el tiempo se compone de una variedad de estudios no relacionados, no acumulativos, que son virtualmente 'solipsistas', ya que carecen de una conexión suficiente con los enfoques generales en la teoría social.[20]

Debemos admitir también que, así como no hay conexiones entre las diferentes teorías sociales, tampoco las hay en el ámbito filosófico. Muchos autores han hablado sobre la temporalidad, algunos de ellos conectan entre sí de manera interdependiente, pero cada uno busca explicar la temporali-

---

[19] Hartmut Rosa, *Alienación y aceleración...*, p. 9.

[20] Hartmut Rosa, *Social Acceleration...*, p. 2. "[Werner] Bergmann claims that the principal obstacle for the sociology of time consists in the lack of a well-founded, systemic connection to general sociological theory formation. As a rule, existing social-scientific studies of time are based on pretheoretical and arbitrarily selected models of time that for the most part rest loosely on philosophical, anthropological, or even everyday concepts. As a consequence, the sociological literature on time is made up of a variety of unconnected, noncumulative studies that are virtually 'solipsistic' since they lack a sufficient connection to general approaches in social theory".

dad en sus propios términos, es decir, ajustando los conceptos en beneficio de sus propios sistemas de pensamiento.

> Los conceptos filosóficos del tiempo, formulados por san Agustín, Immanuel Kant, Henri-Louis Bergson, John Ellis McTaggart, Martin Heidegger o Margaret Mead y debatidos en su contexto, no son menos heterogéneos, inconmensurables e incompatibles. Estos pensadores no están de acuerdo con las preguntas más elementales sobre la realidad del tiempo, ya sea una categoría natural, una que pertenece a la intuición o la comprensión, o más bien una construcción social.[21]

Como se puede leer en la cita anterior, la conexión más elemental de la temporalidad es la dicotomía entre el tiempo del mundo y el tiempo de la vida, y es en esta dicotomía donde juzga Rosa que no se ha conseguido una conceptualización más eficiente. Por lo anterior, resulta indispensable estudiar ambos parámetros, objetivos y subjetivos, para abarcar la complejidad del mundo a partir de la viable temporal, y hacerlo desde los ámbitos filosófico y sociológico. Para ahondar más al respecto, haremos un breve análisis.

Objetivamente hablando, podemos encontrar cuatro maneras de medir la velocidad de las acciones cotidianas:

1. La aceleración de las acciones mismas; por ejemplo, caminar, comer o leer más rápido, etcétera.

2. La reducción o eliminación de actividades cotidianas; por ejemplo, comer en la oficina, eliminar la siesta, solicitar informes ejecutivos, etcétera.

3. Acciones que se realizan de modo simultáneo (*multitasking*), como trabajar y escuchar música, ver televisión y hablar por teléfono, cocinar y usar aplicaciones móviles, etcétera.

---

[21] Hartmut Rosa, *Social Acceleration*..., p. 3. "Philosophical Concepts of time, formulated by the likes of Agustine, Immanuel Kant, Henri-Louis Bergson, John Ellis McTaggart, Martin Heidegger, or Margaret Mead and debated in their wake, are no less heterogeneous, inconmensurable, and incompatible. This thinkers disagree on even the most elementary questions concerning the reality of time, whether it is a natural category, or one belonging to intuition or the understanding, or rather instead a social construct".

4. El cambio de actividades que requerían tiempo por actividades que lo ahorran; por ejemplo, en lugar de cocinar pedir una pizza, en lugar de caminar "pedir un Uber", en lugar de pasear al perro pagar a un paseador, etcétera.

Todos estos cambios son observables y medibles en la vida cotidiana, son causa de aceleración social y producen, a su vez, consecuencias observables y medibles. Comenta Hartmut Rosa: "La duración promedio del sueño ha caído alrededor de 30 minutos desde la década de 1970 y 2 horas desde el siglo anterior".[22]

Otra de las consecuencias de estas actividades objetivamente medibles es la afección subjetiva que produce; siguiendo al sociólogo Gerhard Schulze, "el ritmo de la vida, en particular en la sociedad tardomoderna, está determinado no sólo por el número de episodios de acción sino también por la cantidad de episodios de experiencias [...] no todas las experiencias pueden calificarse como acciones";[23] por ello, resulta necesario revisar también los parámetros subjetivos de la experiencia del tiempo.

Subjetivamente hablando, el tiempo se mide como experiencia del tiempo y, aunque su medición es más compleja, no deja de ofrecer datos útiles y medibles objetivamente:

La cantidad de personas de dieciocho a sesenta y cuatro años de edad que indica que siempre sienten prisa o una presión por debajo del tiempo, aumentó en etapas entre 1965 y 1992 del 24 por ciento al 38 por ciento, mientras que la cantidad de quienes casi nunca se sintieron bajo la presión del tiempo es la misma en el mismo periodo y cayó del 27 por ciento al 18 por ciento.[24]

---

[22] Hartmut Rosa, *Social periodo...*, p. 129. "The average duration of sleep has fallen around 30 minutes since the 1970s and 2 hours (!) from the previous century".

[23] Gerhard Schulze citado por Hartmut Rosa, *Social Acceleration...*, pp. 123-124. "The pace of life, in particular in late modern society, is determined not only by the number of episodes of action but also by the quantity of episodes of experiences [...] not all experiences can be qualified as actions".

[24] *Ibid.*, p. 132. "The number of eighteen to sixty-four years old who indicate they always feel a hurry or under time pressure rose in stages between 1965 and 1992 from 24 percent to 38 percent, while the number of those who almost never felt under time pressure in the same period fell from 27 percent to 18 percent". Hartmut Rosa refiere aquí el estudio realizado por John P.

La conclusión del dato expuesto anteriormente muestra que hay una sensación generalizada de que el tiempo escasea, a pesar de la evidencia del incremento del tiempo libre. En ese sentido, afirmamos que la paradoja de la temporalidad tiene un matiz subjetivo con base en una evidencia objetiva.

Esta paradoja de la temporalidad produce el temor por "perder el tiempo" y/o "no aprovechar el tiempo"; la gente desea naturalmente una vida llena de experiencias, pero se frustra al no poder alcanzarla en lo que coloquialmente llamamos círculo vicioso, o bien, en términos de Hartmut Rosa, como en la rueda de un hámster (*hamster wheel*).

La inercia cultural, a la que haremos referencia más adelante, fuerza al ser humano a acelerar el ritmo de su vida para alcanzar la plenitud que ha imaginado, pero el mundo tardomoderno, en su complejidad, impide que los individuos logren su objetivo y los lleva a incrementar sus frustraciones. Esto es lo que Rosa ha denominado como *slipping slope syndrome*.

> El miedo a perder cosas (valiosas) y, por lo tanto, el deseo de aumentar el ritmo de la vida son el resultado de un programa cultural que comenzó a desarrollarse en la modernidad temprana y consiste en hacer que la propia vida sea más plena y más rica en experiencia a través de un proceso acelerado 'saborear las opciones mundanas', es decir, aumentando la tasa de experiencia, y por lo tanto realizando una 'buena vida'. La promesa cultural de la aceleración reside en esta idea. Como resultado, los sujetos quieren vivir más rápido [...] La compulsión por adaptarse es una consecuencia de la dinámica estructural de las sociedades modernas tardías, más específicamente de la aceleración del cambio social.[25]

Robinson y Geoffrey Godbey en 1997 titulado *Time for Life: The Surprising Ways Americans use Their Time*.

[25] *Ibid.*, p. 134. "The fear of missing (valuable) things and therefore the desire to heighten the pace of life are the result of a cultural program that began developing in early modernity and consists in making one´s own life more fulfilled and richer in experience through an accelerated 'savoring of worldly options' —i.e., by escalating the rate of experience— and thereby realizing a 'good life'. The cultural promise of acceleration lies in this idea. As a result subjects want to live faster [...] The compulsion to adapt is a consequence of the structural dynamic of late modern societies, more specifically of the acceleration of social change".

Una de las dificultades que atraviesa la medición de la experiencia del tiempo consiste en que, para algunas personas, invertir el tiempo en ciertas actividades, pensemos acudir a una ópera, es una experiencia radicalmente distinta a la que otros pueden tener. Una forma de definir este fenómeno podría ser como experiencias cortas y experiencias largas de tiempo; por ejemplo, el tiempo que representa ver televisión o jugar videojuegos resulta en una experiencia corta con una inversión larga de tiempo. Lo mismo ocurre con Facebook y otros servicios de red social, donde un usuario percibe que pasa poco tiempo viendo los contenidos publicados, pero en realidad invierte mucho en ellos, casi siempre acompañado por cierta preocupación o arrepentimiento por un "mal gasto de tiempo".

Está incrementando el número de personas preocupadas por lo que hemos denominado de manera general *paradoja del tiempo*. No sólo sociólogos como Hartmut Rosa y sus colegas alemanes, también filósofos como Byung-Chul Han e incluso economistas como Serge Latouche han escrito sobre la materia en las obras *El aroma del tiempo*, en el caso del primero, y *La era del decrecimiento* y *Salir de la sociedad de consumo*, en el caso del segundo. Esta tendencia nos lleva a pensar que se hablará sobre aceleración social, en éste o en otros términos, a lo largo del presente siglo, pues la dinámica social misma va empujando a ello desde diferentes perspectivas de estudio. La principal preocupación de las personas que han comentado esta paradoja gira en torno a la necesidad de encontrar una solución para desacelerar la vida humana.

Como veremos más adelante, la desaceleración social es sólo una respuesta parcial a la aceleración; en ese sentido, ya existen movimientos sociales, culturales e incluso políticos como los propuestos por la ciudad de Kinsale en Irlanda o el movimiento Cittaslow,[26] donde voluntariamente se vive de un modo menos acelerado. Respecto a ello, Hartmut Rosa comenta:

---

[26] Kinsale es una ciudad irlandesa que ha impuesto la lentitud como política. Asimismo, hay ciudades denominadas *slow cities*, cuya característica radica precisamente en el modo de vida no-acelerado o menos acelerado que llevan sus habitantes. Véase http://www.cittaslow.org/ [Consulta: 31 de enero, 2021].

"luego, a finales de la sociedad moderna, la lentitud definitivamente puede convertirse en un marcador distintivo".[27]

Para comprender el comportamiento social en las sociedades tardomodernas, es esencial preguntarnos por el uso del tiempo cotidiano en relación con las dinámicas sociales-estructurales de la sociedad que se analice, pues de acuerdo con Hartmut Rosa: "[...] el flujo del tiempo mismo se acelera por razones socioestructurales".[28]

Al sistema social-estructural formado en la modernidad a partir de la Revolución Industrial, le es ajeno el ritmo de vida de las personas, sin embargo, su fuerza de condicionamiento es brutal; es obvio que un régimen de trabajo (tiempo) que es indiferente a los ritmos individuales de trabajo durante un día, una semana, un año o la carrera, no preguntará si la persona está actualmente afectada o tiene un resfriado.

El motivo por el que se ha hecho más difícil vivir en el mundo contemporáneo es precisamente porque está fuera del control del ser humano; su complejidad lo ha rebasado y no ha encontrado el modo de volverlo a domar, en esto radica la inconsistencia entre el tiempo de la vida y el tiempo del mundo, entre la objetividad y la subjetividad del tiempo. Para nuestro autor: "La sensación de escasez de tiempo surge de la diferencia entre la complejidad del mundo, el horizonte de lo posible y la capacidad de procesamiento del sistema".[29]

La teoría de la aceleración social de Hartmut Rosa es una base a partir de la cual debemos explorar los límites de la buena vida no sólo desde la filosofía y la sociología, o desde sus causas y consecuencias, sino también a partir de sus conexiones económicas y políticas.

---

[27] Hartmut Rosa, *Social Acceleration...*, p. 138. "Then in late modern society slowness may definitely become a marker of distinction".

[28] *Ibid.*, p. 145. "[...] the flow of time itself indeed accelerates for social-structural reasons".

[29] *Ibid.*, p. 186. "The sensation of time scarcity emerges from the difference between the complexity of the world, the horizon of the possible, and the processing capacity of the system".

CAPÍTULO 2

Origen de la aceleración social

Una vez que se ha iniciado algo, el resto prosigue por su propio impulso.

Hermann Hesse

Lo primero que debemos rastrear son los orígenes de lo que denominamos aceleración social, pues si bien hablamos de un fenómeno complejo, también es cierto que su historia es relativamente reciente: "Es difícil proporcionar una fecha y un lugar precisos para el comienzo de la aceleración moderna [...] Las investigaciones existentes sugieren que los orígenes de la aceleración moderna son probablemente múltiples".[1]

Aunque no podemos precisar una fecha concreta de inicio, sí podemos identificar un proceso ligado a ella y, por tanto, afirmar que el mundo contemporáneo vive, desde los albores de la primera Revolución Industrial, una constante aceleración social que afecta tanto al ser humano como al mundo que lo circunda.

---

[1] Hartmut Rosa, *High-speed Society...*, p. 8. "It is difficult to provide a precise date and place for the commencement of modern acceleration [...] Existing research suggests that the origins of modern acceleration are probably multiple".

James Gleick, en la sociedad estadounidense, constató la "aceleración de prácticamente todo": amor, vida, discursos, política, trabajo, tv, entretenimiento, etc. Según convincentemente han demostrado historiadores como Reinhart Koselleck, la sensación general de una aceleración ha acompañado a la sociedad moderna al menos desde mediados del siglo xviii.[2]

Hay consenso general respecto al inicio del proceso de la Revolución Industrial, pues los historiadores sitúan los cambios iniciales que permitieron esta revolución primero en Inglaterra y después en Estados Unidos; no debe extrañarnos que la propia aceleración social, heredera de dicho acontecimiento, esté ligada a sus procesos y consecuencias (como el desarrollo tecnológico, el capitalismo, la obsolescencia programada, etcétera).

Inglaterra fue el primer país donde se dio un cambio de régimen político que modificó sus estructuras sociales. La guerra civil inglesa (1642-1651) terminaría por convertir la monarquía absoluta en un régimen constitucional, que si bien siguió siendo monárquico, también conformó una estabilidad política y económica que impulsaría el desarrollo técnico e industrial que comenzaría a ser tendencia en toda Europa.

Estados Unidos, heredero de las costumbres británicas, después de alcanzar su independencia en 1776, construyó un régimen democrático que haría posible su desarrollo técnico-científico, el cual serviría de modelo para los nacientes estados americanos que propiciarán un crecimiento potenciado de sus industrias. Lo anterior producirá un importante movimiento político, comercial, social y cultural en sus territorios: la Revolución Industrial que aumenta la velocidad en todas las áreas de la experiencia humana y crea un clima de dinamismo agitado y propulsivo.

---

[2]   Cfr. Hartmut Rosa, "Aceleración social: consecuencias éticas y políticas de una sociedad de alta velocidad desincronizada". *Persona y Sociedad*, Universidad Alberto Hurtado, 1, XXV (2011), p. 11.

Las revoluciones industriales

La Revolución Industrial es un proceso que podríamos clasificar en cuatro fases para su estudio, cada una de las cuales es perfectamente identificable:

1. La primera fase puede situarse entre 1760 y 1860, cuando las principales fuentes de energía para el desarrollo de la industria fueron el carbón y el vapor de agua. En esta época se desarrollaron la máquina de vapor y los primeros ferrocarriles, los cuales impulsaron los medios de transporte dentro del propio territorio; asimismo, se desarrollaron la máquina de escribir y el telégrafo, fundamentales para el desdoblamiento de la comunicación y la velocidad de la información.

2. La segunda fase puede situarse entre 1860 y 1914, cuando surgieron la electricidad y la máquina de combustión interna como las nuevas fuentes de energía. En esta época mejoraron los transportes y aumentaron su velocidad y tamaño, se crearon los aviones y poco tiempo después vería la luz el Modelo T de Henry Ford; también hubo un notable desarrollo de la industria de las armas, surgieron el teléfono, el cine y la radio que evidencian los vertiginosos cambios sociales; el futurismo, la vanguardia artística, elogiaría este frenesí.

3. La tercera fase, conocida también como Tercera Revolución Industrial, comenzó en 1914 y concluye hacia 1989 —el periodo del siglo corto—, siguiendo la idea del historiador Eric Hobsbawm. Se crearon fuentes de energías renovables y alternativas, los trenes son de alta velocidad y enorme puntualidad, los viajes aéreos son cotidianos, los viajes por mar se realizan en edificios flotantes, la televisión dio paso a las computadoras, los videojuegos y la telefonía móvil, se desarrollaron los electrodomésticos y la producción masiva de prácticamente todo.

4. La última fase de industrialización comenzó con el advenimiento de internet y continúa ese despliegue en lo que se ha denomina-

do la era del transhumanismo; comenzó con los medios de comunicación *on demand*, la creación de los teléfonos inteligentes, el *streaming*, la venta de productos por internet (agudizada durante la pandemia por covid-19). Es común encontrar a la gente en la calle con un dispositivo en las manos o en los oídos en una conexión casi permanente.

Consideramos relevante la puntualización de la diferencia entre las revoluciones industriales para comprender el origen de la aceleración social y, sobre todo, la razón por la que la última está aumentando aún más la velocidad en el siglo XXI. Esta clasificación también funciona como evidencia argumentativa para demostrar lo que Hartmut Rosa denomina como *aceleración del cambio social*, donde explica que los cambios sociales ocurren, históricamente, con mayor frecuencia conforme transcurre el tiempo.

Oleadas de aceleración

De modo similar a la forma histórica que presenta la Revolución Industrial, la aceleración social no es un proceso constante, sino que evoluciona en oleadas, cada una de las cuales enfrenta una considerable resistencia, así como a procesos de reversión parcial en diferentes prácticas cotidianas, a saber, la academia, la política o la cultura.

El proceso de aceleración tecnológica no se ejecuta de manera uniforme lineal, sino que viene en oleadas, encontrando continuamente obstáculos, resistencias y contramovimientos que pueden ralentizarlo, interrumpirlo o incluso revertirlo temporalmente [...] a casi todos los picos de aceleración les sigue un discurso de aceleración y desaceleración en el que, por regla general, el llamado a la desaceleración y el deseo nostálgico por el perdido 'mundo lento'.[3]

---

[3] Hartmut Rosa, *Social Acceleration: A New Theory of Modernity. New Directios in Critical Theory*, Nueva York, Columbia University Press, 2013, p. 41. "Technological acceleration process does not run in a uniformly linear fashion, but comes in surges, continually encountering obstacles, resistances, and countermovements that can slow it down, interrupt it, or even temporally reverse it [...] almost every surge of acceleration is followed by a discourse of acceleration and

Cada una de estas oleadas de aceleración, cada una de estas fases de industrialización ha tenido sus propios impulsores y detractores, así como sus consecuencias sociales; para poner un ejemplo, imaginemos la enorme cantidad de regulaciones gubernamentales que trajo consigo la aparición de los automóviles, o el cambio en los hábitos de la vida cotidiana con la comercialización de los televisores, por no hablar de las transformaciones en los procesos cognitivos en la era digital. Hartmut Rosa aborda algunas de estas problemáticas, particularmente la que tiene que ver con la imposibilidad de atender la creciente demanda de regulaciones que la sociedad necesita en contraste con la velocidad de las transformaciones sociales en esta misma materia.

Es importante examinar estos procesos para una mayor comprensión de la problemática compleja que plantea la teoría de la aceleración social de dicho autor, particularmente el análisis de la que atravesamos actualmente.

La más reciente ola de aceleración fue la revolución digital que comenzó en la década de los años ochenta del siglo pasado; aunque perfectamente podría mencionarse una ola pandémica derivada de la anterior que, al igual que en olas de aceleración anteriores a ella, presenta una serie de actores que las impulsan –Nicholas Negroponte, Bill Gates, Steve Jobs, Elon Musk, entre otros–, y una serie de actores y movimientos detractores –los globalifóbicos, Theodore Kaczynski, Serge Latouche–, así como los teóricos del decrecimiento –Evgeny Morozov, etcétera–. En esta lucha ideológica, se evidencia que el sistema industrial tardomoderno ha rebasado ya, por mucho, la capacidad humana de adaptación y resistencia del sistema mismo; y en buena medida, se debe a la alta velocidad en que vivimos.

Un caso claro de que el sistema acelerado ha rebasado la capacidad del ser humano para reaccionar se encuentra en los temas económicos: la crisis financiera mundial de 2008 provocó efectos desestabilizadores e impredecibles debido a la velocidad acelerada de las transacciones. En los tiempos del trueque, el bien recibido contenía el valor dado, cuando apareció el dinero,

---

deceleration in which, as a rule, the call for deceleration and the nostalgic desire for the lost 'slow world'".

fue la función de ese signo la que adjudicaba el valor; hoy en día el dinero se puede mover a gran velocidad a través de espacios virtuales: no es más que el vehículo para un movimiento en el que todo lo que no está en movimiento se extingue por completo.

Concretamente, el dinero es uno de los factores más importantes de la aceleración social, no sólo porque socialmente ha cambiado de forma y se ha convertido en una idea virtual –pensemos en el *bitcoin*–, sino que además es considerado por Hartmut Rosa como uno de los motores que impulsa la aceleración del sistema mismo: "El cambio en las circunstancias monetarias provoca un cambio en el ritmo de la vida [...] ya que todos somos productores y consumidores, entonces el individuo ganaría mucho más de lo que tenía que gastar".[4]

En el corazón del mundo contemporáneo yace una dinámica de aceleración que no puede ser ignorada por ningún estudio serio sobre la modernidad. Es fundamental comprender que son las fuerzas "invisibles" las que realmente constituyen la realidad contemporánea y no las leyes humanas que pretenden el ordenamiento del mundo. La sociedad moderna no está regida y coordinada por reglas normativas explícitas, sino por una fuerza normativa silenciosa de reglas temporales, las cuales se presentan bajo la forma de plazos, cronogramas y otros límites del tiempo.

No se puede sostener que la aceleración sea la síntesis de la sociedad moderna, porque no es una sustancia sino un proceso; pero sí se puede afirmar que la aceleración es la fuerza impulsora y la lógica detrás de la dinámica del mundo que hemos generado: el tiempo no es un campo particular de lo social, más bien un elemento central en todas sus dimensiones.

Para Hartmut Rosa, es indispensable que los estudios sobre el mundo contemporáneo incluyan la variable del tiempo, pues no es una variable estática, sino dinámica y es clave para la resolución de las acciones humanas. La historia está llena de ejemplos, en las grandes batallas de la humanidad ganaron la partida los que llegaron a tiempo, por mencionar algunos: las

---

[4] Hartmut Rosa, *High-speed Society*..., p. 41. "Change in monetary circumstances brings about a change in the pace of life [...] since everyone is a producer as well as a consumer, then the individual would earn only that much more as he had to spend".

guerras de Secesión o de Crimea con el telégrafo; la victoria de Obama en las elecciones de 2008, asociada con el uso de Twitter, o la de Donald Trump en 2016, con el escándalo de los analíticos de Facebook; asimismo, el uso del radar durante la segunda Guerra Mundial permitió a los aliados ganar la guerra submarina.

CAPÍTULO 3

Estudios sobre la modernidad

El hombre medio no puede imaginarse la vida sin un horario tan estrictamente establecido. Pero una mente traviesa y sacrílega se divertiría mucho imaginándose la existencia de la gente en el caso de que el día durara diez horas hoy, ochenta y cinco mañana, y pasado mañana sólo unos minutos.

Vladimir Nabokov

En los lindes entre la filosofía y la sociología se encuentran los estudios culturales y los estudios sobre la modernidad: los primeros hacen observaciones en torno a las actividades humanas a lo largo del tiempo en regiones específicas; los segundos aluden a los cambios en la vida del hombre en los últimos tiempos, particularmente desde el siglo xvi, cuando se empleó el término modernidad, pero específicamente, como ya hemos visto, desde la Revolución Industrial del siglo xviii, al originarse la aceleración social.

Aludimos a los estudios sobre la modernidad, pues al igual que la aceleración social, son transdisciplinarios, pero también porque la modernidad se ha abordado desde múltiples perspectivas y de maneras muy completas. Por ejemplo, en la década de los años ochenta del siglo pasado, hubo un intenso debate sobre la crítica hacia los logros alcanzados hasta ese momento, crítica que contemplaba reflexiones del marxismo, los movimientos sociales de los años sesenta respecto de la política, la ecología, el pacifismo y el feminismo. Desde entonces, se ha vuelto relevante una cultura de revisión constante de los procesos y autocorrecciones que permiten un diagnóstico teórico-cultural de la sociedad.

Quizá una primera exploración se encuentra en la filosofía existencialista, en Heidegger, Sartre y Beauvoir, quienes enfatizan el desencanto del mundo tras las guerras mundiales y la responsabilidad individual frente a los procesos culturales y sociales. Una segunda revisión se puede hallar en la crítica a la modernidad que configuró la denominada posmodernidad, donde pensadores como Jean François Lyotard, Michel Foucault, Cornelius Castoriadis y Guy Debord, entre otros, debatieron, académica e incluso mediáticamente a través de la televisión en los años ochenta, sobre los cambios de valores morales, culturales, de normas sociales y jurídicas de finales del siglo xx. Un tercer examen podría situarse en la crítica a la posmodernidad, como sugieren la modernidad líquida de Zygmunt Bauman, la segunda modernidad de Ulrich Beck, la modernidad postradicional de Anthony Giddens o la hipermodernidad de Gilles Lipovetsky. Estos nuevos debates querían comprender la actuación social y su distanciamiento con el mundo, desentrañar si se trata de una nueva etapa o simplemente de una transición de algo por venir. Aún hoy, frente a la crisis que el planeta enfrenta por el covid-19, el debate sigue abierto y queda en evidencia la falta de reflexión tras la polémica publicación del compendio *Sopa de Wuhan. Pensamiento contemporáneo en tiempos de pandemia.*

Sin embargo, de acuerdo con Rosa, ningún estudio se ha centrado suficientemente en la variable de la temporalidad para realizar una exploración más consistente sobre la denominada modernidad: "Característica universal de la modernidad, la experiencia de aceleración de la vida, cultural y/o historia desde el siglo xviii [...] los mecanismos y efectos de la aceleración social aún son estudiados en las ciencias sociales de forma deficiente; ignorados penosamente en las teorías sobre la modernidad".[1]

En la historia de la sociología, la modernización ha sido principalmente analizada desde cuatro perspectivas diferentes referidas a la cultura, la estructura social, los tipos de personalidad y la relación con la naturaleza

---

[1]   Hartmut Rosa, *Aceleración social...*, p. 1.

(frecuentes en los trabajos de Weber, Durkheim, Simmel y Marx, respectivamente); el proceso de modernización es identificado como un proceso de *racionalización, diferenciación, individualización o domesticación instrumental*, respectivamente (véase fig. 1).[2]

Los sociólogos Anthony Giddens y Niklas Luhmann han señalado un descuido de la dimensión temporal en las teorías sociológicas del siglo xx, y con el advenimiento de la tercera revolución industrial en los albores del siglo xx, se imprime más la necesidad de introducir la variable de la temporalidad en sus estudios, pues las categorías de aceleración, como veremos más adelante, aumentaron la velocidad a la que se ha acostumbrado vivir en el mundo contemporáneo.

La dimensión temporal no pasa ni por encima ni por debajo de las cuatro perspectivas ya mencionadas, sino que las aborda de manera transversal: "La dimensión temporal se entrelaza con las cuatro dimensiones 'materiales' de la sociedad y no puede ser claramente separada de ellas en términos fenomenológicos; no existe un 'tiempo social' independiente de la estructura social, la cultura, etc.".[3]

En los estudios sobre la modernidad, los cambios sociales se discuten como procesos que implican un tiempo pasivo o histórico y no como un *continuum*. Precisamente, lo que le falta a estos estudios sociales es comprender que son las personas las que tienen experiencia de esos cambios sociales y quienes se ven afectadas por ellos. El elemento antropológico en los estudios sociales es fundamental para la comprensión de sus fenómenos; muchos autores se han dado cuenta de ello, pero pocos han sentido la necesidad de investigarlo:[4]

> A todas estas versiones les falta algo: autores y pensadores desde Shakespeare a Rousseau, Marx, Marinetti, Charles Baudelarire, Goethe, Proust, Thomas Mann, casi invariablemente observan (siempre con asombro, pero muy a me-

---

2 Obtenido de Hartmut Rosa, *High-speed Society...*, p. 109.

3 *Ibid.*, p. 12.

4 Aunque todas las clasificaciones son susceptibles de revisión, podríamos hablar de cuatro principales formas de antropología: la biológica, la cultural, la lingüística y la filosófica. Es esta última a la que damos más énfasis en el presente trabajo.

nudo con gran preocupación) la decadencia de la vida social y la transformación acelerada del mundo material, social y espiritual.[5]

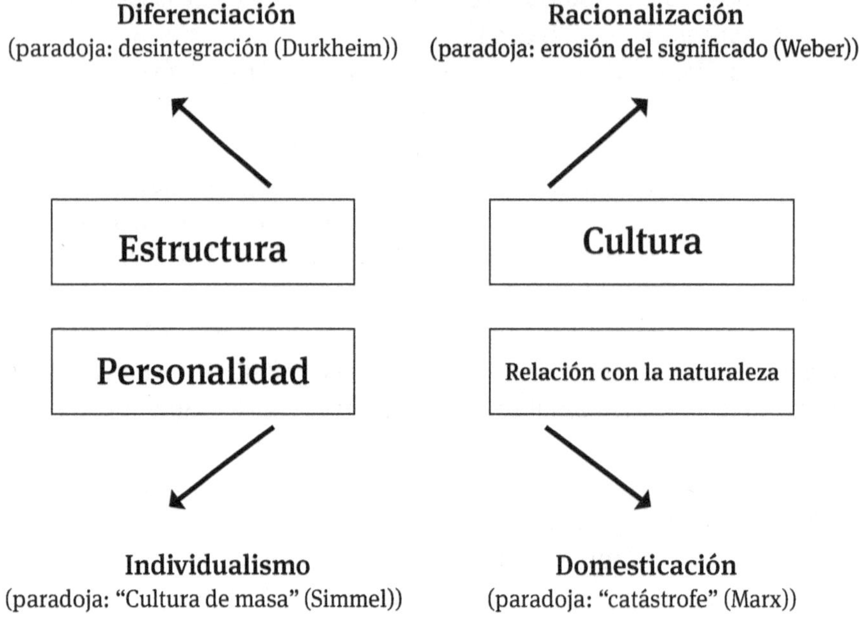

Figura 1. Proceso de modernización.

La sociología se ha convertido en una ciencia inerte que confía en conceptos estáticos, de manera que ha olvidado el dinamismo social existente, pues la sociedad está conformada por seres humanos. Los mismos autores que dieron forma a la sociología se dieron cuenta de ello; por ejemplo, Georg Simmel identificó, en sus estudios sobre la modernidad, el incremento de la vida nerviosa que se padece tanto entre los contemporáneos; a su vez, Émile Durkheim definió la *anomia*, una consecuencia probable de cambios sociales ocurridos con demasiada velocidad como para permitir el desarrollo de nuevas formas de moralidad y solidaridad en las sociedades; por otro lado,

____

[5] Hartmut Rosa, *Alienación y aceleración...*, p. 16.

Max Weber define la ética protestante como la estructura moral de rigurosa disciplina temporal que considera la pérdida de tiempo "el más mortal de los pecados"; mientras que Marx y Engels criticaron la sociedad capitalista donde "todo lo sólido se desvanece en el aire".

La promesa de la modernidad

Algunos filósofos como Jürgen Habermas, Charles Taylor y Johann Arnason hablan de un "proyecto de modernidad" centrado en la idea y promesa de una nueva autonomía, en el sentido de una autodeterminación ética.

> El mundo de las familias, de la política, del trabajo, del arte, de la cultura, de la religión y demás [...] debería dejarse en manos de los propios individuos. Habermas está estrechamente vinculado con el concepto político de participación democrática y autogobierno, porque las condiciones socioeconómicas 'macro' de nuestras acciones y vidas no pueden ser controladas por los individuos por sí solos. El proyecto de la modernidad es, necesariamente, un asunto político.[6]

La idea del proyecto de modernidad consiste en superar las restricciones impuestas por la naturaleza y todo aquello que impida a un individuo tener su propia autodeterminación; por ejemplo, la pobreza, escasez, enfermedad, discapacidad, ignorancia y cualquier forma de condición natural adversa. Así, no debe extrañarnos la aspiración contemporánea por modificar o mejorar nuestros cuerpos mediante el transhumanismo; tampoco puede extrañarnos la vanguardia del futurismo en las artes y la política en los albores del agitado siglo xx. Ésa es la razón por la que la modernidad se vuelve más atractiva y prometedora conforme se aceleran los procesos de la vida social, y el mejor ejemplo de ello se encuentra en la historia de los medios masivos de comunicación.

> Heidegger en 1950 previó gran parte de esta aceleración de la vida social. Habla del 'encogimiento' de las distancias de tiempo y espacio, la importancia

---

[6] *Ibid.*, p. 138.

de la 'información instantánea' en la radio y la forma en que la televisión está aboliendo la lejanía y, por lo tanto, 'desvirtuando' a los humanos y las cosas.[7]

El proyecto de modernidad y la revisión de sus ambivalentes consecuencias se han estudiado a través de perspectivas diferentes, desde la estructura social, la cultural o la personalidad, pero nunca mediante un enfoque temporal. Las enormes aportaciones, expuestas en la fig. 1, no contemplaron esta posibilidad; sin embargo, desde el siglo xix con las tesis de Carl Marx, se observa la separación del espacio y la preponderancia del tiempo en los procesos de producción y consumo a principios del pasado siglo, a partir, por ejemplo, de los cambios en las operaciones industriales del giro automotriz: "El post-fordismo implica una nueva solución espacial y formas significativamente más nuevas en las que se representan el tiempo y el espacio. "La compresión del 'espacio-tiempo' es central como experiencia de los procesos humanos y físicos".[8]

El capitalismo, como sistema preponderante económica y culturalmente, fue aceptado porque sus defensores, desde Adam Smith en el siglo xviii, hasta Milton Friedman en la década de los setenta del siglo xx, sostuvieron que la productividad del tiempo permitiría liberar a los seres humanos de sus labores y podrían llevar a cabo sus planes de vida sin preocuparse del tiempo ni del dinero; no obstante, ésta fue una promesa de la modernidad que no se puede cumplir. Tal vez a causa de esto, el paradigma cambió después de la bomba atómica y la teoría de la relatividad de Einstein, además del advenimiento del ser digital y la hipertextualidad en los años noventa, con lo cual el espacio y el tiempo se separaron; y quizá ésta sea la razón por la que se aceleró el tiempo, mientras que el espacio se convirtió en un lugar meramente.

---

[7]   Hartmut Rosa, *High-speed Society*..., p. 188. "Heidegger in 1950 foresaw much of this speeding up of social life. He talks of the 'shrinking' of the distances of time and space, the important of 'instant information' on the radio, and the way that television is abolishing remoteness and thus 'undistancing' humans and things".

[8]   Hartmut Rosa, *High-speed Society*..., p. 187. "Post-Fordism involves a new spatial fix and most significantly new ways in which time and space are represented. Central is the 'time-space compression' of both human and physical experiences and processes".

A diferencia de la promesa de la modernidad, afirma Hartmut Rosa, el día de hoy: "Ya no se experimentan las fuerzas de aceleración como potencia liberadora, sino más bien como presiones esclavizadoras [...] ahora resulta que la aceleración social es más poderosa que el proyecto de la modernidad: sigue delante imperturbablemente mientras su lógica se vuelve hoy contra la promesa de autonomía".[9]

La aceleración social en sus efectos sociales representa a la vez una promesa y una necesidad; es decir, algunas necesidades humanas se verán cubiertas gracias a la tecnología, ésa es la promesa, pero muchas otras, en su propio afán por solucionarlas, terminarán por ser contraproductivas, como veremos más adelante.

El siglo xxi enfrenta una crisis debido a esta separación dañina entre el espacio y el tiempo, pues ambos coexisten ontológicamente; sin embargo, la aceleración social que sufre la sociedad contemporánea está aquí y es perfectamente observable porque sus consecuencias se hacen sentir.

> Se observan inmediatamente dos tendencias de desarrollo paradójicas: por un lado, los procesos de diferenciación cada vez más sutiles están acompañados por un crecimiento paralelo de cadenas de Independencia (hoy globales) y, por otro lado, la unidad y la coherencia de toda la sociedad parece desaparecer a raíz de la diferenciación (estabilidad y aumento de la eficiencia) [...] En este sentido, la otra cara de la diferenciación es la desintegración social.[10]

El año 2020 ha supuesto un reto al respecto a partir del confinamiento, casi global, que los gobiernos han impuesto a sus poblaciones con la solicitud de un encierro físico y nulo contacto social e interpersonal, ante lo cual sólo ha quedado el acercamiento virtual.

---

[9] Hartmut Rosa, *Alienación y aceleración...*, pp. 141 y 143.

[10] Hartmut Rosa, *Social Accelceration...*, p. 59. "Two paradoxical developmental tendencies immediately come into view: on the one hand, processes of ever finer differentiation are accompanied by a parallel growth of (today global) chains of Independence and, on the other hand, the unity and coherence of the whole of society seems to disappear in the wake of (stability-and efficiency-increasing) differentiation [...] In this sense the flip side of the differentiation is social disintegration".

La dimensión temporal

Los estudios sobre la modernidad buscan descifrar los fenómenos presentes en la relación del ser humano con su entorno. Así, se han explicado las estructuras sociales, las formas culturales, los problemas humanos de la personalidad frente al mundo y la posición que el ser humano ocupa en él; sin embargo, aunque se han realizado estudios en relación con el tiempo, no se habían relacionado con los cambios en la velocidad de los movimientos humanos en el mundo. Es por esto que la dimensión temporal en los estudios sobre la modernidad tiene relevancia y, podemos asegurar, no estorba al resto de los estudios hechos, ni tampoco a los que se pueden llegar a hacer. La dimensión temporal se entrelaza con las dimensiones materiales de la sociedad y no puede ser claramente separada de ellas en términos fenomenológicos, pues no existe un tiempo social independiente de la estructura social, la cultura, etcétera.

Los fenómenos sociales son complejos porque implican las relaciones entre el ser y el mundo que le rodea; si bien podemos afirmar que las dimensiones materiales de la modernidad se encuentran correlacionadas, ignorar la función del tiempo en esa correlación sería igual que estudiar un objeto estático, cuando la sociedad es dinámica y sus fenómenos requieren explicaciones complejas: "La aceleración es más fundamental que las otras categorías en la medida en que los procesos de diferenciación, racionalización o individualización se detienen o incluso se convierten en su opuesto, en caso de que se vuelvan disfuncionales para una mayor aceleración social".[11]

Por otro lado, muchos estudios académicos alrededor de los problemas de la modernidad sólo replican trabajos anteriores, ora quitando ora agrandando alguna variable novedosa para entender si hay cambios significativos. Es necesario animarse a romper paradigmas y paradojas en la investigación, agregar variables como la del tiempo, para ver con nuevos ojos el mundo que nos rodea y explorarlo con nuevas dimensiones. La velocidad del siglo

---

[11] *Ibid.*, p. 61. "Acceleration is more fundamental than the other categories insofar as processes of differentiation, rationalization, or individualization come to a standstill or even turn into their opposite just in case they become dysfunctional for further social acceleration".

xxi exige que los nuevos enfoques de la teoría crítica no sigan ciegamente o repitan las ideas metodológicas y planteamientos de antaño, pues necesita herramientas que faciliten comprenderla de un modo más completo.

La teoría de la aceleración social refiere al aumento en la velocidad de las relaciones del ser humano con el entorno; esta velocidad puede ser referida al objeto, cuando es éste el que aumenta su velocidad, o bien, el sujeto, cuando la impresión subjetiva recibe una afección temporal. Lo importante es que existe una impresión generalizada de que la vida del ser humano pasa cada vez más rápido y es evidente en el transcurrir cotidiano que muchas cosas han aumentado su velocidad. Ejemplo de este punto son los transportes, la producción y la comunicación; pero no todos los procesos de la vida del ser humano se aceleran: los embarazos, las gripes, el tiempo de las estaciones o los procesos educativos no pueden acelerarse. "Es muy obvio que el tiempo no puede acelerarse en ningún sentido significativo, y no todos los procesos de la vida social se aceleran. Una hora sigue siendo una hora y un día sigue siendo un día, sin importar si hemos tenidos la impresión de que transcurrió rápidamente".[12]

También debe admitirse que, de manera observable, no hay un patrón único y universal de aceleración que aumenta la velocidad de todo, incluso, hay muchas cosas que disminuyen su velocidad, es decir, se *ralentizan* tales como el tránsito, un resfriado común que ofrece más resistencia o el promedio de sueño que ha disminuido dos horas desde el siglo xix y treinta minutos desde los años setenta.

Estas contradicciones requieren una explicación aparte ya que el mundo del siglo xxi está particularmente lleno de ellas debido, en buena medida, a la influencia que tiene la aceleración social sobre las estructuras, cultura y formas de moldear la personalidad en la era moderna.

---

[12] *Ibid.*, p. 18.

Paradojas de las fuerzas de la modernidad

En el año de 1989 ocurrieron dos fenómenos aparentemente contradictorios que, sin embargo, formaron parte de la historia del siglo xx: por un lado, el gobierno de China recurrió a la fuerza militar para poner fin a una protesta en la plaza de Tiananmen, las imágenes que se conservan de un joven sólo enfrentando a un tanque militar hablan por sí solas; por el otro lado, en Alemania, cayó el muro de Berlín, signo de la liberación de un país y la caída de un régimen, el soviético.

Estos dos acontecimientos que tuvieron lugar en ese mismo año son paradójicos. Siguiendo las reflexiones del economista estadounidense Philip Kotler (1931), el modo de vida contemporáneo produce paradojas, es decir, fenómenos aparentemente contradictorios que, quizá, no sean tan contradictorios como parecen.

Desde el punto de vista de la economía y la mercadotecnia Kotler analiza tres paradojas:

1. La *paradoja política*. Mientras la democracia es adoptada cada vez en más países del mundo, China, que no fue precisamente democrática en aquellos años, se ha ido volviendo más poderosa. El capitalismo no precisa de la democracia; el mundo moderno genera apertura en la economía, pero no en la política, por lo que el panorama político continúa siendo nacional.

2. La *paradoja económica*. El mundo moderno favorece la integración económica, pero no genera economías equitativas; la economía capitalista perjudica a una cifra de países similar a la de países beneficiados por el proceso, tal y como ocurre con los efectos de suma cero en la teoría de juego.[13]

3. La *paradoja sociocultural*. La modernidad no genera una cultura uniforme, sino diversa, pues da origen a una cultura global universal, pero a la vez fortalece la cultura tradicional.

---

[13] En teoría de juegos que no son cooperativos, los juegos de "suma cero" son aquellos en los que se presenta un caso en el que la ganancia o pérdida de uno es directamente proporcional con pérdida o ganancias de los otros.

Del mismo modo en que se pueden observar estas paradojas de la modernidad a partir de la globalización, se encuentran otras, fruto de la aceleración, que sin embargo, nos permiten ver que no todo en el mundo puede ser acelerado. Por ejemplo, los ya mencionados embarazos no pueden ser acelerados, ni se puede acelerar el periodo de descanso; asimismo, las amistades no pueden sufrir ese proceso, ya que requieren de tiempo para gestarse como relaciones duraderas, además de que los pensamientos o los sentimientos tampoco pueden procesarse a mayor velocidad. A su vez, existen cosas que quizá sí puedan acelerarse, pero las consecuencias serían contraproducentes; por ejemplo, el amor o el sexo, sin embargo, el efecto sería evidente, por un lado relaciones de corta duración y por otro, algún tipo de disfunción, o bien, la banalización del acto sexual. La comunicación es otra de las variables que pueden acelerarse, pero la consecuencia podría derivar en una falla en el intercambio o incluso, en una incomunicación total.

La búsqueda por aumentar la velocidad en los procesos institucionales, como se podrá observar, tiene consecuencias paradójicas. Revisemos algunos ejemplos: los Estados buscan acelerar sus procesos para unificar u homologar tiempos, lenguaje, leyes y moneda, etcétera, sin embargo, provocan a su vez obstáculos en las transacciones financieras e intercambios en los flujos globales. Podemos hallar un caso en los cambios al uso horario de un país para homologar los tiempos de cierre de bolsa con respecto a otros. En la burocracia también hay una viñeta paradigmática, cuando los esfuerzos por acelerar la administración del trabajo producen retraso en el desarrollo social y económico; de nada sirve, por ejemplo, realizar trámites digitales, si la mitad de la población no tiene acceso a una computadora o no sabe operarla.

Por otro lado, la dirección de la política busca nuevas dinámicas para convencer al electorado, pero aspira al mismo tiempo al control de todas las variables y termina por destruir esa dinámica. Con la democracia ocurre algo similar, acelera la sucesión de sus gobernantes, pero ralentiza la toma de decisiones que pareciera que nunca se llevarán a cabo; sin embargo, las decisiones irreversibles requieren una planificación y una recopilación de información mucho más cuidadosas y, por lo tanto, inevitablemente requieren más tiempo que las reversibles.

En este libro buscamos comprender el impacto de la aceleración en la vida individual, donde también encontraremos problemas paradójicos derivados de la aceleración como que cada vez se encuentren más facilidades para conseguir trabajo en otros lugares del planeta, pero se haya extraviado el rumbo y el sentido del tiempo de la vida en el mundo. El capitalismo permite que el sujeto alcance con mayor facilidad sus metas personales; pero nunca como hasta ahora, la identidad de la persona estaba tan extraviada entre individuos cortados con la misma tijera. Finalmente, el plan de vida se ve truncado por la aceleración del ritmo en el que se vive debido en gran medida a una falta de adaptabilidad a ese mundo vertiginoso.

En un mundo donde los cambios rápidos son la regla general, no hay tiempo para generar una identidad propia, pues lo que hace unos años podía tener un valor especial para alguien, ahora es devaluado o incluso, rechazado por la misma sociedad que antes lo acogía. De esta manera, es imposible mantener el apego por una idea sólida e invariante; por consiguiente, se llega a la conclusión de que no hay identidad posible por una ruptura entre presente pasado y futuro de un sujeto que se ve obligado a cambiar de personalidad cada vez que cambia de grado escolar.

Podemos observar, siguiendo a Hartmut Rosa, cuatro factores que brindan seguridad y continuidad a la identidad personal:

> 1. La identidad situacional permite al menos una conexión narrativa mínima del pasado, presente y futuro y las diversas providencias de la vida con sus significados y funciones. 2. El *habitus* ciertamente no es inmune al cambio ni es invariable en el contexto. 3. 'Objetos de transición' que representan y simbolizan la continuidad en los momentos en que cambian las identidades y las relaciones. 4. Los sujetos posiblemente tienen a su disposición un 'yo' central 'innato' y sin predicaciones que les permite preservar un sentimiento de identidad, en ciertas circunstancias incluso cuando existe una discontinuidad situacional completa.[14]

---

[14] Hartmut Rosa, *Social Acceleration…*, pp. 240-241. "1. Situational identity allows at least a minimal narrative connection of past, present, and future and the various providences of life with their meanings and functions. 2. The habitus is certainly neither immune to change nor

Una teoría completa sobre la modernidad no puede olvidar ni los aspectos macro-sociales ni los aspectos particulares de los individuos que interactúan en ella; es más, no es posible modificar el sistema moderno de aceleración en que vivimos, el único modo de desacelerarlo es a través de acciones individuales.

Las generaciones van creciendo y desarrollándose en diferentes ámbitos de aceleración social: "¿Cuáles son los principales problemas de la juventud de hoy? 'No hay esperanza para el futuro' y 'una sociedad rígida y al mismo tiempo agitada en la que todos sólo piensan en sí mismos y es difícil encontrar un lugar para sí mismos sin ayuda'".[15] Los nacidos antes de la década de 1950 tendrán una perspectiva del ritmo de la vida y una concepción del tiempo muy diferente a la de los nacidos entre 1950 y el nuevo milenio, quienes a su vez, serán totalmente diferentes a la generación *centennial*, nacida en los albores del siglo XXI; todo esto debido a la velocidad con que unos y otros aprendieron a relacionarse consigo mismos y con su entorno.

Uno de los problemas más grandes que podría enfrentar el siglo XXI es el de la incompatibilidad o desincronización entre las generaciones, tal como vaticinaba el literato argentino, miembro del boom latinoamericano, Adolfo Bioy Casares en *El diario de la guerra del cerdo*; su novela ilustra una desconexión entre la juventud y la vejez tan radical, que los unos comienzan a morir a manos de los otros. Para bien o para mal, el ser humano ha logrado, por medio de la tecnología y los avances científicos, prolongar su vida hasta casi el doble de tiempo, si consideramos que el promedio de vida en la antigüedad era de cincuenta años (el cuerpo humano comienza a decrecer a los cuarenta) y lo comparamos con la esperanza de vida estimada de nuestra generación (noventa años aproximadamente). No es casualidad que haya choques generacionales marcados y manifiestos en estas primeras décadas

---

context-invariant. 3. 'Transitional objects' that represent and symbolize continuity at just those times when identities and relationships change. 4. Subjects possibily have at their disposal, 'innate' predicateless 'core self' that allows them to preserve a feeling of identity, in certain circumstances even when there is complete situational discontinuity".

[15] *Ibid.*, p. 278. "What are the main problems of youth today? 'no hope for the future' and 'a rigid and at the same time hectic society in which everyone only thinks about themselves and it is difficult to find a place for oneself without help'".

del milenio. Respecto a este punto, hay casos paradójicos en la historia reciente: el triunfo del *Brexit* en Gran Bretaña, la imposibilidad de un acuerdo de paz con las FARC (Fuerzas Armadas Revolucionarias de Colombia) en este país latinoamericano, el triunfo de Donald Trump en las elecciones de 2016 y el de Andrés Manuel López Obrador en 2018 en México, claros ejemplos de desincronización generacional.

La modernidad es un todo complejo que requiere un análisis exhaustivo, transdisciplinario y completo. Quizá ninguna investigación alcance estas pretensiones, sin embargo, podemos buscar aportar la temporalidad como variable en su estudio con el fin de comprender sus paradojas.

Una de las preguntas fundamentales sobre la aceleración consiste en saber si existe algo en común en todos los fenómenos para que puedan reunirse en un mismo término de aceleración social. Desde la perspectiva de Hartmut Rosa, no lo hay directamente, pero sí desarrolla tres categorías de aceleración que pueden explicar este fenómeno; de igual manera, la aceleración social misma trae como consecuencia fenómenos de desaceleración social y ralentización, los cuales se han vuelto particularmente visibles a principios del siglo XXI e incluso, serán más importantes de analizar para encontrar una respuesta filosófica a los retos planteados por la modernidad tardía.

CAPÍTULO 4

Categorías de aceleración social

*La historia no sólo es tiempo que se vive y se mueve sino
tiempo que se transmuta en obra o en acto.*

Octavio Paz

Hemos mencionado anteriormente que no existe un patrón o variable única que produzca la aceleración social, debido a esto, decimos que la aceleración es un fenómeno complejo. No obstante, también debemos señalar que no todos los procesos de la vida social se aceleran, por ejemplo, los embarazos, las estaciones del año o la educación; también algunos se ralentizan como el tránsito; otros más ofrecen resistencia como los resfriados, pues es frecuente que el organismo intente resistir a la enfermedad y por ello se prolongue el malestar.

> Muchas cosas disminuyen la velocidad (tránsito). Los atletas parecen correr y nadar cada vez más rápido, las computadoras computan a velocidades cada vez más altas, el transporte y las comunicaciones sólo necesitan una fracción del tiempo que tomaron hace un siglo, las personas parecen dormir cada vez menos (algunos científicos han descubierto que el promedio del tiempo de dormir ha disminuido en dos horas desde el siglo xix y en treinta minutos desde la década de 1970).[1]

---

[1] Hartmut Rosa, *High-speed Society...*, p. 81. "Many things slow down (traffic). Athletes seem to

Con el propósito de comprender en qué consiste la aceleración y cuáles son sus efectos y consecuencias, es necesario formular un marco teórico-analítico que permita definir de alguna manera este fenómeno. En los estudios de la materia de física a nivel preparatoria, suele definirse la aceleración como la velocidad del objeto sobre el tiempo que tarde en ir de un punto A a un punto B (v/t o a $= 2s/2t$); sin embargo, esta fórmula sólo nos permite contemplar una parte del fenómeno, la que deriva del movimiento de los objetos en la realidad. En ese sentido, la aceleración se puede definir como un aumento en la actividad por unidad de tiempo o, lógicamente equivalente, como una reducción de la cantidad de tiempo por actividad fija.

Siguiendo la definición de aceleración de Helga Nowotny, Rosa nos advierte que no todos los procesos sociales aumentan su velocidad, pero la aceleración condiciona algunos procesos específicos que sí aumentan notablemente su velocidad. Ejemplos de lo anterior son la transportación de bienes o la transmisión de energía e información que rompen la barrera del espacio y el tiempo: "Los bienes, los seres humanos, la energía, el dinero y la información deben cambiar su ubicación con una frecuencia cada vez mayor para poder circular en un sentido integral, tanto económica como culturalmente".[2]

Hay dos formas básicas de aceleración: por un lado, una intencional y orientada a objetivos específicos que aprovechan la técnica para acelerar procesos particulares; por el otro, una no intencional relacionada con el cambio social. Casos ilustrativos de esta segunda forma son la apertura de nuevos empleos especializados o la frecuencia de cambio de empleo por parte de los trabajadores, la modificación de ideas políticas y de elección de candidatos o partidos, la duración de las relaciones afectivas, o el tiempo que se dedica a una actividad voluntaria como hacer deporte, elaborar

---

be running and swimming faster and faster, Computers compute at ever-higher speeds, transport and Communications need only a fraction of the time they took a Century ago, people appear to sleep less and less (some scientists have found that the average sleeping time has decrease by two hours since the nineteen century and by thirty minutes since the 1970´s)".

[2] Hartmut Rosa, *Social Acceleration...*, p. 64. "Goods, human beings, energy, money and information should change their locations with increasing frequency in order to circulate in a comprehensive sense, both economically and culturally".

manualidades o pasar tiempo con la familia. Esta clasificación, y probablemente cualquiera, no alcanza a cubrir el espectro de aceleración observable en las sociedades contemporáneas.

> Estas dos especificaciones del concepto de aceleración aún no cubren todos los fenómenos relevantes: el intento de ahorrar tiempo a través de la comida rápida, las citas rápidas, las siestas de energía o la multitarea, es decir, mediante el cortocircuito o la condensación de episodios de acción, representan una reacción a la escasez de tiempo que no puede clasificarse en el epígrafe de cambio social de aceleración ni de aceleración técnica.[3]

A pesar de la aceleración intencional de algunos procesos sociales y la no intencional de muchos otros, los habitantes del siglo XXI se enfrentan a un fenómeno paradójico cotidiano: ¿cómo es posible que exista una sensación general y generalizada de que en la vida no tenemos tiempo o nos falta tiempo para hacer cosas si, en efecto, los procesos sociales se han acelerado? Esta escasez de tiempo precisa una explicación, si bien compleja, que nos permita comprender mejor la forma en que vivimos actualmente.

Una definición sobre la aceleración social, no exacta pero al menos aproximada y que debemos considerar de ahora en adelante, sería en términos de *número de actividades que realizamos por unidad de tiempo*. Otra dicotomía simple con la que podemos comprender el fenómeno de la aceleración sería, por un lado, la aceleración como un proceso *objetivo*; es decir, una hora sigue siendo una hora y un día sigue siendo un día, sin importar si hemos tenido la impresión de que transcurrió rápidamente. Por otro lado, la aceleración como un proceso *subjetivo*, pues diariamente experimentamos percepciones y emociones del tiempo muy diversas.

La teoría de Hartmut Rosa agrupa este fenómeno de aceleración social en tres categorías de aceleración que se conectan inercialmente una con otra en un círculo de aceleración que produce sistemáticamente más aceleración.

---

[3] Hartmut Rosa, *High-speed Society*…., p. 81. "This two specifications of the concept of acceleration still do not cover all the relevant phenomena: the attempt to save time through fast food, speed dating, power naps, or multitasking, i.e., by shorting or condensing episodes of action, represent a reaction to a scarcity of time that can be classified under the heading neither of acceleration social change nor of technical acceleration".

Aceleración tecnológica

La aceleración tecnológica se refiere al aumento de la velocidad en transporte, comunicación y producción. Este proceso genera un fenómeno de compresión del tiempo a cambio de la separación de su espacio; siguiendo a Rosa, "la velocidad de la comunicación parece haber incrementado en 10^7, la velocidad del transporte personal en 10^2 y la velocidad del procesamiento de datos en 10^6".[4]

Existen nuevas formas de organización y administración que tienen por objetivo acelerar diversas operaciones que también pueden ser consideradas como instancias de aceleración tecnológica; por ejemplo, una constante en las empresas de medios de comunicación es la centralización de la redacción para producir contenidos en diferentes plataformas. Así, hay una redacción única para todos los productos comunicativos en lugar de una para cada producto; en consecuencia, la empresa ahorra tiempo de producción y dinero, pues requiere de menos redactores.

Al viajar por carretera podemos observar la distorsión de los objetos más cercanos, como los árboles y los cambios repentinos en los paisajes que vemos a mayor distancia; ésta es una forma de explicar la separación del espacio por efecto de la velocidad. Es decir, el espacio pierde importancia para dar prioridad al tiempo comprimido en el traslado; de modo similar ocurre con la transferencia de datos a través de internet, pues el ancho de banda permite comprimir archivos cada vez más grandes en menor tiempo.

> Así, medido en función del tiempo que se tarda en cubrir la distancia de, digamos, Londres a Nueva York, el espacio se ha encogido desde la edad preindustrial de los barcos de vela hasta los tiempos de los aviones a reacción a menos de 1/60 de su dimensión original, es decir, de alrededor de tres semanas a unas ocho horas.[5]

Otra forma de separación del espacio se presenta en la ubicuidad cuando, con el uso de las nuevas tecnologías, una persona que se encuentra

---

4   Hartmut Rosa, *Aceleración social...*, p. 15.

5   Hartmut Rosa, *Alienación y aceleración...*, p. 23.

espacialmente en un lugar, está mental o espiritualmente en otro; asimismo, cuando se habla por teléfono o se comparten imágenes o pensamientos a través de las redes sociales, el tiempo, en este caso, aísla al individuo desincronizándolo de su aquí y ahora. El espacio mismo que ocupan los mensajes se ha transformado radicalmente: los pergaminos, papiros, cartas o cintas se almacenaban y conservaban en espacios, si bien cada vez más compactos, físicos al fin de cuentas; ahora, la era digital espacializa los mensajes y los envía a una dimensión diferente a la nuestra, una en el eterno aquí y ahora y que puede parecer frágil, pues es tan fácil reproducir los archivos digitales como perderlos.

> Por un lado, nuestra capacidad para recorrer grandes distancias a velocidades crecientes altera nuestra percepción del tiempo y el espacio [...] Como resultado de la aceleración, la preponderancia antropológica del espacio sobre el tiempo se invierte y, en última instancia, se reemplaza por el dominio del tiempo. Además, los horizontes fenomenológicos del pasado, presente y futuro, y por ende del yo y su relación con el mundo social.[6]

Presente, pasado y futuro no son únicamente nociones temporales, sino también espaciales, o mejor dicho, espaciotemporales, pues ocupan ambas dimensiones.

Respecto a la producción de objetos, podemos considerar un paso de la artesanía hacia la manufactura como un proceso de aceleración de un tipo de producto: cuando un artesano realiza un trabajo de alfarería y no se encuentra satisfecho con el resultado, es capaz de regresar y repetirlo nuevamente hasta cumplir con su expectativa; sin embargo, cuando una máquina pre-programada tiene algún tipo de fallo en la realización del producto, todo el lote reproducido bajo esa regla tendrá el mismo desperfecto.

En el siglo xxi, es constante la necesidad de regresar automóviles para corregir problemas de producción; en ese sentido parece claro que, inde-

---

[6] Hartmut Rosa, *High-speed Society...*, p. 10. "For one thing, our capacity to transverse vast distances at rising speeds alters our perception of time and space [...] As a result of acceleration, the anthropological preponderance of space over time is inverted and ultimately replaced by the dominance of time. In addition, the phenomenological horizons of past, present, and future —and hence of the self and its relation to the social world".

pendientemente del producto del que se trate, la calidad es enemiga de la cantidad o bien, la calidad es enemiga de la aceleración.

> En 1750, una marca de pianos producía quizás veinte instrumentos por año. Gracias a la producción mecánica de marcos metálicos. Broadwood de Londres fabricaba cuatrocientos pianos al año en 1802 y mil quinientos en 1825. 'Los precios se hundieron, se dispararon', alcanzando una brillante frecuencia de 435. Mozart y Beethoven estaban enojados porque sus piezas se colocaron más rápido de lo que habían previsto.[7]

Cuando observamos los tres factores a largo plazo podemos comprender ya no los efectos, sino las consecuencias de la aceleración tecnológica que conducirán a la segunda categoría de aceleración.

Aceleración del cambio social

La aceleración del cambio social se refiere a los cambios constantes en las actitudes, modas y estilos de vida de las relaciones sociales. El tiempo que transcurre entre fenómenos del mismo tipo es cada vez menor; por ejemplo, entre la aparición del ser humano y el lenguaje, el lenguaje y la escritura, la escritura y la imprenta, la imprenta y la radio, entre la radio y la televisión, etcétera.

> La diferencia también se puede ilustrar con un ejemplo de la difusión de la innovación de la historia: el periodo desde la invención de la radio a fines del siglo XIX hasta su distribución a 50 millones de oyentes duró 38 años; la televisión, introducida un cuarto de siglo después, sólo necesitó 13 años para lograrlo, mientras que internet pasó de la primera a la conexión número 50 millones en apenas 4 [...] La invención de la máquina de escribir en 1714 para su difusión exitosa a través de la comercialización duró 174 años, para invenciones como el congelador y la aspiradora a principios del siglo XX, alrededor de

---

[7] *Ibid.*, p. 123. "In 1750, a piano marker produced perhaps twenty instruments per year. Thanks to the mechanical production of metal frames. Broadwood of London was manufacturing four hundreds pianos annually in 1802 and fifteen hundred in 1825. 'Prices sank, pitch rose', achieving a brilliant frequency of 435. Mozart and Beethoven were angry that their pieces were placed faster than they had intended".

30-40 años, para nuevas tecnologías como el reproductor de CD o la grabadora de video, en contraste, sólo una década hasta su difusión masiva.[8]

En otras palabras, el cambio social se refiere a la transformación de la vida cotidiana a lo largo del tiempo; los comportamientos, hábitos, convivencias, festividades, lenguaje, ritos que siempre se han modificado en la historia de la humanidad, se aceleran de modo fehaciente conforme avanza la civilización, particularmente desde la Revolución Industrial, como ya hemos revisado.

En los pasados siglos, la conexión entre el presente, el pasado y el futuro se mostraba más estable que en la actualidad. En el siglo XVIII, era frecuente que los hijos se dedicaran al mismo oficio que los padres, la familia solía permanecer en la misma casa durante prácticamente toda su vida y sus miembros profesaban las misma religión o creencia; en el XXI, éstas conexiones temporales se han modificado en gran medida por la preponderancia del tiempo y la separación del espacio. De esta manera, los hijos no siempre continuarán el oficio de los padres, se mudarán muchas veces de casa e, incluso, de ciudad o país; además, podrían profesar diferentes creencias religiosas respecto a los padres o los hermanos. Así, alguien que empieza su carrera en Microsoft no tiene la menor idea sobre dónde la concluirá, pero alguien que en el pasado la hubiera iniciado en Ford o Renault estaría prácticamente seguro de que la terminaría en el mismo lugar.

"El pasado se define como lo que no se puede mantener y ya no es válido mientras que el futuro denota lo que todavía no se puede asir y no es aún valido. El presente, es el lapso en el cual los horizontes de la experiencia y

---

[8]   Hartmut Rosa, *Social Acceleration...*, p. 75. "The difference can also be illustrated with an example from the history innovation diffusion: the period from the invention of the radio at the end of the nineteenth century to its distribution to 50 million listeners lasted 38 years; the television, introduced a quarter of a century later, needed only 13 years to achieve this, while the internet went from the first to the 50-millionth connection in barely 4 [...] The invention of the typewritter in 1714 to successful diffusion through marketization lasted 174 years, for inventions like the freezer and the vacuum cleaner at the beginning of the twentieth century around 30-40 years, for new technologies like the CD player or video recorder, in contrast, only a decade until their mass diffusion".

de las expectativas coinciden".[9] Medir el cambio social de una población es un problema empírico que no se ha podido resolver, no hay una rúbrica o una herramienta de medición del cambio social. Esta situación se complica aún más por el hecho de que no hay consenso en las ciencias de esta área sobre qué constituye indicadores válidos de cambio social. Lo único que podemos observar son mediciones respecto a cambios a largo plazo en algunas variables, por ejemplo, las tasas de crecimiento en divorcios o segundos matrimonios, el número de horas de trabajo y las tasas de permanencia o circulación de personal, entre otras.

> La idea subyacente es que la misma velocidad del cambio está cambiando. Esto significa que las actitudes y valores, además de las modas y los estilos de vida, las relaciones y las obligaciones sociales, además de los grupos, clases, entornos, lenguajes sociales, formas de práctica y hábitos, están cambiando con rapidez cada vez mayor.[10]

Siguiendo a Herman Lübbe, Hartmut Rosa explica que las sociedades occidentales experimentan una constante "contracción del presente" [*Gegenwartsschrumpfung*] como consecuencia de la aceleración social. Esta noción busca explorar una definición de la aceleración del cambio social, desde la filosofía de Kant hasta el análisis social de Émile Durkheim, el espacio y el tiempo son formas fundamentales y constitutivas tanto de la realidad que nos rodea como del entendimiento que tenemos sobre esa realidad. Las acciones que se llevan a cabo en la realidad de la vida cotidiana requieren un tiempo para realizarse y un lugar/espacio para desenvolverse. Por ejemplo, un carpintero fabrica una silla en su taller y necesita algunas horas de elaboración para conjuntar las partes que la constituyen; asimismo, la fábrica de muebles, que también exige un espacio físico para su producción, tardará algunos minutos para cortar y unir las piezas que requiere la silla para ser construida. La diferencia entre ambas producciones es espacial y temporal, pues los espacios y tiempos que requieren la fabricación de ambos artículos, en el taller y en la fábrica, son completamente distintos.

---

[9]   Hartmut Rosa, *Aceleración social...*, p. 16.

[10]   Hartmut Rosa, *Alienación y aceleración...*, p. 24.

La contracción del presente se explica, de acuerdo con Herman Lübbe, cuando las sociedades modernas incrementan el valor de la obsolescencia[11] en su producción o comunicación, o bien, al comprimirse los tiempos de las innovaciones tecnológicas. Se pueden encontrar casos relacionados en el desarrollo de la aviación a principios del siglo xx, antes de la primera Guerra Mundial, cuando el sueño de volar condujo a los innovadores a desarrollar aviones cada vez más veloces y capaces de elevarse cada vez a mayor altura, como testimonia Ernst Heinkel en sus memorias; otro caso es el del desarrollo de los teléfonos inteligentes del siglo xxi con el lanzamiento anual de nuevos modelos, incluso hasta dos veces por año, y la obsolescencia de dichos productos evidenciada en garantías de dos años, de manera que se obliga a los consumidores a cambiar su dispositivo cada vez en menor tiempo (a pesar de que la tecnología con la que está diseñada sea más nueva).

> Por lo tanto, la aceleración del cambio social se puede definir como un aumento de la disminución de la tasa de las experiencias y expectativas orientadas hacia la acción y como una contracción de los periodos de tiempo que determinan el presente de las esferas funcional, de valor y de acción respectivas. El presente se contrae tanto en la política como en la economía, la ciencia y el arte, tanto en las relaciones laborales como en los arreglos familiares, y tanto en la moral como en las orientaciones prácticas cotidianas.[12]

Una de las principales críticas que ha recibido la teoría de la aceleración social consiste en la dificultad de confirmar que existe como tal una aceleración, pues no deja de ser la observación a partir de una serie de fenómenos que parecen inconexos entre sí. En ese sentido, no se puede confirmar empíricamente la aceleración a menos que se pueda demostrar que las fuerzas

---

[11] La obsolescencia consiste en la reducción intencional de la vida de un producto para incentivar el consumo constante y repetitivo, lo que produce la necesidad de continuar produciendo para cubrir la demanda.

[12] Hartmut Rosa, *Social Acceleration...*, p. 76. "The acceleration of social change can thus be defined as an increase of the rate decay of action-orienting experiences and expectations and as a contraction of the time periods that determine the present of respective functional, value, and action spheres. The present contracts as much in politics as in the economy, science, and art, in work relations as much as in family arrangements, and just as much in moral as in practical everyday orientations".

del movimiento, objetiva y subjetivamente, superan sistemáticamente las fuerzas de inercia social, entendiendo por inercia la regularidad de estos movimientos objetivos y subjetivos. Acorde con Rosa, "el veredicto de que la sociedad moderna es una sociedad en aceleración sólo puede justificarse si se puede demostrar que en la modernidad las fuerzas del movimiento superan sistemáticamente las fuerzas de la inercia".[13]

Tanto la aceleración tecnológica como la del cambio social son categorías objetivas que pueden demostrarse de alguna manera; la única categoría subjetiva, y por ese motivo más complejo de demostrar, es la aceleración del ritmo de la vida. Desde nuestra perspectiva, esta categoría es la más importante de analizar, pues afecta directamente a la persona en sus dinámicas sociales y existenciales.

Aceleración del ritmo de la vida

La aceleración del ritmo de la vida se refiere a la compresión de las actividades y acciones en la vida cotidiana. Resulta paradójico que, a pesar del aumento del "tiempo libre" gracias a la aceleración tecnológica, el tiempo se vuelve más escaso, lo cual repercute en el ritmo de la vida; por ejemplo, se ahorra tiempo por ingesta de comida rápida, pero nunca hay tiempo para comer. "La aceleración del ritmo de vida (social) [...] puede ser definida como un incremento del número de episodios de acción o experiencia por unidad de tiempo; es decir, es la consecuencia del deseo o necesidad sentida de hacer más cosas en menos tiempo".[14]

También resulta profundamente paradójico que, a pesar de que las herramientas tecnológicas permiten ahorrar tiempo acelerando procesos, en las ciudades modernas, el ser humano no tiene tiempo para nada; o mejor dicho, en realidad no tiene tiempo ni para sí mismo. Así, cuando el tiempo

---

[13] Hartmut Rosa, *Social Acceleration...*, p. 71. "The veredict that modern society is an acceleration society can only be justified if it can be shown that in modernity the forces of movement systematically outweigh the forces of inertia".

[14] Hartmut Rosa, *Alienación y aceleración...*, p. 31.

debiera volverse abundante, escasea y de esta paradoja surge la noción de ritmo de la vida y la necesidad de medirlo.

Subjetivamente hablando, el ritmo de vida refiere a los efectos de la experiencia individual del tiempo. Objetivamente, a la medición de acciones cotidianas concretas como comer, dormir, jugar, conversar, entre otras, cuya tendencia muestra un incremento de actividades y una disminución del tiempo dedicado a ellas; asimismo, apunta a la compresión de acciones y experiencias en intervalos irregulares de tiempo, por ejemplo, en la realización de tareas simultáneas (*multitasking*) como cocinar y ver televisión, o manejar y hablar por teléfono. Aceleración implica que hacemos más cosas en menos tiempo.

Objetivamente, cuando la tasa de crecimiento de actividades rebasa las tasas de aceleración, el tiempo se torna escaso de cara a la aceleración tecnológica.

> Por lo tanto, las investigaciones de los años sesenta y setenta indican que el tiempo que se pasa en casa, sorprendentemente, tiende a aumentar en lugar de disminuir con la cantidad de electrodomésticos. De acuerdo con un extenso estudio estadounidense sobre el uso del tiempo realizado en 1975 en el que participaron 2046 encuestados, los propietarios de lavavajillas pasaron un promedio de un minuto y los propietarios de lavanderías cuatro minutos más en casa cada día que los adultos sin estos aparatos, y la aspiradora ahorró sólo un minuto. El tiempo asignado para el transporte parece ser invariante en relación con la velocidad de movimiento.[15]

En el terreno de la subjetividad es mucho más complejo medir y analizar el ritmo de vida, sin embargo, parece haber una conexión substancial entre el tiempo y el espacio. Cuanto más aquí y ahora pueda estar la persona, habrá mayor sincronía, y a mayor sincronía menor aceleración del ritmo de la vida; en contraste, entre más asincronía mayor aceleración del ritmo de

---

[15] Hartmut Rosa, *Social Acceleration...*, p. 69. "Thus investigations from the 1960´s and 70´s indicate that the time spent at home surprisingly tends to increase rather than fall with the number of household appliances. According to an extensive countrywide American study of time use from 1975 involving 2,046 respondents, owners of dishwashing machines spent on average one minute and owners of laundry machines four minutes more at home each day than adults without these appliances, and the vacuum cleaner saved only one minute. The time allotted for transportation seems to be invariant relative to the speed of movement".

la vida. Si la aceleración social produce, como hemos visto, una separación del espacio y una contracción del presente, podemos afirmar que la aceleración social produce asincronización; es decir, causa una separación entre el tiempo y el espacio subjetivo.

Las consecuencias de esta brecha en la dimensión espaciotemporal son variadas y es necesario estudiarlas para comprender mejor la asincronía propia del siglo XXI. La separación del espacio y la compresión del tiempo alteran los ritmos de la existencia: los viajeros modernos tienen que luchar con horarios, tiempo de trasbordo, congestiones y retrasos, pero no con los obstáculos del espacio.

Asimismo, esta separación del espacio y compresión del tiempo resta significado e importancia a ambos; cuando los medios de transporte reducen el tiempo de traslado resta significado al traslado, es decir, al espacio existente entre los puntos *A* y *B*. Tal es el caso de un viaje en avión, pues el cuerpo humano, subjetivamente, sufre el traslado de altitud y latitud en poco tiempo, lo cual provoca un malestar al momento de bajar del avión, no sólo por el clima, sino también por el repentino cambio de un lugar del planeta a otro. Ese malestar, comúnmente un mareo temporal, se experimenta en todos al viajar, aunque en algunas personas sea más acentuado que en otras. Del mismo modo, cuando internet permitió obtener una enorme cantidad de información de forma casi espontánea, restó importancia a la búsqueda de información; o bien, cuando la producción permitió reemplazar fácilmente un objeto de consumo por otro exactamente igual, el artículo perdió valor y ésa es la razón por la que las piezas únicas son más significativas.

> La sociedad moderna puede entenderse como una 'sociedad de aceleración' en el sentido de que muestra un vínculo estructural y cultural altamente condicionado de ambas formas de aceleración: aceleración técnica y un aumento en el ritmo de vida debido a la escasez crónica de recursos de tiempo, y por lo tanto, también un fuerte vínculo de aceleración y crecimiento. Esto implica que la tasa promedio de crecimiento (definida como el aumento de la cantidad total de cosas producidas, comunicadas, distancias recorridas, etc.) excede la tasa promedio de aceleración.[16]

---

[16] *Ibid.*, p. 68. "Modern society can be understood as an 'acceleration society' in the sense that

Un factor fundamental respecto a la noción de ritmo de vida consiste en comprender que el organismo humano puede acostumbrarse, con relativa facilidad, a los cambios asincrónicos de la espaciotemporalidad. Cuando surgieron los primeros trenes, algunas personas pensaban que la velocidad afectaría seriamente al organismo; sin embargo, aunque es verdad que existen afectaciones preliminares en el uso de las nuevas tecnologías, el rumor fue desmentido y ese medio de transporte es parte de la vida cotidiana desde el comienzo de la Revolución Industrial. Una variable derivada de este factor se observa en la conciencia o inconsciencia de esta asincronía, pues todos los organismos se acostumbran al nuevo ritmo de vida, pero no todos están conscientes ni de su aceleración ni su asincronización.

> El aumento del ritmo de la vida a través de un aumento de episodios de acción y/o experiencia por unidad de tiempo que se vincula con una escasez de recursos temporales y la 'falta de tiempo' resultante constituye una tercera categoría independiente de aceleración social en la sociedad moderna.[17]

Al comienzo de este libro señalamos que una de las preocupaciones fundamentales para Hartmut Rosa es comprender las implicaciones de una buena vida; pues bien, la comprensión de la aceleración del ritmo de la vida es un factor imprescindible para intentar dar respuesta a esa interrogante. Ambas nociones, buena vida y ritmo de vida, son subjetivas y problemáticas; sin embargo, una persona podría responder en un estudio si su vida personal cumple con la expectativa de estas nociones.

Para los sujetos acostumbrados a la aceleración social, pero conscientes de su existencia, la pregunta fundamental gira en torno al sentido de la vida misma: "¿Cómo quiero pasar mi vida? Es quizás la pregunta ética más

---

it displays a highly conditioned structural and cultural linkage of both forms of acceleration —technical acceleration and an increase in the pace of life due the chronic shortage of time resources— and therefore also a strong linkage of acceleration and growth. This implies that the average rate of growth (defined as increase of the total quantity of things produced, communicated, distances covered, etc.) exceed the average rate of acceleration".

[17] *Ibid.*, p. 64. "The heightening of the pace of life through an increase of episodes of action and/or experience per unit of time that is linked with a scarcity of temporal resources and the resulting 'lack of time' constitutes and independent third category of social acceleration in modern society".

fundamental a la que nos enfrentamos [...] Sin embargo, el problema más restrictivo de una sociedad hiperacelerada es que socava la autonomía individual y colectiva".[18]

El problema radica en la respuesta que un individuo puede dar a la pregunta sobre las cosas que desea hacer en su vida. A diferencia de los siglos anteriores, el hiper-acelerado siglo xxi ofrece un sinnúmero de actividades que se pueden hacer, cada vez hay mayor posibilidad de realizar un mayor número de acciones por unidad de tiempo que la que tenían generaciones anteriores; ahora lanzarse de un paracaídas o viajar a lugares lejanos es menos difícil, razón por la cual una persona puede multiplicar *ad infinitum* el número de posibilidades en su lista de "cosas que debo hacer antes de morir". El incremento en la oferta de experiencias funda las condiciones de posibilidad de la aceleración del ritmo de la vida.

> El ritmo de vida debe entenderse como resultado de la escasez de recursos de tiempo, lo que significa que el aumento de la cantidad de acciones supera la mejora técnica de la velocidad de rendimiento. Ansiedad por 'no mantenerse al día'. La aceleración y condensación de los episodios de acción representan una reacción obvia a estas percepciones.[19]

Sólo el incremento de las acciones por unidad de tiempo puede satisfacer la noción de aceleración social: "La experiencia de una aceleración del ritmo de la vida en la modernidad abarca tanto un aumento de la velocidad de acción como una alteración estructural inducida de la experiencia del tiempo en la vida cotidiana".[20] En ese sentido, podemos afirmar que la mul-

---

[18] Hartmut Rosa, *High-speed Society...*, pp. 16-17. "How do I want to spend my life? Is perhaps the most fundamental ethical question we face [...] Yet the most strinking problem with a hyperaccelerated society is that it undermines individual and collective autonomy".

[19] Hartmut Rosa, *Social Acceleration...*, p. 79. "The pace of life should be understood as a result of the scarcity of time resources, which means that the increase of the quantity of actions exceeds the technical enhancement of the speed of performance. Anxiety about 'not keeping up'. The acceleration and condensation of action episodes the represents an obvious reaction to these perceptions".

[20] *Ibid.*, p. 80. "The experiences of an acceleration of the pace of life in modernity encompasses both an increase of the speed of action and a structurally induced alteration of the experience of time in everyday life".

tiplicación de opciones es una de las causas principales de la aceleración del ritmo de vida.

Internet, como herramienta tecnológica, es uno de los aceleradores más importantes del siglo XXI, no únicamente porque su funcionalidad es cada vez más veloz (cantidad de gigabytes descargables por minuto), sino por permitir el *multitasking*, de modo que hace habitual consultar gran cantidad de información simultáneamente, además de multiplicar el número de opciones y actividades por unidad de tiempo.

Si se desea evitar un ritmo de vida acelerado, es indispensable que las personas recuperen la sincronización de la espaciotemporalidad respecto a la realidad de su vida cotidiana; en otras palabras, se debe buscar vivir aquí y ahora buscando llevar a cabo las actividades completas del día a día en el tiempo apropiado para cada una de ellas.

Las tres categorías de aceleración funcionan de manera sistémica y son interdependientes, ya que la aceleración de la primera causa la aceleración de las otras de forma sucesiva e incontrolable, pues el modo de vida occidental, orientado al trabajo como centro de actividad y al consumo como contrapeso, termina por producir un círculo co-dependiente. Dicho de otra manera, el tiempo de trabajo figura como un factor crucial de la producción, y en consecuencia, el círculo de producción, distribución y consumo se acelera constantemente.

En palabras de Edgar Morin, el mundo contemporáneo funciona como un sistema abierto cuyas consecuencias afectan ontológica y epistémicamente del mismo modo que objetiva y subjetivamente. En un sistema abierto, las leyes de organización de lo viviente son desequilibrantes (entrópicas), porque la relación de las variables que intervienen en él compensan o descompensan para permitir la continuidad de la vida; por eso debemos reconocer que el sistema viviente debe comprenderse tanto en relación con el ambiente como consigo mismo: "El sistema no puede ser comprendido más que incluyendo en sí al ambiente, que le es a la vez íntimo y extraño y es parte de sí mismo siendo, al mismo tiempo, exterior".[21]

---

[21] Edgar Morin, *Introducción al pensamiento…*, p. 44.

Cuando un sistema en relación con el ambiente modifica su estructura, decimos que es autopoiético; es decir, puede constituirse a sí mismo a partir de las relaciones que el sistema establece consigo mismo y con el ambiente, tal y como ocurre con el organismo humano. En ese orden de ideas, el círculo de aceleración planteado por Hartmut Rosa funciona como un sistema autopoiético que se mueve a sí mismo: "Dentro de su círculo, la aceleración siempre e inevitablemente produce más aceleración: se convierte en un 'sistema de retroalimentación' que se auto-refuerza".[22]

Debido a esta inercia en el círculo de aceleración, decimos que la aceleración es una característica definitoria de la modernización; sin embargo, dicho círculo requiere motores para que el sistema se active y pueda auto-producirse. Es por esto que en la teoría de la aceleración social de Hartmut Rosa existen tres motores principales, como veremos a continuación.

---

[22] Hartmut Rosa, *Social Acceleration...*, p. 151. "Within his circle acceleration always and inevitably produces more acceleration: it becomes a self-reinforcing 'feedback system'".

CAPÍTULO 5

Motores de aceleración social

Date prisa, niña, que el tiempo de este viaje cuesta mil libras por minuto
[...] sucede que no había taquilla en la estación [...] ¿Cómo que no había?
Si ahí el terreno cuesta mil libras por centímetro cuadrado [...] podrías
haber comprado el billete al conductor [...] el humo cuesta mil libras por
voluta [...] es mejor no decir nada, cada palabra cuesta mil libras.

Lewis Carroll

Además de identificar las tres categorías de aceleración social, Hartmut Rosa se pregunta qué impulsa la aceleración social y establece tres motores que la animan; en otras palabras, tres factores que permiten que la aceleración se produzca y pueda, además de mantenerse, aumentar.

Ya hemos mencionado que la noción de "sociedad de la aceleración" puede aplicarse a una sociedad si, y sólo si, la aceleración tecnológica y la creciente escasez de tiempo ocurren simultáneamente, es decir, si las tasas de crecimiento sobrepasan de aceleración.

Para explicar cómo se impulsa, sostiene e incrementa la aceleración social se emplea la figura de un hámster que corre en una rueda dentro de su jaula:

En primer lugar, el hámster siempre parece estar divirtiéndose; muchas personas lo hacen también. Pero este es el aspecto más débil de nuestra comparación. En segundo lugar, y más importante, está el hecho de que, a pesar de todos sus esfuerzos, los hámsters siempre permanecen en el mismo lugar, al igual que las personas a menudo tienen la sensación de que están corriendo, a pesar del gran gasto de tiempo y energía que han invertido en el proceso. En tercer lugar, debes mantenerte firme cuando la rueda realmente comienza a moverse, es fácil perder el paso y aterrizar en tu espalda. Cuanto más rápido corre, más rápido gira la rueda, y cuanto más rápido gira la rueda, más rápido tiene que correr para mantener el ritmo. Los estándares de calidad esperados aumentan en correspondencia con un alto rendimiento. Las llamadas meritocracias son impulsadas por una espiral de actualización con respecto al aprendizaje, la productividad y la atención. No es suficiente ser bueno y tampoco es suficiente para ser mejor.[1]

La analogía del hámster es muy afortunada, pues en el siglo XXI, cada individuo está inmerso en su propia jaula donde sólo existe una rueda para pasar el tiempo. Una persona que decida no utilizar la rueda sería vista como anacrónica, desfasada y fuera de contexto. Si alguien toma unas vacaciones prolongadas, un año sabático, un semestre sin estudiar, es considerada por la sociedad como un inadaptado; así, es lógico que las personas se sientan socialmente presionadas.

Como profesor universitario, es fácil observar que algunos estudiantes, presionados por sus papás para tener una carrera, se precipitan en tomar una decisión a la que deberían dedicar un tiempo de reflexión mayor; es recurrente encontrar alumnos cambiando de carrera porque esa elección, la mejor en la opinión de sus parientes, no satisface sus expectativas. Asimismo, muchos tienen urgencia por terminar pronto su licenciatura para poder trabajar; consideran que comenzar a trabajar a los 22 años reduce sus posibilidades de contratación y productividad.

---

[1] Cfr. Fritz Reheis, "Liberation from the Turbo Principle: The Dictatorship of Money and the Prospect of an Ecology of Time", en Hartmut Böhme y Hartmut Rosa (eds.), *The Art of Deceleration...* "Firstly, the hamster always seem to be having fun; many people do as well. But this is the weakest aspect of our comparison. Secondly and more significantly is the fact that despite all their strenuous efforts, the hamsters always remain in the same place, just as people often have the feeling that they are running on the spot, despite the large expenditure of time and energy they have invested in the process. Thirdly, you have to hold on tight when the wheel really starts moving! It is easy to miss a step and land on your back. The faster he runs the faster the wheel turns. And the faster the wheel turns, the faster he has to run in order to keep pace. The expected quality standards increase correspondingly with high performance. So-called meritocracies are driven by an upgrading spiral with regard to learning, productivity and attention. It is not enough to be good and it is also not enough to be better".

> Tomar un descanso prolongado significa quedarse pasado de moda, anticuado, anacrónico en la propia experiencia y en el propio conocimiento, la gente se siente presionada a mantener el ritmo de la velocidad del cambio que experimenta en su mundo social y tecnológico para evitar la pérdida de opciones y conexiones potencialmente valiosas. Así, el cambio social acelerado conducirá a su vez a una aceleración del ritmo de vida [...] los 'ciclos de aceleración' son un proceso cerrado y autoimpulsado.[2]

Es fundamental comprender que no debemos caer en la fantasía de destruir los motores de aceleración social para evitar que el ritmo siga su marcha; en primer lugar, porque la aceleración social es tanto objetiva como subjetiva, razón por la cual sus efectos son diferentes en cada persona y en cada región; en segundo lugar, porque naturalmente el mundo sigue su movimiento, por lento que sea o haya sido alguna vez, se mueve y siempre lo ha hecho: los cambios geológicos, la erupción de volcanes, los movimientos de la tierra que producen a su vez cambios meteorológicos son una constante natural y no podemos resistirnos a ello. Es falsa la pretensión de esperar que el mundo no cambie o no se mueva. Ciertamente, para un niño, una de las cosas más difíciles de aceptar con el paso del tiempo es el cambio, no podemos permanecer en la infancia toda nuestra vida. Del mismo modo ocurre con la aceleración social, no podemos pretender que el tiempo se detenga, pues lo que se estanca se pudre; el mundo material, naturalmente, posee un ritmo y el ser humano, como *Dasein* heideggeriano, tiene el suyo propio, aunque no sepamos ya exactamente cuál es.

> Estamos inclinados a creer que lo que es demasiado rápido para uno es demasiado lento para otro, en otras palabras, que la percepción y el procesamiento de la velocidad son puramente subjetivos. Si nos vemos obligados a cambiar nuestra casa, nuestro trabajo, nuestros métodos de trabajo, nuestra pareja, nuestros amigos, etc., a intervalos cada vez más cortos, perdemos la capacidad de 'sintonizar' con ellos [...] las casas, ciudades, actividades, personas y las cosas con las que nos relacionamos a diario, inevitablemente, nos resultarán extrañas en este caso. Sin embargo, lo contrario también es cierto, si no hay suficiente movimiento, si nuestras circunstancias y relaciones nunca cambian, entonces se osifican y nuestro mundo se congela en el tiempo [...] tampoco

---

2   Hartmut Rosa, *Aceleración social...*, p. 22.

puede haber experiencia de resonancia en tal caso. En pocas palabras: los conceptos relativos del tiempo sólo funcionan allí, donde nos permiten vivir en un mundo sensible, donde el sujeto y el mundo están en sintonía entre sí. Si nos apresuramos a través de un museo, o simplemente hacemos clic en una 'canción' después de otra, o estamos bajo tanto estrés que ni siquiera nuestras obras favoritas nos hablan más, entonces estamos viviendo en un estado de alienación que a menudo es, pero no siempre, un resultado del tiempo frenético.[3]

En este sentido, podemos afirmar que existe una constante tensión entre la materialidad objetiva y la percepción subjetiva; esa tensión produce necesariamente un conflicto que genera, naturalmente, un movimiento. Por ejemplo, con la presencia de un combustible y los factores climáticos oportunos, se genera un incendio, al término del cual surgirá nueva vida; es una técnica común en el campo, antes del verano, quemar la hierba seca por el invierno y preparar el terreno para la nueva temporada. De un modo similar, la vida del ser humano está llena de tensiones que producen movimientos múltiples: una ruptura amorosa o el fallecimiento de un ser querido desatan un conflicto subjetivo que deviene en un movimiento nuevo; no podemos pretender que la vida sea inmutable y el mundo incólume. El conflicto es el origen del movimiento, tanto la ciencia como las grandes religiones comprenden la necesidad de esta tensión autopoiética: los griegos atribuyeron

---

[3] Cfr. Markus Brüderlin y Uta Ruhkamp, "Wheezing Politicians, Crashing Financial Markets, Wild Pendulum Swings, Burnout, and Life Eternal: Interview with the Sociologist", en Hartmut Böhme y Hartmut Rosa (eds.), *The Art of Deceleration*…"We are inclined to believe that what is too fast for one is too slow for another; in other words, that the perception and processing of speed are purely subjectives. If we are forced to change our home, our job, our working methods, our partner, our friends, and so on at ever shorter intervals, we lose the ability to 'tune in' to them [...] The houses, cities, activities, people, and things we have to do with on a daily basis will inevitably remain strange to us in such a case. Yet, the reverse is also true. If there is not enough movement, if our circumstances and relationships never change, then they ossify and our world becomes frozen in time [...] there can be no experience of resonance in such a case either. To put it in a nutshell: relative concepts of time work only there, where they allow us to live in a responsive world, where subject and world are in tune with each other. If we rush through a museum, or simply click on one 'song' after another, or are under so much stress that not even our favorite works speak to us anymore, then we are living in a state of alienation that is often –but not always– a result of time run amok".

a *Caos*[4] el origen del mundo conocido; en el Génesis bíblico, Dios separa la luz y la oscuridad de manera que causa la primera tensión generadora del mundo; por su cuenta, la ciencia actual atribuye al Big Bang, una primera explosión caótica, el origen del universo.

De manera análoga a los conflictos que originan movimientos, los motores que generan la aceleración social pueden verse como tensiones necesarias para la aceleración.

Motor económico

Respecto al motor económico, desde que Benjamin Franklin, uno de los padres fundadores de Estados Unidos, acuñó la expresión "el tiempo es dinero"; en ello, podemos ver que el capitalismo industrial acelera el consumo y con él, las tres categorías de aceleración ya mencionadas: "El círculo de producción, distribución y consumo acelera constantemente [...] el funcionamiento del sistema capitalista descansa en la circulación acelerada de bienes y capital en una sociedad orientada al crecimiento".[5]

Es bastante claro que el estilo de vida promovido por el capitalismo es una fuente de aceleración social, pues asocia el tiempo de trabajo como factor de producción. Así, a mayor tiempo dedicado al trabajo, mayor producción y por tanto el tiempo invertido en la producción genera mayores ganancias.

> El círculo de producción, distribución y consumo acelera constantemente [...] el funcionamiento del sistema capitalista descansa en la circulación acelerada de

---

[4] "Antes que todas las cosas fue Caos; y después Gea la de amplio seno, asiento siempre sólido de todos los Inmortales que habitan las cumbres del nevado Olimpo y el Tártaro sombrío enclavado en las profundidades de la tierra espaciosa; y después Eros, el más hermoso entre los Dioses Inmortales, que rompe las fuerzas, y que de todos los Dioses y de todos los hombres domeña la inteligencia y la sabiduría en sus pechos. Y de Caos nacieron Erebo y la negra Nix, Éter y Hemero nacieron, porque los concibió ella tras de unirse de amor a Erebo".

[5] Hartmut Rosa, *High-speed Society...*, p. 89. "Labor time figures as a crucial factor of production. As a consequence, the circle of production, distribution, and consumption constantly accelerates".

bienes y capital en una sociedad orientada al crecimiento. Crecimiento con aceleración, producción como productividad, producción por unidad de tiempo.[6]

Benjamin Franklin, padre de la democracia estadounidense, es un personaje paradigmático que además de comprender la utilidad del ahorro del tiempo, fue precursor de la energía eléctrica, cuyas consecuencias permiten, en la llamada segunda Revolución Industrial, incrementar la producción alargando la jornada laboral. De esa manera, si antes era imposible trabajar durante la noche, a partir de la electricidad, se volverá un imperativo la imposibilidad de no hacerlo. No debe extrañarnos que Franklin considerara una obligación el uso eficiente del tiempo, ni tampoco que el "espíritu capitalista", tanto en los aspectos positivos como negativos, se refleje fielmente en él, como buen pensador estadounidense.

Cuando una empresa dedicada a comercializar huevos fuerza a sus gallinas a producir más en menos tiempo, tiene claro que a mayor producción, mayor ganancia, ¿pero a qué precio? Para que el motor económico no se limite al incremento en la producción, es fundamental que la distribución y venta final también se aceleren, pues de otra manera los artículos tendrían mayor costo de almacenaje y su aceleración sería completamente absurda. De acuerdo con Hartmut Rosa: "En una economía capitalista, el tiempo realmente es dinero en varios aspectos a la vez: ser más rápido que la competencia, no sólo en la producción, sino también en la distribución y la innovación, es una ventaja competitiva de importancia existencial".[7]

Es evidente que una producción más grande provocará, por sí sola, consecuencias a corto y largo plazo en múltiples direcciones, a saber, desgaste de suelo, contaminación por transporte de productos, almacenamiento y caducidad natural, por mencionar algunas. Sin embargo, las consecuencias son mucho más complejas: así como las gallinas superproductoras sufren una aceleración desgastante, el ser humano, ocupado en las labores de

---

[6]   Hartmut Rosa, *Aceleración social...*, p. 22.

[7]   Brüderlin, Markus y Uta Ruhkamp, "Wheezing Politicians...", en Böhme, Hartmut y Hartmut Rosa (eds.), *The Art of Deceleration...* "In a capitalist economy, time really is money in several respects at once: being the faster than the competition —not just in production, but in distribution and innovation, too— is a competitive advantage of existential significance".

producción, sufrirá las propias. El problema va más allá de la producción y distribución, se trata más bien de la creencia en el dinero y la importancia que el ser humano le ha atribuido.

El mundo del siglo xxi se caracteriza por la enorme densidad poblacional y el alto índice de desempleo; los individuos dispuestos a trabajar más a un menor costo serán quienes podrán aspirar a un empleo, por absurdo que parezca, sacrificarán tiempo de vida con el fin de obtener dinero. Este problema complejo provoca que las personas inviertan su dinero en mostrarse como obreros mejor calificados para obtener el empleo, de manera que se genera una férrea y obscena competitividad.

> Después de todo, competimos no sólo por los empleos, sino también por las calificaciones educativas, por cuerpos más bellos, por la salud, los amigos, los socios, las oportunidades, los privilegios, el estatus y el reconocimiento [...] 'trabajo dividido por el tiempo'. De ello se deduce que la aceleración está incorporada en el adn de nuestra sociedad competitiva.[8]

Uno de los problemas fundamentales del motor económico es que difícilmente tiene límites. Hay pocas cosas que impidan que una industria siga produciendo indefinidamente, como bien observó Marx a partir del principio de acumulación infinita. Quizá solamente la pérdida de recursos naturales o no renovables o, como podría demostrar la pandemia del 2020, tal vez algunas industrias no puedan adaptarse a los cambios sociales una vez concluida la contingencia. El siglo xxi es el *momentum of money*, pues todos parecen codiciarlo como el bien más preciado, curiosamente, en lugar de comprender el sacrificio en tiempo que implica. "La lógica del dinero no conoce principios de saturación natural, ni espacio, ni tiempo y, gracias a internet, no tiene límites de velocidad. Vivimos en la era del principio del turbo capitalista. Reheis aboga por un nuevo punto de referencia universal: por una ecología del tiempo".[9]

---

[8] *Idem*. "After all, we compete not just for jobs, but for educational qualifications, for more beautiful bodies, for health, friends, partners, opportunities, privileges, status, and recognition [...] 'work divided by time'. It follows that acceleration is built into the dna of our competitive society".

[9] Fritz Reheis, "Liberation from the Turbo Principle...", en Böhme, Hartmut y Hartmut Rosa (eds.), *The Art of Deceleration...* "The logic of money knows no natural saturation principles, no space,

El trabajador del siglo XXI ha eliminado sus tiempos de descanso, algunas empresas sólo otorgan una hora del día para que sus empleados coman y algunos de ellos prefieren hacerlo en sus lugares de trabajo; otras permanecen abiertas las 24 horas del día y todos los días de la semana y el personal se ha acostumbrado a realizar simultáneamente diversas labores que implican tiempos prolongados. A pesar del hecho innegable de que la aceleración tecnológica ha permitido ahorrar tiempo en las actividades que el trabajador desempeña, experimenta la presión constante del tiempo, como el conejo blanco de la historia de Lewis Carroll, que ya no sabe bien, ni puede explicar por cuál motivo tiene prisa. De esta forma, el estrés laboral se convierte en uno de los problemas más relevantes del presente siglo.

A pesar de todo, el motor económico no se detiene y el hámster continúa moviéndose en la rueda sin percatarse de que la vida se le va en correr. El empleado que ha invertido de una tercera parte a la mitad del tiempo de su semana en trabajar para ganar dinero, busca compensar el tiempo no invertido en sus relaciones interpersonales gastando el dinero obtenido con su tiempo en consumir los productos elaborados, mismos que, al ser consumidos aceleradamente, requerirán una nueva producción. En ese sentido, afirma Rosa, "ganar dinero y gastar dinero, preferiblemente de manera rápida e incesante [...] Esta vida a menudo se compara con un hámster en una rueda".[10]

Es verdad, como señala Aristóteles, que el dinero no es peligroso siempre y cuando se use en conjunto con el intercambio de valores prácticos, como en la anécdota que cuenta sobre el filósofo Tales de Mileto.[11] El dinero

---

no time and —thanks to the internet— no speed limits. We are living in the era of the capitalist turbo principle. Reheis pleads for a new universal benchmark: for an ecology of time".

[10] *Idem*. "Earning money and spending money – preferably quickly and incessantly [...] This life is often compared to a hamster in a wheel".

[11] En el número IV del Libro I de la *Política*, Aristóteles comenta una anécdota donde justifica que en la Grecia de su tiempo un filósofo podía enriquecerse si quería, pero que ese no era el fin que perseguía: "Cuéntase, que como la gente le vituperaba [a Tales de Mileto] su pobreza, y dijeran ser causa de ella la inutilidad de la filosofía, pudo prever desde el invierno, por sus conocimientos de astronomía, que había de haber, en el verano siguiente, una abundante cosecha de olivos; y con el poco dinero de que pudo disponer, otorgó fianza para poder asegurarse todos los molinos de aceite en Mileto y Quíos mediante un módico alquiler, ya que nadie hacía

no tiene un valor intrínseco, finalmente, es una creencia humana, el verdadero problema radica en la codicia de los ricos, quienes buscan sobresalir y ser admirados por los demás de acuerdo con las cosas que tienen; ellos conducen el motor económico en los tiempos modernos.

Lamentablemente, el sentido práctico que Aristóteles pretende dar al dinero es una falsa ilusión. El motor económico del capitalismo del siglo XXI es voraz: "En la verdadera economía turbocapitalista se han acostumbrado a comprar más y más rápido de lo que pueden consumir".[12]

También Marx se había dado cuenta del privilegio del tiempo sobre el espacio, pues comprendió muy bien la lógica intrínseca del capitalismo de la Revolución Industrial: los lugares de trabajo se reducían para que las mercancías se concentraran en las mismas fábricas y se pudieran vender rápidamente en las ciudades; se mecanizaba el trabajo y se asignaba un espacio reducido a cada trabajador para que pudiera desempeñar sus funciones sin comprometer los tiempos de la fabricación del producto final. Desde una perspectiva temporal, Marx explica el valor de intercambio de capital como intercambio de tiempos: "Aumento de la acumulación de capital, aumento de las fuerzas productivas del trabajo y aumento de la composición del capital. Explica la autoexpansión del capital en términos de la compleja articulación entre múltiples temporalidades concretas y el singular tiempo abstracto del valor de cambio".[13]

Asimismo, comprende que la vinculación del pensamiento y el lenguaje al desarrollo de la Revolución Industrial en su conjunto sugiere la relevancia del tiempo sobre el espacio:

---

una oferta mayor. Cuando llegó la estación, y al acudir una multitud en demanda apremiante y simultánea de molinos, los subarrendó en los términos que le pareció, allegando mucho dinero y demostrando así que para los filósofos es cosa fácil el enriquecerse cuando quieran, pero que no es éste el blanco de su afán. De este modo, dícese, acreditó Tales su sabiduría".

[12] Fritz Reheis, "Liberation from the Turbo Principle...", p.13 en Böhme, Hartmut y Hartmut Rosa (eds.), *The Art of Deceleration*...

[13] Hartmut Rosa, *High-speed Society*..., p. 141. "Increasing accumulation of capital, increasing productive forces of labour, and an increasing composition of capital. He explains capital's self-expansion in terms of the complex articulation between multiple concrete temporalities and the singular abstract time of exchange value".

> Los momentos concretos y abstractos del factor tiempo. Los conceptos clave fueron tiempo laboral, plusvalía absoluta, socialmente necesariamente tiempo laboral, plusvalía relativa, tiempo de máquina, tiempo de circulación, tiempo de rotación, ciclo de rotación, tiempo de rotación socialmente necesario, capital con intereses y reproducción ampliada.[14]

Históricamente, el desarrollo del pensamiento capitalista fue gestándose a partir de las diferentes interpretaciones que se dieron de la reforma protestante; los remanentes nocionales de la predestinación calvinista y el destino zwinglista, propios del centro y norte de Europa, permitieron que la avaricia se apoderara del espíritu del protestantismo, como lo expresaría Emile Durkheim: "La pérdida de tiempo es el primero y el 'más mortal de todos los pecados'".[15]

Para Georg Simmel, otro de los sociólogos clásicos más reconocidos, el proceso de modernización radica en un cambio del equilibrio entre los principios del movimiento y los principios de inercia en favor del primero, y por lo tanto, también la disolución de ritmos fijos en favor del cambio permanente. En este sentido, el dinero es para él la manifestación simbólica del "carácter absolutamente dinámico del mundo".

Podemos encontrar uno de los pilares del motor económico en lo que se denomina *obsolescencia programada* que consiste en la reducción intencional del tiempo de vida de un producto para incentivar la demanda; si bien es cierto que en las décadas de los setenta y ochenta, la obsolescencia programada era casi imperceptible, esta se volvió a manifestar, del modo más agresivo que se ha dado en la historia, al comenzar el siglo xxi: "El efecto que tengo en mente aquí es que a medida que aumenta la tasa de innovación, también lo hace el ritmo de la obsolescencia. Las consecuencias

---

[14] *Idem.* "The concrete and abstract moments of time factor. Key concepts were labor time, absolute surplus value, socially necessarily labor time, relative surplus value, machine time, circulation time, turnover time, turnover cycle, socially necessary turnover time, interest-bearing capital, and expanded reproduction".

[15] Hartmut Rosa, *Social Acceleration...*, p. 50. "The loss of time is the first and 'deadliest of all sins' [...] The social differentiation of functional and value spheres that stands at the heart of Durkheim´s understanding of modernity".

culturales de este aumento dependiente del progreso en la velocidad de la obsolescencia cultural son considerables".[16]

El motor económico se acelera más y más cuanto que el número de competidores, en la misma loca carrera de producción y comercialización, va en aumento. Por ejemplo, el hecho de que un comercializador de huevos ponga a trabajar a sus gallinas a marchas forzadas, podría afectar sólo a las gallinas locales, pero si todos los comercializadores de huevo llevan a cabo las mismas técnicas para obtener más ganancias que las de su competidor, todas las gallinas tendrán un problema y pagarán las consecuencias a largo plazo.

No es difícil entender los propulsores del motor económico, ni tampoco las razones históricas que lo orientaron, la clave consiste en diagnosticar las consecuencias a largo plazo que este motor ha generado y si existe alguna posibilidad o conveniencia de frenarlo o ralentizarlo: "Factor de producción, a medida que el tiempo transforma el trabajo en valor [...] La aceleración de la producción, por ejemplo, mediante la intensificación o 'compresión' del trabajo, se convierte en un elemento básico de la actividad económica capitalista como resultado del principio de competencia".[17]

Como hemos visto, el motor económico trasciende más allá de la mera producción y distribución de mercancías: afecta directamente la vida ser humano, pues, finalmente, él es el productor y por tanto, repercute en la cultura y el modo de vida de las personas en las sociedades occidentales.

Ya en 1990, el profesor Mihaly Csikszentmihalyi hacía una advertencia sobre este modo de vida; consideramos pertinente, como hace Dante en la *Divina comedia* frente a las puertas del infierno, advertir sobre lo que podría ocurrir si no se hace algo por desacelerar el mundo y la vida del ser humano.

---

[16]   Hartmut Rosa, *High-speed Society...*, p. 161. "The effect I have mind here is that as the rate of innovation increases, so too does the pace of obsolescence. The cultural consequences of this progress-dependent increase in the speed of cultural obsolescence are considerable".

[17]   Hartmut Rosa, *Social Acceleration...*, p. 162. "Factor of production, as time is transformed by work into value [...] The acceleration of production, for example, through the intensification or 'compression' of work, becomes a basic element of capitalist economic activity as result of the principle of competition".

> La realidad es que la gente, aparentemente muy pocas veces hace lo que 'realmente quiere hacer'; en lugar de ello, se dedica –sin ninguna coerción, claro está– a actividades que, en realidad, no le atraen mucho [...] las personas se dedican voluntariamente a hacer lo que 'realmente' no quieren hacer [...] esta forma extraña y completamente nueva de alienarnos respecto de nuestras propias acciones resulta de las lógicas autopropulsadas de la competición y la aceleración [...] tendemos a olvidarnos de lo que 'realmente' queríamos hacer y quiénes 'realmente' queríamos ser. Estamos tan dominados por el deseo de reducir la lista de cosas por hacer y dedicarnos a las actividades de consumo y gratificación instantánea (como ir de compras o ver televisión) que perdemos nuestro sentido de 'lo auténtico', de aquello que en verdad queremos. Así [...] al final tenemos la sensación de que somos alguien muy diferente, porque nunca encontraremos tiempo para ser él o ella.[18]

La afirmación de Hartmut Rosa sobre esta sensación de no llegar a ser quienes realmente deseábamos ser, demuestra la legítima preocupación de nuestro autor, así como la urgencia, individual y colectiva, de recuperar y buscar lo que cada uno quiere para su vida.

Motor cultural

Antes del siglo xxi la idea de una buena vida estaba asociada con una existencia en relación con los demás y con la naturaleza; en el siglo xxi, la cultura se ha transformado, ahora lo importante es tener experiencias y realizar el mayor número de acciones posibles. Podríamos afirmar que la vida consiste en vivir "lo más posible" porque la "la vida es corta". Estas ideas podrían estar relacionadas con una pérdida del sentido de la propia existencia.

> La idea de la vida plena ya no supone una 'vida superior' esperándonos después de la muerte, sino más bien consiste en la realización de tantas opciones como sea posible de entre las inmensas posibilidades que el mundo ofrece [...] el mundo siempre parece tener más que ofrecer de lo que se puede experimentar en el curso de una sola vida.[19]

---

[18] Dante Alighieri, *Divina comedia*, citado por Hartmut Rosa, *Alienación y aceleración...*, p. 163.

[19] Hartmut Rosa, *Aceleración social...*, p. 24.

El motor cultural se refiere a todos aquellos aspectos de la vida cotidiana que van cambiando con el tiempo y se van volviendo costumbres sociales; por ejemplo, todavía en la década de los cincuenta, un padre de familia podía darse tiempo de regresar a comer a su casa con su esposa y sus hijos, hoy en día esto es casi imposible debido a la distancia, el tránsito y el tiempo que otorga para comer la empresa donde trabaja; la *fast food*, desarrollada en nuestro país en la década de los años noventa, aceleró la velocidad en la producción de alimentos, lo cual, a su vez, aumentó la velocidad de consumo en beneficio del ahorro de tiempo para que el trabajador incrementara su producción. La comida rápida no fue una moda, llegó para quedarse y modificar los hábitos alimenticios de la sociedad; los efectos y consecuencias de esta nueva forma de vivir son el motor cultural al que nos referimos.

La aceleración del cambio social en las sociedades occidentales está indisolublemente conectada con los ideales culturales dominantes de la modernidad, los cuales se han transformado gradualmente, dando prioridad al cambio, es decir, incentivando que los cambios en los hábitos culturales sean más para que existan nuevas formas de hacer negocio aprovechando dichas modificaciones.

La sociedad del siglo xxi promueve los cambios constantes e invita a sus habitantes a vivir el mayor número de experiencias que una vida singular pueda tener, ofreciendo y facilitando las condiciones de posibilidad para que así suceda. De ese modo, el ideal de vida plena se ha modificado drásticamente.

El problema que se desprende del *motor cultural* estriba en la cantidad de transformaciones en los hábitos cotidianos y el ritmo al que se producen; de esta manera, se vincula la *aceleración del cambio social* con la *aceleración del ritmo de la vida*.

> La oferta supera el tiempo del mundo (*Weltzeit*) y el tiempo de una vida (*Lebenzeit*). La aceleración del ritmo de la vida parece ser una solución natural a este problema: si vivimos el 'doble de rápido', si nos cuesta sólo la mitad de tiempo realizar una acción, una meta o una experiencia, podemos duplicar lo que podemos hacer en nuestra vida.[20]

---

[20] *Idem.*

Así como la competencia es la fuerza del *motor económico*, la del *motor cultural* deviene en una extraña promesa de eternidad que nunca termina por cumplirse. Todavía en tiempos de Kant, y ésta es la razón por la que llegó a la idea de Dios, se tenía en mente una vida después de la muerte que compensaría las penurias sufridas en la existencia terrena. De modo similar ocurre en el siglo xxi, pero la promesa no reside en una vida justa después de la muerte, sino en la posibilidad de vivir al máximo todas las experiencias terrenales, o la mayoría que sean posibles, en la única vida que existe.

> Si continuamos aumentando la velocidad de la vida, con el tiempo podríamos llegar a vivir una multiplicidad de vidas dentro de una sola vida al tomar todas las opciones que las definen. La aceleración sirve de estrategia para borrar la diferencia entre el tiempo del mundo y el tiempo de nuestra vida. La aceleración del ritmo de vida representa la respuesta moderna al problema de la finitud y la muerte.[21]

Cada vez encontramos más personas buscando vivir el mayor número de experiencias posibles, haciendo listas de las cosas que "quiere hacer antes de morir", porque culturalmente ya no se vive para la trascendencia, sino para la experiencia presente. Aventarse en paracaídas, viajar por todo el mundo, subir una montaña, bajar a las profundidades del mar, vivir mucho y morir joven o en un estado físico óptimo, se han vuelto objetivos deseables y factibles en el imaginario colectivo de la cultura del siglo xxi. No obstante, más allá de la posibilidad de llevarlas a cabo en una sola vida, se encuentra la imposibilidad de que todas las personas puedan tener todas esas experiencias en cada una de sus vidas.

> La promesa de aceleración nunca se cumple, pues las mismas técnicas, métodos e invenciones que permiten una realización acelerada de opciones aumentan a la vez el número de opciones. Por ejemplo, internet no sólo acelera la información y la comunicación, también crea dominios completamente nuevos de intercambio, servicios, comunicaciones y entretenimiento.[22]

---

[21] *Ibid.*, p. 25.

[22] *Idem.*

Nuevamente, debemos indagar en los efectos y consecuencias de una cultura acelerada que busca brindar todas las experiencias nuevas, pues aunque algunos pudieran conseguir el objetivo, definitivamente, otros no podrán ni siquiera intentarlo.

Para Hartmut Rosa es muy claro que el motor cultural tiene una de sus causas en la abundancia de posibilidades. Si una persona quisiera desayunar todas las frutas que existen en el mundo, no podría cumplir este objetivo en un sólo desayuno, ni siquiera en muchos de ellos, pues la cantidad de frutas diferentes sobrepasa su capacidad para ingerirlas.

Si bien ocurre un fenómeno de sensación de libertad, no deja de ser sólo una sensación acompañada de una imposibilidad. Por ejemplo, hoy en día, la universidad en México con mayor oferta educativa ofrece la posibilidad de estudiar 108 carreras diferentes, ¿quién podría escoger el mejor platillo en una carta con 108 desayunos posibles? De igual manera, en la oferta de películas y series de televisión en plataformas como Netflix o Amazon Prime; el problema no es la libertad de optar entre una y otra, sino en que no se puede elegirlas todas, pues una persona no podría en vida agotar la totalidad de películas y series que las plataformas ofrecen, aunque parezca que sí es posible: "La televisión [...] fenómeno cultural del *zapping*. Consecuencia, la proporción de las opciones del mundo realizadas respecto de las potencialmente realizables, decrece (contrariamente a la promesa original de la aceleración) sin importar cuánto aumentemos el 'ritmo de vida'".[23]

Éstos son los motivos por los que Hartmut Rosa indaga en las causas y consecuencias del motor cultural y su legítima preocupación por la pregunta acerca de una buena vida.

Ahora bien, la sobreabundancia de opciones de experiencias no supondría ningún problema si el ser humano supiera y pudiera elegir las experiencias posibles en su vida singular, pero la vida cotidiana nos muestra que esto no ocurre así. El día a día ofrece a los individuos una presión adicional que los fuerza a buscar estas experiencias antes de que su tiempo se agote.

---

[23] *Idem.*

El hámster, sin embargo, corre en la rueda sin apenas percatarse de todos estos fenómenos. Ni siquiera hay tiempo para reflexionar sobre ello, incluso, perder el tiempo en pensar sería mal visto por cualquier persona que se precie de ser contemporáneo. En este sentido, Brüderling tiene razón cuando afirma que más que víctimas de la aceleración social, en conjunto, somos, sea consciente o inconsciente de ello, perpetuadores de la aceleración:

> No sólo somos víctimas de la aceleración, sino también perpetradores voluntarios [...] Disfrutamos de ser rápidos, flexibles y dinámicos, porque todas estas cosas están estrechamente relacionadas con nuestros conceptos de felicidad y libertad. En última instancia, sospecho que la aceleración se ha convertido en un reemplazo [*ersatz*] secular para la creencia en la vida eterna. Claro, todos tenemos que morir tarde o temprano, pero antes de que eso suceda, queremos sacar lo más posible de la vida. Entonces, lo que buscamos es la vida antes de la muerte, que puede no ser eterna en el sentido literal, pero al menos nos promete una variedad infinita de experiencias. La espiral de aceleración no es accionada por un sólo motor, en otras palabras; es más bien mantenido por una compleja interacción de factores, lo que también explica por qué es tan robusto.[24]

Desde una perspectiva cultural, vamos perdiendo la capacidad de apreciar el tiempo y el espacio como un fenómeno total, pues lo separamos y distorsionamos con el objetivo de que uno no estorbe al otro. Queremos vivir experiencias de corta duración que nos permitan ganar tiempo para tener más experiencias de corta duración y así tener muchas más, de manera que se olvida el goce de la experiencia misma. Subir una montaña como lo hace un alpinista, desde la selección de la ropa y las herramientas necesarias, hasta el traslado al lugar y la escalada en sí, sería una vivencia considera-

---

[24] *Idem.* "We are not just victims of acceleration, but willing perpetrators, too [...] We enjoy being fast, flexible, and dynamic, because all these things are closely bound up with our concepts of happiness and freedom. Ultimately, I suspect that acceleration has become a secular ersatz for the belief in life eternal. Sure, we all have to die sooner or later, but before that happens, we want to get as much out of life as we can. So what we are after is life before death, which may not be eternal in the literal sense, but at least promises us an endless variety of experience. The acceleration spiral is not driven by a single motor, in other words; it is rather kept going by a complex interaction of factors, which also explains why it is so robust".

blemente diferente a la de otra persona cuyo deseo fuera sólo sentir lo que implica estar en la cima de la montaña y consiguiera un helicóptero que le ahorrara el tiempo y el espacio que le llevaría a quien escala.

> Los grandes éxitos de Wagner en cuarenta y cinco minutos es una oferta popular. Los espacios artísticos son como cápsulas del tiempo que nos ofrecen una experiencia diferente del tiempo. De hecho, el arte tiene en su interior el potencial de desaceleración, o al menos la resistencia al imperativo de la aceleración.[25]

Existe una evidente conexión entre los motores de la aceleración hasta ahora vistos y de igual manera, también será claro el vínculo con el último de ellos: el *motor estructural*.

Motor estructural

En un mundo donde las personas viven constantemente aceleradas y la velocidad impera, es lógico que los mecanismos estructurales de la vida política, social y económica se aceleren también y se conviertan en una gigantesca bola de nieve imposible de detener. Así lo describe Hartmut Rosa: "La complejidad está 'temporalizada' con el propósito de permitir el procesamiento secuencial de un mayor número de opciones y relaciones y [la] selección de las crecientes opciones (futuras) sólo puede satisfacerse si a su vez el procesamiento mismo se acelera".[26]

Los efectos y consecuencias de las categorías de aceleración social, a pesar de su complejidad, se pueden apreciar con nitidez abrumadora cuando nos alejamos emocional y fácticamente de la trama estructural de sus mecanismos. Es lógico que, como consecuencia del motor económico, se modifique la cultura a mediano plazo y cambien las estructuras del mundo

---

[25]   *Idem*. "Wagner´s Greatest Hits in forty-five minutes is a popular offering. Art spaces are like time capsules which offer us a different experience of time. Art does indeed hold within it the potential for deceleration, or at least for resistance to the acceleration imperative".

[26]   Hartmut Rosa, *Aceleración social...*, p. 26.

en un plazo mayor. En la teoría de sistemas de Niklas Luhmann, se entiende que el cambio social se acelera debido a las *diferencias funcionales* que constituyen las redes de la realidad. Nuestra sociedad se encuentra estructurada a lo largo de líneas sistémicas de política, ciencia, arte, economía, que se relacionan unas con otras aumentando la complejidad en sus relaciones; como resultado de esto, el futuro se abre a una casi ilimitada contingencia de probabilidades y los individuos de esta sociedad experimentan el tiempo en forma de perpetuo cambio y aceleración. Es así que la complejidad y la contingencia crean una abundancia de opciones y posibilidades: "La complejidad está 'temporalizada' con el propósito de permitir el procesamiento secuencial de un mayor número de opciones y relaciones y [la] selección de las crecientes opciones (futuras) sólo puede satisfacerse si a su vez el procesamiento mismo se acelera".[27]

El motor estructural se comprende mejor cuando se observa la aceleración de todos los mecanismos que rodean su ambiente. Por ejemplo, una cosa es la recuperación de los árboles para venta navideña en un espacio concebido para ello, en donde cada uno tendrá cinco o seis años para crecer antes de ser talado al tiempo que otros se siembran para mantener el ecosistema estable, y otra muy distinta cuando se trata de la tala clandestina, donde no hay quien equilibre la balanza para que el ecosistema se sostenga. Si la aceleración social, como la tala clandestina de árboles, no tiene control, producirá una deforestación que, a su vez, provocará efectos y consecuencias a largo plazo, las cuales, es meritorio decirlo, quizá sean irreversibles. Considerando lo anterior, ¿cómo enseñar a comer a una generación que creció consumiendo comida rápida (*fast food*) durante los primeros treinta años de su vida?

Se ha mencionado anteriormente que a pesar de la aceleración que vivimos, muchos procesos no pueden tener ese ritmo, sin embargo, se trata casi exclusivamente de casos que se dan en un ámbito natural. En el ámbito social, la aceleración se produce, con mayor o menor velocidad como se verá en el próximo apartado, pero surge, y el tiempo de recuperación de un proceso de desaceleración no podría ser menor al proceso de aceleración mismo.

---

[27] *Idem.*

Es fundamental comprender que los motores de aceleración son interdependientes; es decir, la velocidad y la fuerza de uno, moverá y fortalecerá al otro como un motor autoimpulsado al que Hartmut Rosa denominó ciclo de aceleración (véase fig. 2).[28]

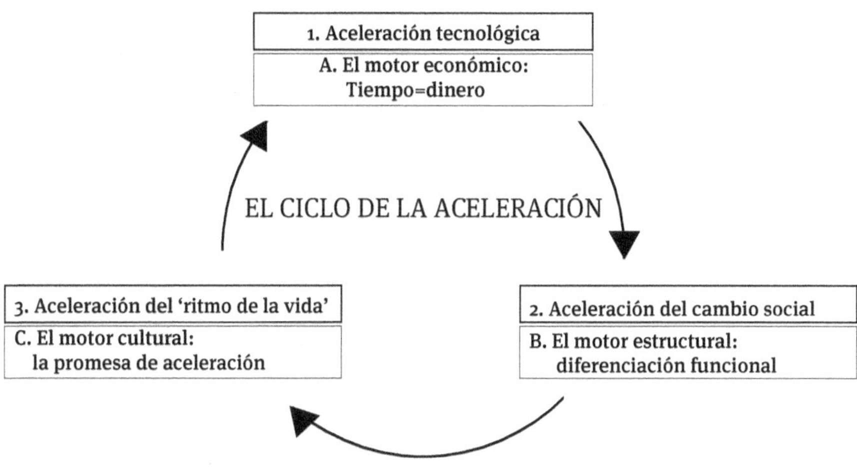

Figura 2. Motores de aceleración social.

La pregunta que debe resonar en las personas preocupadas por la velocidad de la aceleración social consiste en comprender si el ciclo puede frenarse y buscar mecanismo de ralentización para hacerle frente. Algunos autores han sugerido una ecología del tiempo como respuesta: "Una 'ecología del tiempo' debe preguntarse cómo se ha violado sistemáticamente el tiempo personal en todos los niveles bajo el tiempo que dicta la producción".[29]

---

[28] Tomado de Hartmut Rosa, *Aceleración social...*, p. 23.

[29] Fritz Reheis, "Liberation from the Turbo Principle...", en Böhme, Hartmut y Hartmut Rosa (eds.), *The Art of Deceleration...*"An 'ecology of time' must ask how one´s personal time has systematically been violated on all levels under the time dictates of productionism".

El propio Hartmut Rosa ha planteado cinco formas de desaceleración social que se expondrán en el próximo capítulo, aunado a ello, también está trabajando en una propuesta filosófica. En este libro ofreceremos reflexiones a lo largo de la segunda parte; no obstante, para una mayor comprensión de la misma, es necesario terminar de exponer la teoría completa de nuestro autor. Para lograr propuestas filosóficas o sociológicas al respecto es preciso realizar un análisis completo del problema complejo, así como una necesaria concientización del problema desde la propia teoría.

CAPÍTULO 6

Desaceleración social

Nada es más lento que el verdadero nacimiento de un hombre.

Marguerite Yourcenar

Finalmente, después de revisar las categorías de aceleración y los motores que las impulsan, Hartmut Rosa explora las paradojas o aparentes contradicciones que la aceleración social misma produce; es decir, por sí sola origina un fenómeno contrario a sí mismo, pero que, a su vez, no podría existir si no hubiera aceleración social. Pensémoslo de la siguiente manera: en los estudios sobre física, el fenómeno de la fricción sólo es posible en un cuerpo en movimiento sobre una superficie; sin el movimiento, la fricción no puede aparecer. Del mismo modo, al fenómeno que se produce a partir de la aceleración social podemos denominarlo *desaceleración social*. Siguiendo a Hartmut Rosa, estos fenómenos contrarios, surgidos necesariamente de la aceleración, se clasifican en cinco tipos:

Forma y relevancia de la desaceleración social:

- Límites de velocidad natural y antropológica.

- Nichos territoriales, sociales y culturales que aún no han sido tocados por la dinámica de la modernización y la aceleración (oasis de desaceleración).
- La desaceleración como consecuencia involuntaria de la aceleración y la dinamización.
- Formas intencionales de desaceleración contrarias a las formas no intencionales [...] La desaceleración se ha convertido en el nuevo foco ideológico de las víctimas de la modernización.[1]

Ahora bien, afirmar que el mundo del siglo xxi tiene un estrecho vínculo con la aceleración de la vida social no puede sostenerse únicamente por la identificación de algunas de sus formas, ya sean categorías o motores de aceleración; para defender esta postura, es necesario organizar conceptualmente, o si es posible, demostrar que las fuerzas de aceleración social propuestas tienen, de manera sistemática, un peso significativamente mayor a las contrarias que provocan la disminución de la velocidad del cambio. En ese sentido, procederemos a explicar cada uno de los fenómenos de desaceleración social planteados por Hartmut Rosa.

Límites naturales de la aceleración

Aunque fuera el propósito de la humanidad, hay muchos procesos que naturalmente no pueden acelerarse, incluso, como hemos visto ya, hay algunos que se ralentizan:

Algunas cosas en principio no se pueden acelerar. Entre estas se encuentran la mayoría de los procesos físicos, como la velocidad de la percepción y procesa-

---

[1] Hartmut Rosa, *High-speed Society*..., p. 95. "Form and relevance of social deceleration: Natural and anthropological speed limits [...] Territorial as well as social and cultural niches that have not yet been touched by the dynamics of modernization and acceleration (oases of deceleration) [...] Slowdown as an unintended consequence of acceleration and dynamization. Psychopathological depression as individual (deceleratory) reactions to overstretched pressure of acceleration) [...] Intentional forms of (social) deceleration, contrary to the unintentional forms of slowdown (ideological movements) distinguish between two forms of deliberate deceleration: a) people taking time out in monasteries or taking yoga courses, b) often fundamentalist, antimodernist social movements for (radical) deceleration. Deceleration has become the new ideological focus of the victims of modernization".

miento en nuestros cerebros y cuerpos, o el tiempo que necesitan la mayoría de los recursos naturales para reproducirse.[2]

Sabemos que cada año los atletas buscan romper récords de velocidad en competencias mundiales u olímpicas; sin embargo, debemos conceder, incluso considerando la variable de consumo de estupefacientes, que llegará un momento donde sea imposible para una persona romper un marcador, a pesar de los esfuerzos de la tecnología por producir mejores bicicletas o ropa deportiva que permita a los atletas desenvolverse mejor en la competencia. Es verdad que comemos, escribimos e incluso hablamos más rápido, pero hasta dichas acciones, por rápido que las ejecutemos, tienen un límite; la digestión, masticar, los movimientos de la mano, sea en el teclado o con una pluma, así como escribir y hablar requieren de tiempo.

En México se puso de moda la llamada "técnica americana de estudio", una práctica que permite a quien la ejerce la posibilidad de leer la página de un libro con un sólo golpe de vista. La técnica funciona: en efecto, se puede leer a gran velocidad y es una herramienta útil para personas que tienen la necesidad de leer muchos documentos; sin embargo, ¿es realmente necesario aumentar el ritmo de dicha actividad? Este asunto recuerda al *ciclódromo de la afeitadora eléctrica* del filósofo rumano Nicholas Georgescu-Roegen, el cual consiste en afeitarse más rápido con el fin de tener más tiempo para trabajar en la concepción de un aparato que afeitara más rápido aún, y así continuamente hasta el infinito, reduciendo al absurdo la pretensión cotidiana por hacer cosas de forma veloz como rasurarse o leer, porque ¿es posible gozar de una buena novela cuando puede agotarse en poco tiempo?

La naturaleza tendría sus razones para impedir la aceleración de muchos procesos, ya hemos mencionado el tema de los embarazos, el crecimiento o el aprendizaje, e incluso, existe un debate sobre la posibilidad de acelerar el pensamiento.

Si consideramos la teoría del conocimiento expuesta por Johannes Hessen y aceptamos sus premisas fundamentales, podríamos afirmar que, dado que los sentidos externos son la primera fuente de conocimientos, ningún

---

[2]   Cfr. Hartmut Rosa, *Aceleración social...*, p. 27.

aspecto relacionado con ellos, y desde luego con los procesos cognitivos y perceptivos, podría acelerarse. Para ilustrar lo anterior, pensemos en el efecto ostroboscópico (en el que el ojo humano puede percibir la sensación de movimiento a 24 cuadros por segundo); será imposible para la óptica humana modificar el proceso de percepción del movimiento, ya que al acelerar o ralentizar la imagen, se produciría un efecto de discontinuidad.

A pesar de los avances en la velocidad del transporte y lo extraordinariamente eficientes que resultan los traslados en tren alrededor de Europa, sería imposible, en principio, viajar a la velocidad de la luz. Iván Illich ironizaba al respecto al referir que la velocidad promedio de un automovilista en las grandes ciudades es de 24 kilómetros por hora, lo cual resulta ser no mucho mayor que la de un transeúnte en las mismas ciudades.

Dicho de otra manera, la naturaleza misma es la primera resistencia frente a la aceleración social. Si bien, en nuestra opinión, esto no produce directamente desaceleración, sí nos permite trazar los límites de la aceleración social. De esa forma, podemos reparar en que los movimientos planetarios, la reproducción de las especies, las formaciones volcánicas, entre otros, no se aceleran.

Oasis de desaceleración

Es relativamente fácil observar que la aceleración social se presenta principalmente en las grandes ciudades: todo parecería indicar que a mayor industrialización en una ciudad o región, mayor será su aceleración; sin embargo, es muy posible que la observación sea muy simplista y existan paradojas que contravengan con esta idea. Ahora bien, en términos generales, sí podemos confirmar la sospecha de que las ciudades grandes tienen más probabilidad de sufrir los efectos y consecuencias de la aceleración social que las ciudades pequeñas.

La idea central de este modo de desaceleración social consiste en pensar que existen lugares en el mundo donde la industrialización no se ha desarrollado plenamente y el tiempo parece pasar más lento; un viaje de 30 minutos parece demasiado largo y demasiado lejos; en el que aún se pueda tomar una siesta a media tarde, comer y disfrutar de una sobremesa por más de dos horas; despertar con el alba y dormir al anochecer; un sitio donde pueda vivir la cotidianeidad sin prisas, presiones por horario, ni mirando el reloj constantemente. En palabras de Hartmut Rosa: "Nichos territoriales, sociales y culturales, que aún no han sido afectados por las dinámicas de modernización y aceleración".[3]

Judith Schalansky, escritora y diseñadora gráfica alemana, publicó en 1980 su *Atlas de las islas remotas* donde realiza una cartografía e historiografía de islas deshabitadas y remotas del mundo donde ocurrieron eventos o fenómenos naturales interesantes, pero en las que el ser humano no volverá a habitar; dicho libro, a nuestro entender, hace eco de la idea de los oasis de aceleración social de Hartmut Rosa, la cual comprende que hay regiones del planeta que no han sido aceleradas aún y donde es posible escapar, ya sea de manera literal, o literaria.

El mundo del siglo xxi y su vorágine acelerativa envuelve a muchas personas y las fuerza, de manera más o menos consciente, a escapar a regiones más remotas donde la vida sea más tranquila. En todo el mundo se puede observar el fenómeno en el que muchas personas cambian su residencia a ciudades más pequeñas porque no pueden mantener el ritmo acelerado del lugar actual. En Argentina, por ejemplo, cada vez más gente abandona la capital en busca de una vida más austera y menos acelerada en la Patagonia; en México, por su parte, se retiraba inicialmente a Monterrey y Guadalajara, por ser ciudades menos desarrolladas, pero igualmente importantes; no obstante, ahora éstas han dejado de ser atractivas, pues el crecimiento de la población y su industria las han vuelto casi tan caóticas como la Ciudad de México. Los nuevos lugares para buscar un estilo de vida menos acelerado son Cuernavaca, Querétaro o Puebla, aunque, como bien se puede inferir, éstas también serán alcanzadas por la aceleración social y sus consecuencias. En este sentido –y sin afán de entrar en controversias–, se vuelve muy interesante el análisis sobre la idea que se expuso, al iniciar el sexenio del

---

[3] Cfr. Hartmut Rosa, *Aceleración social...*, p. 27.

presidente Andrés Manuel López Obrador, acerca de la descentralización del poder institucionalmente marcado por las Secretarías de Estado, con el fin de restar importancia a la capital y permitir el desarrollo de otros estados; es decir, la posibilidad de desacelerar la Ciudad de México y acelerar, en estos términos, otros sitios del territorio nacional. Esta pretensión de vivir en regiones menos aceleradas puede ser una realidad en países con grandes demarcaciones, pero no así en Europa, donde países y urbes están tan cerca unas de otras.

En México ocurre un fenómeno paradójico que conviene mencionar, pues es muy común que universidades tanto públicas como privadas tengan en su matrícula a estudiantes procedentes de escuelas de otros estados, quienes buscan una "mejor educación" en la Ciudad de México para poder desarrollarse y tener una "mejor calidad de vida". Sin embargo, la realidad es que estos alumnos llegan con gran entusiasmo a la capital y pocas ganas de regresar a sus lugares natales, pues encuentran en la capital, en efecto, una oportunidad donde desarrollarse y tener un estilo de vida diferente al que estaban acostumbrados. Siguiendo con nuestro análisis, lo que hacen estos estudiantes foráneos parece una locura, pues proceden del lugar al que los citadinos quieren huir. Visto de otro modo, se trata de una paradoja extraña o quizá sea que la aceleración social planteada por nuestro autor también requiere de tiempo para ser asimilada por diferentes personas, pues no será el mismo caso el de un citadino quien, después de 35 años, prefiera una vida menos acelerada, que el de un foráneo que, tras 20 de una vida desacelerada, opte por buscar más emociones y actividades en su día a día.

Es así que podríamos buscar la respuesta a esta paradoja en la siguiente forma de desaceleración social.

Desaceleración como consecuencia disfuncional

Desde nuestra perspectiva, la desaceleración como consecuencia disfuncional es una de las formas de desaceleración social más interesantes e importantes para analizar; como veíamos en el apartado anterior, en el fondo ése es el motivo por el que muchas personas cambian de residencia, y quizá también sea la razón más trágica, en sentido existencial, de las consecuencias que trae consigo la aceleración social.

Cuando hablamos de consecuencias disfuncionales nos referimos a las respuestas involuntarias (reacciones) no controladas frente al fenómeno de la aceleración social; no se trata sólo de entender que la tecnología y el cambio social producen una transformación acelerada de nuestro entorno, sino de comprender que las modificaciones temporales del entorno tendrán una consecuencia tanto en el exterior como en el interior del ser humano.

Cuando se estudian los fenómenos producidos por los medios de comunicación, suelen estudiarse las variables de intencionalidad/no-intencionalidad y la variable tiempo en sus formas corto/largo plazo. Cuando un Estado desea enviar un mensaje a sus ciudadanos de modo tal que sea asimilado por la población de manera permanente, debe buscar una metodología de emisión de manera que el comunicado de fondo sea casi imperceptible; asimismo, requiere ser persistente, por lo que realiza campañas a largo plazo. Un ejemplo interesante de esta estrategia de comunicación política se encuentra en el ejército y la armada en Estados Unidos: ambas instituciones son muy respetadas por la población en general y atractivas para los individuos en particular, ya que los mensajes mediáticos, desde hace mucho tiempo, han sido orientados por las autoridades para obtener este tipo de estímulo-respuesta.

Los estudiosos de los medios de comunicación como Paul Lazarfeld comprenden que un mensaje recibido de manera involuntaria a largo plazo (véase. fig. 3) produce en el receptor consecuencias más permanentes.

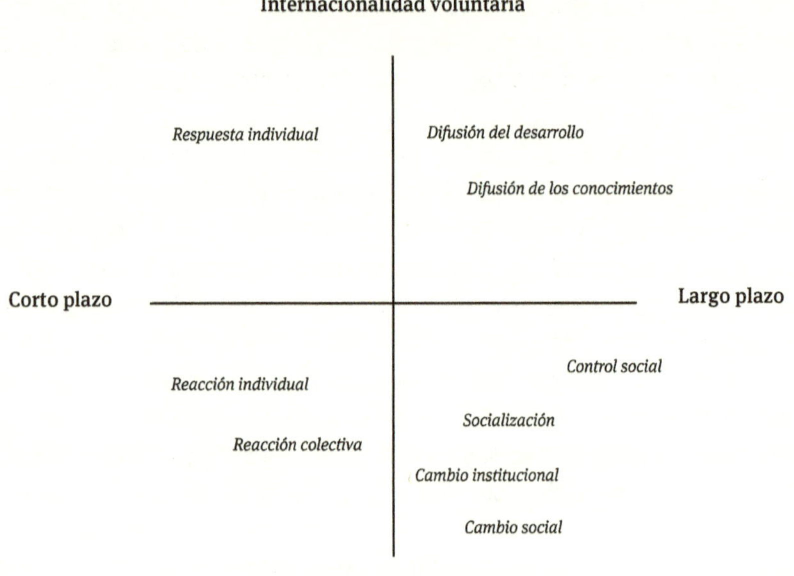

Figura 3. Cuadro de tipología de efectos de los medios.

Imaginemos ahora que los mensajes, a diferencia del ejemplo anterior, no proceden de los medios de comunicación, es decir, no están mediados, ni tampoco son emitidos intencionalmente por parte de un emisor; sino que residen en la experiencia que tenemos de la vida cotidiana y tenemos acceso directo a ellos tanto nosotros como las personas que nos rodean y con quienes convivimos diariamente, de modo que percibimos tales mensajes con absoluta normalidad. De esa forma, tendremos el escenario perfecto para normalizar la aceleración social de la vida cotidiana; sin embargo, como veremos, la adaptabilidad del ser humano frente a la aceleración no es absoluta, ni buena, ni deseable.

De acuerdo con Hartmut Rosa, existe una respuesta de desaceleración como consecuencia de la aceleración que se manifiesta en enfermedades atribuidas, precisamente, al ritmo de vida acelerado: anomia, estrés, neurastenia, síndrome de *burnout*, por mencionar algunas.

Estas consecuencias a largo plazo de la normalización de la aceleración social terminan por enfermar al individuo por exceso de actividades, o dicho de otra manera, por imposibilidad de adaptación al entorno acelerado: "Las demandas sensomotoras excesivas, el estrés psicológico y mental causado por velocidades cada vez mayores nos enferman. Anomia, desintegración y disociación, estrés y respuestas de defensa, depresión y enojo son las consecuencias".[4]

El filósofo alemán de origen coreano, Byung-Chul Han es uno de los principales críticos de la teoría de Hartmut Rosa que mejor ha comprendido los efectos y consecuencias de la aceleración social, en su forma de desaceleración como consecuencia disfuncional.

> Toda época tiene enfermedades emblemáticas [...] El comienzo del siglo XXI, desde un punto de vista patológico, no sería ni bacterial ni viral, sino neuronal. Las enfermedades neuronales como la depresión, el trastorno por déficit de atención o hiperactividad (TDAH), el trastorno límite de la personalidad (TLP) o el síndrome de desgaste ocupacional (SDO) [síndrome de burnout] definen el panorama patológico de comienzos de este siglo.[5]

Pero Han no es el único autor preocupado por estos efectos neuronales de la aceleración social, otros intelectuales ya han encendido las alarmas al respecto, pues los padecimientos relacionados con estas enfermedades psicológico-neuronales van en aumento en el siglo XXI:

> Una velocidad reactiva que las tormentas de protesta pueden explotar en días o incluso horas con consecuencias dramáticas. Fukushima, Stuttgart 21 o la primavera árabe son todos buenos ejemplos de este fenómeno. Al mismo tiempo, los comentarios que recibimos de la gente común que nos rodea se están volviendo cada vez más alarmantes: es casi imposible hacer una llamada sin escuchar que 'las cosas están locas en este momento'. No es de extrañar que nuestros aseguradores de salud y las estadísticas también indiquen un au-

---

4   Hartmut Böhme, "Do We Want to Live in a Posthuman Age? Speed and Deceleration in Our Culture", en Hartmut Böhme y Hartmut Rosa (eds.), *The Art of Deceleration*…"Excessive sensomotoric demands, psychological and mental stress caused by ever increasing speeds make us ill. Anomie, disintegration and dissociation, stress and defense responses, depression and anger are the consequences".

5   Byung-Chul Han, *La sociedad del cansancio*, Barcelona, Herder, 2012, p. 11.

mento drástico en el número de personas con problemas de salud mental: depresión, agotamiento, fatiga, ansiedad, trastornos del sueño, etc., atribuibles al estrés y un ritmo excesivamente acelerado de vida. Cuando escribí mi libro, sabía que la sociedad tiene un problema, pero nunca imaginé que la situación se intensificaría tanto en tan poco tiempo.[6]

Sería interesante realizar un análisis histórico de las enfermedades por aceleración social, ya que podríamos desarrollar una topología o, incluso, un análisis estadístico en el siglo xxi dentro de alguna población concreta, como los estudiantes universitarios de un país como el nuestro.

Roger Bartra expone en *La melancolía moderna* una serie de ideas sobre este padecimiento que bien podría estar asociado con la aceleración social, sólo que sería consecuencia mucho más cercana a la primera Revolución Industrial, época en la que no se hablaba de enfermedades neuronales, sino de males espirituales o, comúnmente, de melancolía. Dicho padecimiento fue experimentado por importantes escritores, pensadores y personajes entre los que se encuentran Edgar Allan Poe, Henry James, Sören Kierkegaard y Abraham Lincoln: "Las melancolías y tristezas son también expresiones del dolor que provoca vivir en un mundo fracturado e incoherente".[7]

Si continuáramos con un análisis histórico, podríamos hallar las reflexiones de Carl Marx cuando reclama por la falta de oportunidades o desempleo para las personas que han migrado del campo a las ciudades, pues no todas podrán alcanzar la promesa de una vida mejor tras su traslado, lo que origina consecuencias no contempladas.

---

[6] Markus Brüderlin y Uta Ruhkamp, "Wheezing Politicians…", en Böhme, Hartmut y Hartmut Rosa (eds.), *The Art of Deceleration*…"A reactive speed that storms of protest can blow up within days or even hours with dramatic consequences. Fukushima, Stuttgart 21, or the Arab spring are all good examples of this phenomenon. At the same time, the feedback we get from the ordinary people around us is becoming more and more alarming: it is almost impossible to make a call without hearing that 'things are crazy right now'. No wonder our health insurers and the statistics, too, point to a drastic increase in the number of people with mental health issues –depression, burnout, fatigue, anxiety, sleep disorders, and such like– attributable to stress and an excessively fast-paced life. When I wrote my book, I knew that society has a problem, but I never imagined that the situation would escalate so much in such a short time".

[7] Roger Bartra, *La melancolía moderna*, México, fce, 2017, p. 8.

Otra de las formas disfuncionales de desaceleración social está en la saturación de los procesos de producción y distribución de bienes y servicios, de modo que muchos individuos no alcanzan a formar parte, pues las fuentes de empleo se encuentran fuera de alcance. En este sentido, podemos encontrar una desaceleración disfuncional, no por exceso de trabajo, sino por falta del mismo: "Tal vez podamos incluir también en esta categoría la exclusión estructural de trabajadores de la esfera de la producción [...] están 'desacelerados' por su incapacidad para mantener su competitividad. Los excluidos, por lo tanto, sufren 'desaceleración' extrema, bajo la forma de desempleo a largo plazo".[8]

Ahora bien, un recorrido histórico sólo tendría sentido si nos permite diagnosticar estas formas de desaceleración disfuncional en nuestro presente; resulta increíble que así como hay personas afectadas por una incipiente vida nerviosa, pueda haber otras, dentro de estas mismas sociedades, buscando entretenimiento para pasar sus días llenos de tedio a falta de ocupación por tener la vida económicamente resuelta.

> Varios síntomas contrarios a los síntomas de la aceleración. Por ejemplo, en contraposición a la 'escalada de la vida nerviosa' cualitativa y cuantitativa de Simmel, hay una melancolía 'negra', que lleva a sus víctimas a una condición de parálisis y estasis, de un vacío temporal sin futuro [...] 'Como si en reacción a la fuerza tan extravagantemente gastada en la fabricación y la ingeniería [...] el siglo más ocupado en la historia del mundo también fue el afectado por la enervación, atraído por los enfermos de sueño' [...] Ampliando el sentido del tedio [...] La enfermedad por aceleración neurastenia, la enfermedad (o discurso de orientación) de principios del siglo xxi.[9]

No debe extrañarnos que el historiador Joachim Radkau nombrara a la primera década del siglo xxi como "la edad del nerviosismo" o la "enfermedad de la prisa", y al trastorno por déficit de atención (TDA), tan común en nuestros estudiantes de licenciatura, como "gripe yuppie", o a la depresión clínica como "reacción a las demandas de velocidad de una sociedad globa-

---

8   Hartmut Rosa, *Alienación y aceleración...*, p. 59.

9   Hartmut Rosa, *Social Acceleration...*, p. 45.

lizada". Los diagnósticos de enfermedades inducidas por la velocidad están proliferando en la actualidad.

Por otro lado, hoy en día comienza a haber movimientos y formas de pensamiento que se van comprometiendo a frenar, de manera consciente, algunas causas de la aceleración social. Como ejemplo, está el éxito en ventas del trabajo de Fritz Reheis, *La creatividad de la lentitud* o de Sten Nadolny *El descubrimiento de la lentitud*; incluso, existe una "Unión para la desaceleración del tiempo" donde se apela al surgimiento de una nueva ideología de oposición dominante.

Dentro de la misma inspiración, la cuarta forma de desaceleración social que propone Hartmut Rosa en su teoría, de manera inversa a la desaceleración disfuncional, consiste en las acciones cotidianas que las personas conscientemente realizan para desacelerar su vida.

Desaceleración funcional e ideológica

Así como la desaceleración disfuncional ocurre de manera involuntaria, pues no todas las personas son conscientes de la aceleración social; también sucede que algunas personas sí se percatan de la velocidad con la que se mueve el mundo de su vida cotidiana, y aunque no sepan exactamente la causa, deciden hacer conscientemente algo al respecto.

Estas acciones funcionales permiten al individuo tardomoderno desacelerar intencionalmente su vida. Algunas de ellas que se pueden llevar a cabo intencionalmente para desacelerar la vida cotidiana serían, por ejemplo, mudarse a una región o país más pequeño y desacelerado, hacer ejercicio ligero o practicar algún deporte recreativo, leer, escribir, tocar o escuchar música, estudiar por interés personal, practicar yoga o meditación, por mencionar algunas. Aunadas a éstas, hay otro tipo de prácticas más institucionales que permiten sosegar la inquietud por la aceleración: tomar vacaciones, viajar, tomar un año sabático, en otras palabras, hacer una pausa de las actividades cotidianas para respirar, cargar energía y resincronizarse con el mundo.

En la novela *Guía del autoestopista intergaláctico* el escritor inglés Douglas Adams fuerza a Arthur Dent, su personaje protagónico, a realizar autostop en su vida cotidiana, pues intenta evitar que una empresa constructora derribe su casa justo en el momento en que, por instrucción del comité intergaláctico, el planeta Tierra será demolido para dar paso a una autopista galáctica. Más allá del argumento y las razones por las que Dent sale ileso de la destrucción del planeta, lo que resulta interesante es la necesidad del personaje de re-aprehender a vivir su vida, pero ahora en el espacio exterior, donde, al parecer, ya no existen seres humanos. Aunque en la novela el protagonista es forzado a vivir fuera de su planeta, una persona que se ha vuelto consciente de la aceleración social intentará poner los medios a su disposición para realizar un autostop y re-aprehender a vivir su vida para desacelerarla.

Las acciones voluntarias para desacelerar el ritmo de vida cotidiano son muy variadas y tienen efectos diferentes en cada persona; sin embargo, se han realizado ya algunos estudios para saber cuáles acciones pueden ayudar más a producir efectos duraderos de desaceleración social. Al respecto, el neurocientífico Ulrich Ott, quien trabaja en el Instituto Bender de Neuroimagen de la Universidad de Giessen, uno de los centros de investigación más importantes del mundo en este campo, ha logrado evaluar los beneficios que trae consigo el ejercicio de la meditación a nivel fisiológico; así, confirma la idea de que es una de las herramientas más importantes que puede desarrollar un individuo que quiera conscientemente reducir la aceleración de su ritmo de vida.

> No es sorprendente que sea la técnica cultural más estrechamente asociada con la desaceleración, a saber, la meditación, la que ahora cuenta con la mejor oportunidad de restablecer nuestros cerebros agotados y sobrecargados. Como los neurobiólogos ahora están descubriendo, esto se debe a que la meditación, como una técnica de desaceleración cognitiva, puede hacer lo que ningún químico ha podido hacer hasta ahora: puede cambiar las estructuras cerebrales con efectos duraderos.[10]

---

[10] Cfr. Ulrich Ott, "How Meditation Changes the Structure of the Brain", en Hartmut Böhme y Hartmut Rosa (eds.), *The Art of Deceleration...* "Not surprisingly, it is the cultural technique most closely associated with deceleration, namely meditation, that now counts as the one with

No resulta extraño que las prácticas de meditación tengan su origen en civilizaciones no occidentales, donde el ritmo de vida es muy diferente, particularmente, en aspectos que tienen que ver con la conciencia del tiempo y las formas de interacción.

> El enfoque de la mayoría de las investigaciones básicas está en los mecanismos fisiológicos y neuronales involucrados. De particular interés aquí son los efectos a corto, mediano y largo plazo de la meditación sobre el rendimiento cognitivo en áreas tales como la concentración y la regulación de las emociones.[11]

La razón por la que muchas de estas prácticas han tenido un impulso y éxito considerables en estos primeros años del siglo XXI dentro de las sociedades occidentales tiene que ver, precisamente, con la visión de mundo que estas actividades ofrecen: "Las personas que buscan tiempo fuera y la oportunidad de volver a conectarse con ellos mismos. Muchos hospitales, hogares de convalecencia y centros de rehabilitación ahora ofrecen un método conocido como 'reducción de estrés basada en la atención plena (MBSR)'".[12]

Todos estos estudios registran un claro aumento en el volumen y la densidad de la materia gris (donde se encuentran las células nerviosas) en las regiones activadas a través de la meditación; en los músicos, por ejemplo, se sabe que las partes sensoromotoras de la corteza cerebral se expanden linealmente con respecto al instrumento que tocan, mientras que las sinapsis en esas regiones aumentan su densidad al mismo tiempo. La conclusión de los estudios de Ulrich Ott, en pocas palabras, es que la meditación modifica la estructura cerebral y el cambio en estas estructuras también modifica la forma en que ese individuo enfrenta el mundo.

---

the best chance of resetting our exhausted, overloaded brains. As neurobiologists are now discovering, this is because meditation, as a cognitive deceleration technique, can do what no chemicals have as yet been able to do: it can change brain structures with lasting effects".

[11] *Idem*. "The focus of most basic research is on the physiological and neuronal mechanisms involved. Of particular interest here are the short, medium, and long-term effects of meditation on cognitive performance in areas such as concentration and the regulation of emotions".

[12] *Idem*. "People seeking time out and a chance to reconnect with themselves. Many hospitals, convalescent homes, and rehab centers now offer a method known as 'mindfulness-based stress reduction' (MBSR)".

Curiosamente, así como la meditación puede traer beneficios fisiológicos y psicológicos importantes, según se ha mostrado; una de las áreas de investigación a desarrollar para entender los efectos de la desaceleración voluntaria –y el mismo Hartmut Rosa es consciente de ello– está dirigida a analizar los aspectos espirituales y artísticos de la vida del ser humano, pues la contemplación también es una herramienta voluntaria de desaceleración social y, si bien la religión ha perdido terreno en Occidente, el arte sigue y seguirá siendo una necesidad expresiva: "La religión, en cambio, fue suplantada por un arte que creó un mundo artificial de complementación y tranquilidad [...] El jardín es la metáfora más antigua de un arte de la desaceleración".[13]

Además de la desaceleración funcional, Hartmut Rosa identifica la posibilidad de una voluntaria más allá de la que puede llevar a cabo una persona para desacelerar su ritmo de vida; consiste en tomar acciones públicas o políticas como formas de protesta frente a algunos aspectos de la modernidad. Por ejemplo, movimientos contra la globalización o la construcción de viviendas o comercios en zonas que tradicionalmente tienen uso de suelo doméstico; en estos casos, la desaceleración funcional se torna en ideológica, pues la persona adquiere un papel activo y manifiesta pública y su postura: "La desaceleración se ha convertido en el nuevo foco ideológico de las víctimas de la modernización [...] es muy posible que el mismo éxito y la ubicuidad de la aceleración sea lo que socava y erosiona las precondiciones para una futura aceleración".[14]

La última de las formas de desaceleración social identificadas por nuestro autor es más bien una reacción natural o espontánea a la aceleración social; razón por la cual, aunque la considera un desacelerador, en realidad sólo puede explicarse a partir de la aceleración misma, por eso la denomina *inercia cultural*.

---

[13] Hartmut Böhme, "Do We Want to...", en Hartmut Böhme y Hartmut Rosa (eds.), *The Art of Deceleration...* "Religion was instead supplanted by an art that created an artificial world of complementation and tranquility [...] The garden is the earliest metaphor for an art of deceleration".

[14] Hartmut Rosa, *Aceleración social...*, p. 29.

Inercia cultural-estructural

Quizá el lado positivo de la aceleración social consista en la capacidad que tiene el ser humano para adaptarse a su entorno, y esta cualidad permite que la aceleración, objetiva y subjetiva, pase desapercibida para un gran número de personas. Si el mundo tardomoderno del siglo xxi se acostumbra a un estilo y ritmo de vida de esa naturaleza, podemos comprender que la cultura o la estructura de la velocidad se vuelve irreversible: "En realidad, ya no es posible ningún cambio 'real'; el sistema de la sociedad moderna está cerrando su asedio y la historia está llegando a su fin que reviste la forma de un 'estancamiento hiperacelerado' o una 'inercia polar'".[15]

Entre los autores que se alinean con el diagnóstico de que las sociedades de aceleración estarían irreversiblemente llegando a un fin de la sociedad o un fin de la historia, encontramos a los recientemente fallecidos Paul Virilio y Jean Baurdrillard, además de Frederic Jameson y Francis Fukuyama. Todos ellos alegan que no hay visiones ni energías nuevas para la generación de utopías con ideas desaceleratorias; sin embargo, será interesante observar esta idea intuitiva, sin bases sociológicas cuantificables, a la luz de los estudios que se realicen sobre los cambios sociales posteriores a la pandemia por covid-19.

Esta inercia cultural intenta comprender por qué hay aceleración más que desaceleración social; y la respuesta se puede hallar en el mismo mecanismo de aceleración: si los principios entrelazados de competencia, crecimiento y aceleración forman un "triángulo estructural", un motor firme y autopropulsado, cualquier esperanza de cambio cultural o político será totalmente ilusoria. Es decir, estructuralmente hablando, la aceleración social autoimpulsada sólo encontraría su freno en sí misma, pero no puede frenarse; por este motivo, Paul Virilio menciona que la "inercia" no es una tendencia opuesta, sino un rasgo inherente de la aceleración, en otras palabras, la desaceleración social sólo puede surgir si existe aceleración. No

---

[15] Hartmut Rosa, *Alienación y aceleración...*, p. 64.

son fuerzas opuestas, sino interdependientes; por lo que hay una innegable asimetría estructural entre ambas dentro de la sociedad moderna:

> El espacio materialmente compuesto que es cualquier cosa menos una mera forma de perspectiva, contiene una compacidad, una masa, un letargo que ofrece una resistencia contundente al imperativo de la velocidad. Por estas razones, argumentamos que la velocidad y la desaceleración no son contrarias, sino más bien una relación complementaria entre sí.[16]

El ser humano, en su extraordinaria capacidad e incluso voluntad de adaptabilidad, puede contrarrestar los motores de aceleración social, al menos, de manera individual, porque la libertad le permite oponerse a las creaciones sociales e ir en contra la naturaleza misma (que es quizá la esencia misma de la libertad). Las tendencias individuales, sociales y hasta institucionales por ralentizar la existencia cobran un significado profundo en este primer cuarto del siglo XXI; así lo señala Hartmut Rosa: "También deseamos mostrar que la lentitud no es sólo la forma negativa de la velocidad, sino que la lentitud es necesaria para el funcionamiento exitoso de una sociedad".[17]

Lo más relevante de nuestro análisis sobre la teoría de la aceleración social es comprender la razón por la que conviene menos aceleración social, pues, si no asumimos un rol activo dentro de nuestra existencia vital, si no decidimos el ritmo de vida al que queremos vivir y las razones por las que queremos vivir a ese ritmo de vida, será innegable que fracasaremos en nuestro intento por tener una buena vida.

La aceleración es una fuerza que se autopropulsa y no puede tener freno. En este sentido, nos podemos preguntar por la dirección que esta fuerza aceleratoria tomará en el futuro; sin embargo, no hay manera sencilla de comprender hacia dónde se dirige, pues no tiene motivos ni funciones y carece de objetivos y significados.

---

[16] Hartmut Böhme, "Do We Want to…", en Hartmut Böhme y Hartmut Rosa (eds.), *The Art of Deceleration…*, "The materially composed space that is anything but a mere form of outlook, contains a compactness, a mass, a lethargy that offers forceful resistance to the imperative of speed. For these reason, we argue that velocity and deceleration do not stand in a contrary, but rather a complementary relationship to each other".

[17] *Idem.*

> La experiencia de la inercia, según mi interpretación, surge cuando los cambios y la dinámica de la vida individual o del mundo social ya no se experimentan como elementos en una cadena de acontecimientos significativa y dirigida o, dicho de otro modo, como elementos de 'progreso', sino como cambio frenético, sin dirección.[18]

Desde esta perspectiva podemos afirmar que las cosas cambian y los tiempos también, pero no se desarrollan, es decir, no van a ninguna parte; por eso se comprende la importancia de un estudio más serio sobre la aceleración, pues la historia misma de las civilizaciones no tiene lugar de llegada, dirección o ruta.

Una de las propuestas sugeridas por Hartmut Rosa descansa en la recuperación del tiempo bajo la expresión *glacial time*, que consistiría en la recuperación sobre la vivencia existencial del tiempo y la recuperación del hombre: "El tiempo glacial resiste el tiempo instantáneo y busca reducir el tiempo hasta llegar a la 'velocidad de la naturaleza'. Movimiento lento y pesado, desincronizado tanto en el reloj como en tiempos instantáneos".[19]

Quizá no sepamos con exactitud cuáles son los tiempos de la naturaleza, pero es claro que naturalmente el ser humano se acostumbra a un ritmo y se somete a él sin demasiada conciencia ni resistencia. A la luz de lo expuesto, pensemos en lo siguiente: en el siglo XXI se ha llamado "generación de cristal" a los nacidos a finales del XX e inicios del presente siglo, ¿será que las nuevas generaciones son más frágiles realmente, o bien, es la primera que no está dispuesta a acostumbrarse a un escenario que no le convence? La inercia cultural únicamente podría tener freno de un sólo golpe.

---

[18] Hartmut Rosa, *Alienación y aceleración...*, pp. 68-69.

[19] Hartmut Rosa, *High-speed Society...*, p. 194. "Glacial time resists instantaneous time and seek to slow down time down to 'nature´s speed'. Slow-moving and ponderous, desyncronized from both clock and instantaneous times".

Crítica a la teoría
de la aceleración social

CAPÍTULO 7

Ontología y epistemología de la temporalidad: delineando los bordes del tiempo

Quizás el tiempo es el más grande misterio.

Carlo Rovelli

Como se señaló en la introducción de este libro, una vez expuestas las ideas fundamentales de la obra de Hartmut Rosa en la primera parte, en esta segunda sección, buscaremos enriquecerla con aportaciones desde la filosofía del lenguaje (John Searle), la física (Albert Einstein), el pensamiento alternativo (Iván Illich), la liquidez (Zygmunt Bauman), el existencialismo (Sören Kierkegaard), el relacionismo (Pierpaolo Donati) y el análisis cultural (Byung-Chul Han), entre otras.

Para comenzar a realizar una crítica sobre la teoría de la aceleración social de Hartmut Rosa, será necesario trazar los bordes entre los que se encuentra la teoría y las posibles implicaciones sobre las que pueda extenderse sin perder su esencia. Su objeto de estudio se centra en la temporalidad como elemento rector, sin embargo, como suele ocurrir con los trabajos transdisciplinarios como en el que nos hemos embarcado, existen muchas maneras de abordar el tema de la temporalidad. No intentamos agotar todas sus formas concebibles, pero sí al menos algunas que nos parecen pertinentes para nuestros objetivos. Los límites trazados permitirían una comprensión ordenada del fenómeno complejo, aunque sea prácticamente inabarcable.

Siguiendo el trabajo desarrollado por John Searle en *La construcción de la realidad social*, la primera distinción que haremos es diferenciar los hechos desarrollados en el mundo, independientemente de la existencia del ser humano, a los que llamaremos *hechos brutos*, y los que existen en el mundo, pero son dependientes de la existencia humana, a los que llamaremos *hechos sociales*.[1]

De este modo, los hechos brutos son aquellos fenómenos de la naturaleza completamente independientes de los deseos, creencias y necesidades cognitivas del ser humano; en ese sentido, la metafísica y la ontología son estudios filosóficos que buscan aproximaciones a estos fenómenos. Debido a ello, decimos que el tiempo, por sí mismo, independientemente de su relación con el ser humano, puede ser abordado o estudiado ontológicamente.

Por su parte, los hechos sociales serían aquellos fenómenos de la naturaleza que sí dependen de los deseos, creencias y necesidades cognitivas del ser humano. Así, la epistemología es un estudio filosófico que puede aproximarse al fenómeno del tiempo desde una perspectiva humana; en otras palabras, el tiempo puede estudiarse por sí mismo y a partir de la perspectiva humana. Ahora bien, cualquier aspecto de estudio ontológico o epistémico suponen un sentido objetivo y subjetivo en su estudio.

Objetividad y subjetividad ontológica y epistémica

Ontológicamente hablando, objetivo y subjetivo son constituidos como predicados de entidades o tipos de entidades e imputan modos de existencia

---

[1] John Searle, *La construcción de la realidad social*, Barcelona, Paidós, 1997. Se decidió utilizar la misma terminología empleada por Searle, porque concuerda perfectamente con la forma en que buscamos delimitar la noción de tiempo dentro del presente trabajo; primero, la diferencia entre *hechos brutos* y *hechos sociales* nos permite realizar una analogía con el *Dasein* heideggeriano (que se encuentra inmerso en la teoría de la aceleración social), trazando un primer borde entre el Ser y el Mundo; segundo, la oportunidad de abordar los tipos de hechos de manera *objetiva* y *subjetiva* nos permitirá esbozar los bordes existentes entre el tiempo del ser, aquel que vincularemos con el de la existencia, y el tiempo tal como lo percibimos en otros y en el mundo, así como la manera en que lo comunicamos.

respecto al tiempo; ontológicamente hablando, se puede decir que hay un tiempo ontológicamente objetivo (oo) y uno ontológicamente subjetivo (os). Respecto a lo oo, buscamos entender si el tiempo tiene una existencia por sí mismo; en los estudios sobre física, se aborda la posibilidad de la existencia del tiempo por sí mismo y trata de explicarlo como aquello que permite la transformación de un cuerpo. La astronomía ofrece una manera de abordarlo desde el estudio de la revolución de los planetas, donde el tiempo es aquello que permite su movimiento y transformación; sin embargo, hay autores como el físico italiano Carlo Rovelli que han publicado ideas en torno a la no-existencia, en términos de lo oo del tiempo. Por su parte, respecto a lo os, se busca entenderlo desde una experiencia existencial subjetiva, es decir, la experiencia del tiempo en mí (ya que es el ser humano la única entidad desde donde se puede decir que se experimenta o se es consciente de una transformación); esta forma de abordar el tema se aproxima a la concepción de los filósofos contemporáneos en Alemania, cuya influencia se puede observar en Hartmut Rosa y sus preocupaciones sobre el ritmo de la vida desarrolladas en su teoría.

Epistémicamente hablando, objetivo y subjetivo constituyen predicados de juicio; epistémicamente hablando, se puede decir que hay un tiempo epistémicamente objetivo (eo) y uno epistémicamente subjetivo (es); respecto a lo eo, buscamos entender cómo medir el tiempo. Tal es el caso de los estudios sobre historia, donde se descubren las diversas formas en que el tiempo se ha medido en los diferentes momentos y lugares. Hoy en día, por ejemplo, medimos en siglos, décadas, lustros, años, meses, horas, minutos y segundos aquello que objetivamente denominamos tiempo, pero eso no significa que siempre se haya medido el tiempo así o, incluso, que siempre vaya a ser medido de esa manera. Por su parte, respecto a lo es, se busca entender el tiempo desde una percepción subjetiva, es decir, la sensación del tiempo que cada persona tiene en su vida cotidiana.

En la teoría de la aceleración social de Hartmut Rosa, el límite entre lo os y lo es no es del todo clara, pero lo eo forma parte fundamental del discurso; en este sentido, convendrá delimitar lo mejor posible estas fronteras para realizar una crítica eficaz y no superficial.

En resumidas cuentas, la teoría de la aceleración social de Hartmut Rosa no aborda el tiempo en sí mismo (de un modo oo). No obstante, consideramos que podría hacer algunas aportaciones: contempla el tiempo existencial del ser humano os cuando se pregunta por la buena vida y aborda la idea de las enfermedades causadas por aceleración social; comprende la necesidad de abordar el tiempo y las transformaciones del mundo que nos rodea; eo al estudiar la aceleración tecnológica y la aceleración del cambio social; además, asume un ámbito (referente a lo es) del tiempo cuando explica los cambios en la experiencia cotidiana del tiempo.

Ontología del tiempo

Cuando nos preguntamos sobre la ontología del tiempo cuestionamos lo que el tiempo es por sí mismo y lo que es en mí como entidad existente, ya que el ser humano, antropológicamente hablando, constituye un ser que, pese a no ser creado por sí mismo, existe como una realidad que habita el mundo.

Objetivamente hablando, el tiempo ontológico ha sido estudiado tanto por la filosofía (metafísica), como por la física, pues se busca entender lo que es por sí mismo. Aristóteles ofreció una idea aceptada como verdadera hasta finales del siglo xvii, la cual concibe el tiempo como aquello que permite la transformación o el cambio de un objeto: lo que ocurre cuando una persona envejece o cuando un tren llega a una nueva estación se puede llamar tiempo, o bien ocurre en relación con el tiempo, pues modifica los objetos de la realidad por su aspecto o movimiento. Sin embargo, Isaac Newton rechazará la concepción aristotélica y ofrecerá una idea nueva sobre lo que el tiempo es por sí mismo mediante el cuestionamiento de lo que ocurre cuando un objeto no cambia ni de aspecto ni de lugar:

> En otras palabras, Newton reconoce que existe ese tipo de 'tiempo' que mide días y movimientos y fue tratado por Aristóteles (relativo, aparente y común). Pero también sostiene que, además de esto, debe existir otro tiempo: tiempo 'verdadero' que pase independientemente de las cosas y sus cambios. Si todas las cosas permanecieran inmóviles e incluso los movimientos de nuestras almas se congelaran, esta vez continuaría pasando, según Newton, no afectada

e igual a sí misma: tiempo 'verdadero'. Es exactamente lo contrario de lo que escribe Aristóteles [...] El tiempo 'verdadero', dice Newton, no es accesible directamente sólo indirectamente, a través del cálculo.[2]

De acuerdo con Newton, el tiempo en sí mismo es absoluto, verdadero y matemáticamente comprobable, pero no es perceptible para el ser humano de manera directa, pues no es evidente para los sentidos externos, aunque se conciba como una construcción intelectual. El tiempo en sí mismo es, en la concepción newtoniana, uniforme, permanente e independiente de la existencia de los objetos o de sus movimientos en el espacio, aunque se comprenda, desde el origen del hombre, como una intuición de la naturaleza humana.

Un aspecto relevante para la presente crítica será la relación intrínseca entre el tiempo y el espacio. Por el momento sólo señalaremos que, según Aristóteles, el lugar o espacio es aquello que rodea un objeto: "El lugar de una cosa es que la rodea"; mientras que para Newton, no hay una relación implícita entre espacio y tiempo: "Para Newton, entre dos cosas puede haber un 'espacio vacío'". De acuerdo con Aristóteles, hablar de "espacio vacío" constituye un absurdo, pues los objetos sólo pueden existir en el tiempo y el espacio.

Será Albert Einstein en el siglo xx quien, conciliando las ideas de ambos, concebirá el tiempo como aquello que ocurre en un lugar que él llamará campo, tal como lo comprende Newton, pero asumiendo que sucede en la interacción, activa o pasiva, del campo con los objetos circundantes; es decir, es lo que ocurre en un campo en la interacción entre los objetos dentro de ese mismo campo, y en ese sentido, otorga cierta razón a la idea aristotélica del tiempo. Precisa Rovelli: "Los físicos llaman 'campos' a las sustancias que,

---

[2] Carlo Rovelli, *The Order of Time*, Londres, Allen Lane Penguin Books, p. 58. "In other words, Newton recognizes that kind of 'time' exists that measure days and movements the one treated by Aristotle (relative, apparent and common). But he also contends that, in addition to this, another time must exist: 'true' time that passes regardless, independently of things and of their changes. If all things remained motionless and even the movements of our souls were to be frozen, this time would continue to pass, according to Newton, unaffected and equal to itself: 'true' time. It´s the exact opposite of what Aristotle writes [...] 'True' time, says Newton, is not directly accessible only indirectly, through calculation".

según nuestro conocimiento, constituyen el tejido de la realidad física del mundo [...] (campo electromagnético, campo gravitacional)".[3]

Para Einstein, el espaciotiempo es como un campo gravitatorio, pero no es independiente de los otros objetos que se encuentran inmersos en el mundo. De esa manera, señala que Newton se equivoca al asumir que el tiempo es independiente de la existencia de los objetos y que pasa uniforme, imperturbable y separado de las cosas.

Ahora bien, la teoría de Hartmut Rosa nunca contempla la ontología objetiva del tiempo, pero consideramos que la teoría de la relatividad de Einstein podría aportar a la compresión de la aceleración social, aunque no sea parte de su fundamento. Sin embargo, la teoría de la aceleración social sí contempla la ontología subjetiva del tiempo, pues se pregunta por la experiencia del tiempo en las personas, pero no se queda meramente en la percepción, sino asume su vivencia como ritmo de vida y, particularmente, como reacción fisiológica cuando explica la desaceleración disfuncional a través de las enfermedades por aceleración social.

Cuando analizamos la aceleración del ritmo de la vida y nos percatamos de situaciones como la reducción del sueño o el aumento en la velocidad de ingesta de alimentos; cuando comprendemos el trastorno por déficit de atención e hiperactividad (TDAH), o la depresión, nos damos cuenta también de que la aceleración social afecta más allá de la percepción humana: invade directamente su existencia total y puede acabar con ella de forma involuntaria, cuando el cuerpo sufre una ruptura definitiva a través de un infarto fulminante, por ejemplo; o bien, voluntariamente, si la persona decide terminar definitivamente con su existencia temporal a través del suicidio.

El espíritu humano como agente ontológico subjetivo

Un primer aspecto que deseamos rescatar desde la antropología filosófica para realizar esta crítica de la teoría de la aceleración social es la noción de

---

[3] *Ibid.*, p. 66. "Physicists call 'fields' the substances which, to the best of our knowledge, constitute the weave".

espíritu. Desde el hilemorfismo aristotélico y posteriormente escolástico, el cual infiere que cualquier objeto está constituido por materia y forma, la antropología cristiana concibe las ideas de materia y forma como cuerpo y alma/espíritu; este aspecto es fundamental para comprender los límites entre la ontología y la epistemología subjetiva.[4]

Además de haber constatado la aceleración, Hartmut Rosa ha descrito y desarrollado sus manifestaciones y apunta que sólo la aceleración del ritmo de la vida está vinculada directamente a la subjetividad, es decir, al espíritu humano; mientras que la aceleración tecnológica y la del cambio social se refieren a los aspectos epistémicos del tiempo, como se verá más adelante.

En el Libro I de *la Crítica de la razón pura*, Kant trabaja el tema de la *doctrina elemental trascendental*, y en su primera parte desarrolla lo que denomina *estética trascendental*. Desde su perspectiva, el pensamiento remite a las intuiciones y llama empíricas a aquellas que aluden a los objetos por medio de las sensaciones; llama fenómeno al objeto indeterminado de una intuición empírica; forma a lo que hace sensible a las sensaciones; y materia a lo que hace múltiple al fenómeno.

> La materia de todos los fenómenos no nos puede ser dada más que *a posteriori*, la forma de los mismos tiene que estar toda ella ya *a priori* en el espíritu [...] Llamo puras todas las representaciones en las que no encuentre nada que pertenezca a la sensación. La pura forma de las intuiciones sensibles [...] se hallará *a priori* en el espíritu.[5]

De acuerdo con Kant, hay dos formas puras de la intuición sensible *a priori*: *espacio* y *tiempo*. Si admitimos, como él afirma, que hay un espíritu humano que recibe las impresiones del exterior, pero las formas del espacio y del tiempo ya se encuentran *a priori* en el espíritu, asumiremos que la aceleración social, que trastoca el tiempo y el espacio, más que afectar la materia, en realidad repercute en el espíritu en sus formas puras.

---

[4] No deseamos entrar en discusiones respecto a la diferencia entre alma y espíritu, simplemente consideramos el espíritu humano como este agente ontológico subjetivo, inmortal y trascendente que de manera general se ha desarrollado en la historia del pensamiento.

[5] Immanuel Kant, "Estética trascendental", en *Crítica de la razón pura*, § 1.

El mundo tardomoderno ha modificado, a través de la tecnología, la estrecha vinculación espiritual que existe entre el espacio y el tiempo. Así, cuando una persona habla por teléfono, de alguna manera, desincroniza la espaciotemporalidad (ser aquí y ahora), pues se encuentra "materialmente" en un lugar, pero "espiritualmente" en otro. En un reflejo social de este mismo fenómeno, hay personas en oficinas contando los días que faltan para sus vacaciones, pero ya en sus vacaciones, cuentan los días que faltan para regresar a la oficina. El mundo de la aceleración es un mundo altamente desincronizado, por ello es imperativo recuperar la cohesión que existe entre estas formas del espíritu.

De acuerdo con el argumento de Kant respecto al espacio, no se trata de un concepto empírico, sino que su experiencia es posible sólo gracias a su representación *a priori*; no podemos nunca representarnos que no hay espacio, por ello, es una condición necesaria de los fenómenos y la base de todos los fenómenos externos. No debe pensarse que es un concepto universal, más bien, es una intuición pura que "no puede representarse más que un único espacio"; en ese sentido, los principios geométricos no se deducen de los conceptos universales, sino de la intuición. Finalmente –y esto será muy importante–, el espacio es representado como una magnitud infinita, "todas las partes del espacio en el infinito son a la vez".

> ¿Cómo puede estar en el espíritu una intuición externa que precede a los objetos mismos y en la cual el concepto de estos últimos puede ser determinado *a priori*? Manifiestamente no puede estar de otro modo que teniendo su asiento en el sujeto, como propiedad formal de este de ser afectado por objetos y así de recibir representación inmediata de estos últimos, es decir, [como] intuición.[6]

En conclusión, para Kant el espacio no representa ninguna propiedad de cosas en sí, es la condición subjetiva de la sensibilidad que permite en el ser humano las intuiciones externas, por ello "se puede comprender cómo la forma de todos los fenómenos puede ser dada en el espíritu antes que las

---

[6]   *Ibid.*, § 3.

percepciones reales *a priori*".[7] Cabe señalar que en el pensamiento kantiano no es posible recibir lo que es la cosa en sí misma, únicamente las representaciones de estas cosas en sí. Por ejemplo, cuando viajamos en tren a gran velocidad y nos asomamos por la ventana, las formas geométricas en el exterior se deforman, pero esa deformación sólo ocurre en mí, nunca en sí misma; en otras palabras, el espíritu humano es afectado ontológicamente sin que ello pueda perturbar de modo alguno la ontología objetiva del tiempo.

Respecto al tiempo, Kant construye la siguiente argumentación: el tiempo no es un concepto empírico que derive de una experiencia, sino que sólo presuponiendo el tiempo, es posible representar que algo es lo mismo (a la vez) u otro (en diferentes momentos). Por consiguiente, es necesario que el tiempo sea *a priori* y esté en la base de todas las intuiciones, pues nunca puede ser suprimido, "diversos tiempos no son a la vez, sino unos tras otros (así como diversos espacios no son unos tras otros, sino a la vez)".[8] Se trata de una forma de la intuición sensible, pues su infinidad sólo puede ser representada como un tiempo único fundamental:

> Añado que el concepto del cambio y con él el concepto del movimiento (como cambio de lugar) no son posibles sino mediante y en la representación del tiempo; que si esa representación no fuese intuición (interna) *a priori*, no podría concepto alguno hacer comprensible la posibilidad de un cambio.[9]

En esta concepción, el tiempo no es algo que exista por sí, sino es la condición subjetiva que sólo puede ser intuida por el ser humano; es una forma del sentido interno, pues determina la relación de las representaciones internas –aunque estemos acostumbrados a medirlo objetivamente con base en su movimiento–; además, es la condición formal *a priori* de todos los fenómenos en general y éstos, a su vez, están determinados por el espíritu.

---

[7] *Idem.*

[8] *Ibid.*, § 4.

[9] *Ibid.*, § 5.

> Sí, puedo decir *a priori*: todos los fenómenos externos están determinados en el espacio y según las relaciones del espacio *a priori*, puedo decir, por el principio del sentido interno, con toda generalidad: todos los fenómenos en general, es decir, todos los objetos de los sentidos son en el tiempo y están necesariamente en relaciones de tiempo.[10]

En otras palabras, el tiempo es una condición subjetiva de nuestra intuición y la razón por la que parece transcurrir a ritmos diversos en diferentes momentos es simplemente por afección del espíritu en sus representaciones formales puras. En conclusión, el espacio y el tiempo, como fenómenos, no pueden existir en sí mismos, sino sólo en nosotros.

El espíritu humano es el agente que permite la interacción de las espaciotemporalidades ontológicas, epistémicas, objetivas y subjetivas; quizá no sea posible comprender lo que es el tiempo en sí, pero el espíritu humano permitirá su percepción a través de la materia (epistémicamente). Asimismo, será el propio espíritu humano quien padezca o se vea afectado ontológicamente por la vivencia del tiempo; razón por la cual podemos comprender la afección de las enfermedades por aceleración social, llamadas así por Rosa, ya que es la ontología subjetiva, el espíritu humano, desde una antropología cristiana, la que sufre o padece la aceleración social que ha trastocado el ritmo de la vida humana.

Aunque Hartmut Rosa nos permite reconocer que la aceleración social está motivada por la realidad exterior (la tecnología, el cambio social, la economía o la globalización), también comprende y está preocupado legítimamente por la afectación subjetiva que cada ser humano sufre como consecuencia de la aceleración exterior; sin embargo, una vez entendido que no todas las regiones del mundo están igualmente aceleradas y no todas las personas se ven afectadas de igual modo por la velocidad, podemos afirmar que cada espíritu humano, cada persona individualmente, "padece" la aceleración de un modo distinto.

---

[10] *Ibid.*, § 6.

Ontología existencial del tiempo

Desde el campo de la antropología, no debemos perder de vista la noción de *materia* y *forma*; a pesar de afirmar que el espíritu humano es el agente ontológico subjetivo, por principio hilemórfico aristotélico, el todo complejo que compone al ser humano, cuerpo y espíritu, constituye la ontología subjetiva completa, pero el espíritu es el agente y no el cuerpo porque el primero es el que responde, por medio del segundo, a los retos de la aceleración del mundo. El cuerpo humano de modo general responde de modo más o menos homogéneo a la velocidad, pero hay una resistencia más allá de los aspectos físicos materiales frente a estos fenómenos; por ejemplo, es lógico que una persona sienta mareo al subirse a un juego mecánico en una feria, pero sólo algunos individuos resistirán a la presión social de subirse, pues no les gusta la sensación de mareo, y otros pocos aprenderán a disfrutarlo y querrán experimentarlo más veces.

Desde la Revolución Industrial, cuando comenzó la aceleración social, el ser humano se ha enfrascado en un círculo de velocidad llamado por Hartmut Rosa *inercia polar*, en el que el fluir del ser humano con el mundo es cada vez más acelerado y, hasta el siglo xxi, pareciera que nadie se había percatado de los cambios, sus causas y consecuencias. Para ofrecer algún tipo de resistencia frente a la aceleración, sería necesario hacer consciente primero su presencia nuestra vida cotidiana; en otras palabras medir la aceleración del ritmo de la vida propia, pues, sin conciencia del paso del tiempo en la vida diaria, sería imposible llegar a una reflexión sobre la buena vida, como ha propuesto nuestro autor.

El tiempo de la vida o el tiempo de *Kronos* tiene un inicio y un fin; este espíritu encarnado o cuerpo espiritualizado (como quiera verse antropológicamente) tiene límites existenciales claros, pero también es cierto que cada persona posee la libertad de hacer aquello que quiera llegar a ser y hacer en su *tiempo cronológico*, y esa decisión tendrá implicaciones éticas.

La filosofía clásica ya se había hecho la pregunta sobre este tema, lo cual le llevó a observar el tiempo de la vida a partir de las tres figuras mitológicas a las que se ha hecho alusión en la primera parte de este libro;

aunado a ello, la filosofía helénica ha relacionado el tiempo y eternidad con las nociones de virtud y trascendencia.

Para la escuela de Atenas, era clara una conexión entre la historicidad humana (*Kronos*), entendida como "la expresión de ser temporal [...] [donde] el hombre no es sólo capaz de protagonizar hechos históricos, sino que es, en su mismo vivir o existir, histórico",[11] y la atemporalidad (*Aión*). Sócrates creía en la inmortalidad del alma, Platón habla de un deseo de inmortalidad que se puede ver reflejado en las obras homéricas (*Iliada* y *Odisea*) y Aristóteles se refería a un deber de inmortalidad que relacionaremos con la ética. Podemos comprender esta idea de inmortalidad como un modo de existencia que trasciende al tiempo, una forma de conexión trascendental con los dioses a la que un ser humano puede tener acceso si se esfuerza por conseguirlo: "El hombre está capacitado por su misma naturaleza a participar de la eternidad bajo la forma de la inmortalidad".[12]

Para participar de la eternidad y cobrar forma inmortal, el ser humano se debe relacionar con lo atemporal, trascender en el tiempo; para la filosofía helénica el fin de la vida es la muerte, pues comprende sus límites materiales, pero asume que el tiempo de la vida es "imagen móvil de la eternidad"; es decir, el tiempo de la vida, y las acciones que en ella se lleven a cabo, le pueden permitir participar del tiempo eterno. La clave para alcanzar esta inmortalidad se halla en la virtud:

En el ámbito antropológico, tiempo y eternidad [...] el hombre necesariamente experimenta la tensión y se esfuerza por mantener una precaria unión entre el uno y la otra en su interior. En resumidas cuentas, tenemos por una parte el tiempo: ontológicamente, una sustancia inquieta; lógicamente, la negatividad; físicamente, lo irreal y psicológicamente, se expresa en el deseo. Por otra parte está la eternidad: como perfección, la cualidad de una acción realizada, cumplida, bien acabada; como el ideal de la soberanía, gobierna todas nuestras empresas e inspira todas nuestras acciones; y por último, como la hipostatización por parte de la conciencia del correlato infinito de su deseo, Dios. Y entre ambas encontramos al hombre, que mediante la virtud (la cual, no le viene

---

[11] Alejo Sison, *La virtud: síntesis de tiempo y eternidad. La ética en la escuela de Atenas*, Pamplona, EUNSA, 1992, p. 19.

[12] *Ibid.*, p. 245.

dada por la naturaleza sino que la tiene que conquistar), radicada en todas y en cada una de sus potencias, se desvela por lograr una síntesis de los dos, del tiempo y la eternidad.[13]

La virtud es algo que se adquiere con el tiempo; no se puede lograr sin él, supone perfección y permite al ser humano terminar de constituirse a sí mismo como un ser humano propiamente; y una vez que ha alcanzado ese estado de perfección, podemos decir que se está más allá del puro pasar o movimiento, es decir, que ha trascendido. Asimismo, la virtud es un saber y un poder porque permite la unión del tiempo con la eternidad; el niño, por ejemplo, "queda excluido de la felicidad porque es inhábil para el ejercicio de la óptima virtud", del mismo modo, un adulto puede no alcanzar la virtud nunca, pues se puede "tener la capacidad, pero no tenerla todavía desarrollada es completamente distinto de tener la capacidad, pero tenerla ya corrompida".[14]

Según Aristóteles, en el segundo capítulo del tercer libro de *Acerca del alma,* la virtud es tanto una potencia como un acto; es decir, el ser humano tiene la potencia de ser virtuoso, pero no todos lo serán necesariamente: "Mientras vivimos en el tiempo con nuestro cuerpo mortal, no llegamos a ser completamente jamás, y siempre seremos, en cierto sentido, extraños a nosotros mismos, a nuestro inmutable y verdadero ser, al que nos liga, en el momento actual, la sola esperanza".[15]

Para adquirir la virtud, es necesario el aprendizaje y la práctica, además de la potencialidad. La virtud es un hábito ligado necesariamente al tiempo, pues los actos humanos se realizan en él, y su ejercicio constante desarrolla la virtud (*paideia*); las virtudes requieren tiempo de la enseñanza (*didaskalia*), así como para la experiencia (*empeiria*).

'Lo que hay que hacer después de haber aprendido, lo aprendemos haciéndolo'. La actividad (*energeia*) es 'lo que hay que hacer' tras haberse adquirido –'haber aprendido'– la capacidad (*dynamis*); y a continuación, es la virtud

---

[13] Cfr. *Ibid.*, pp. 27-28.

[14] *Ibid.*, p. 59.

[15] *Ibid.*, p. 24.

(*hexis*) lo que 'aprendemos' o conseguimos mientras realizamos –'hacemos'– dicha actividad (*energeia*).[16]

Antropológicamente hablando, la virtud es una característica del espíritu humano, el cual es, siguiendo la filosofía clásica, como hemos visto, la síntesis entre materia y forma, entre ontología y epistemología; es por ello que vinculamos la ontología subjetiva con la virtud, pues "es una cualidad existencial, que se muestra y se demuestra en la vida y en las obras de un hombre".[17]

La virtud es autoconocimiento consciente, liga la existencia individual con la ética que, a su vez, estará ligada con la idea de felicidad sobre la que Hartmut Rosa se está preguntando en la teoría de la aceleración social.

La realidad de la vida humana es lo que cada persona elige hacer entre el conjunto de posibilidades que el mundo le ofrece, es decir, la vida de cada persona está ligada con aquello que decide hacer dentro de los límites espaciotemporales de su existencia. Una persona que ha decidido seguir el camino de la virtud será virtuosa, y una persona que prefiera el camino opuesto será viciosa de manera libre y ética: "Así se constituye el *ethos*, entendido este no sólo como hábito, carácter o costumbre, sino sobre todo, en su significado radical (apuntado por Heidegger) como espacio vital y morada del ser".[18]

El espacio ético se constituye así como aquel que pertenece al ser respecto de su actuar. En ese sentido, decimos que una persona es ética y sabia cuando su acción es acorde con su pensamiento (lenguaje); por otro lado, una persona no es ética cuando dice o piensa algo diferente de lo que demuestra por medio de sus acciones. Sólo quien se conozca bien a sí mismo tendrá la capacidad de actuar conforme piensa y, de ese modo, será un sujeto tanto ético como sabio y virtuoso. Es verdad que la subjetividad ontológica no es el único conocimiento propio para el ser, pero es fundamental para el conocimiento del mundo y del otro.

---

16   *Ibid.*, pp. 213-214.

17   *Ibid.*, p. 237.

18   *Ibid.*, p. 240.

> Gadamer nos ha vuelto a recordar enérgicamente que el 'sí mismo' cuyo conocimiento representa la más alta virtud, no es otra cosa que la unidad antropológica, la unidad del hombre-en-acción, la unidad del *logos* (palabra, razón) con el *ergon* (obra, función). De modo que la preocupación suprema de la investigación socrática –su búsqueda de la definición adecuada a la naturaleza de la virtud– no es fruto de una curiosidad meramente intelectual sino completamente vital y existencial: ¿cómo comprendo y conduzco mi propia vida? ¿Qué es lo que tengo que hacer?[19]

Finalmente, la filosofía de la escuela de Atenas podría brindar algunas respuestas a la teoría de la aceleración social de Hartmut Rosa, pues la buena vida estaría vinculada con la felicidad, y a su vez, la felicidad con la ética, la virtud y la trascendencia.

El problema de la felicidad concierne a los principales pensadores de la escuela de Atenas. Platón, en la línea de Sócrates, entiende que la felicidad no se halla principalmente ni en los placeres, ni siquiera en los honores, sino en la virtud y el cuidado del alma. El interés socrático por la felicidad le lleva a identificarla con cierto tipo de actividad: "Para llegar a ser feliz, el hombre tiene que hacer algo; ante todo, saber obrar".[20] Lo mismo ocurre con Aristóteles, pues reconoce que la felicidad es *energeia*:

> Los comentarios más autorizados de la *Ética Nicomáquea* nos enseñan taxativamente que la felicidad, más que consistir en un estado (*hexis*), consiste en una actividad (*energeia*). Pero no es una actividad cualquiera sin en una que demuestre satisfactoriamente características de una extraordinaria estabilidad, firmeza y permanencia.[21]

Si la felicidad se encuentra en nuestras acciones, necesariamente se vincula al tiempo, pues nuestro actuar es un actuar en un tiempo y un espacio determinados. Asimismo, para los pensadores clásicos, las acciones que conducen a la felicidad son acciones virtuosas que, como hemos comentado, requieren tiempo y entrenamiento para asumirse y llevarse a cabo.

---

[19]   *Ibid.*, p. 339.

[20]   *Ibid.*, p. 18.

[21]   *Ibid.*, pp. 438-439.

Antropológicamente hablando, la tendencia hacia la felicidad consiste en una acción de la voluntad que busca la "esencia" de lo vital, que conecta directamente con la ontología subjetiva de la existencia humana; además, el deseo de la inmortalidad, ínsito en la naturaleza del hombre, brota de un anhelo de raigambre más profundo que es el de la felicidad. Es decir, la búsqueda de la felicidad y el deseo de inmortalidad ligada a ella, para los pensadores clásicos, es una tendencia natural humana que puede comprenderse ontológicamente: quien llegue a consumar esta tarea de incorporar en su vida la sabiduría y a desencadenar la armonía justa entre sus potencias, ése es el hombre inmortal y feliz.

Queda claro por lo expuesto hasta ahora que el ser humano tiende ontológicamente a la felicidad y ésta es su fin último. Cuando Hartmut Rosa se pregunta por la vida buena, está preocupado por las razones que impiden al ser humano alcanzar un grado de felicidad en el mundo contemporáneo. ¿Qué es una buena vida y por qué no la tenemos, especialmente si es un bien al que aspiramos naturalmente?

Lo que ha ocurrido es que ha perdido el anhelo de inmortalidad y trascendencia, pues ha dejado de creer en ello; así, busca con desasosiego llenar esos anhelos con los innumerables objetos o experiencias que el mundo contemporáneo ofrece. Sin embargo, no logra deshacerse de esa sensación y, por si fuera poco, teme que no le alcance el tiempo para sentirse satisfecho y feliz por lo que ha vivido, pues está envuelto en un círculo de aceleración, expuesto ya perfectamente por nuestro autor.

> El hombre descubre continuamente que nada de lo material –de lo inmediato con que se encuentra– le satisface, ni, mucho menos, produce en él la felicidad. Tan pronto que le acaezca un instantáneo placer, un efímero gozo, le sobreviene el cansancio, el hastío, si no la inseguridad o el temor de que todo lo bueno súbitamente desaparezca. En esta materia, no obstante, nunca 'aprende su lección'; más aún, sabe, que la única solución está en seguir amando. El amor para los seres humanos es una experiencia universal –todos somos amantes–; y la fuerza del amor es la que nos impulsa ininterrumpidamente hacia la virtud.[22]

---

[22] *Ibid.*, p. 370.

Son muchos los pensadores que, a lo largo del tiempo y sobre todo en el mundo contemporáneo del siglo xxi, intentan dar respuestas al desasosiego actual, y coinciden de manera general, en la imposibilidad de que las variables materiales cumplan con el compromiso. Por lo anterior, es fundamental explorar la ontología subjetiva, pues en ella se encuentra el umbral entre la existencia humana y su trascendental. Es históricamente lógico indagar en los orígenes del existencialismo filosófico para comprender este desasosiego infernal que sumerge a las personas que sí están conscientes de su insatisfacción, que persiguen la felicidad y se preguntan por ella constantemente; pues resulta completamente paradójico que una persona, consciente de la aceleración social, no haga absolutamente nada para resistirse y enfrentarla existencialmente.

Ahora bien, hay algunos aspectos de la filosofía existencial kierkergaardiana que pueden vincularse directamente con la teoría de la aceleración social, particularmente la ética del tiempo y la noción de buena vida; por este motivo analizaremos algunos aspectos antropológicos de su filosofía para relacionarlos con la ontología subjetiva.

> El área filosófica en la que Kierkegaard desarrolla su pensamiento es la antropología existencial más que la relacionada con la teoría del conocimiento. Su antropología está basada en la consideración de que el hombre está estructurado a partir de elementos dialécticos: el cuerpo y el alma, por medio de los cuales el yo de cada individuo descubre sus posibilidades y limitaciones en orden a la realización de su propia existencia.[23]

Mucha de la filosofía europea desarrollada durante el siglo xix es una crítica y una reflexión en torno a la obra de Hegel. Kierkegaard no es la excepción, algunos de los aspectos metodológicos de la dialéctica de aquél, conducirán al centro de la filosofía existencial del danés; por ejemplo, la noción de existencia, pues "la dialéctica presentada por Kierkegaard busca el modo de superar la razón [...] la dialéctica es el corazón mismo del problema del existente".[24]

---

[23] Luis Guerrero, *Kierkegaard: los límites de la razón en la existencia humana*, México, Publicaciones Cruz, 1993, pp. 85-86.

[24] *Ibid.*, p. 79.

La noción de existencia en Kierkegaard nos interesa pues, aunque él no vivió la aceleración social tardomoderna en que nos encontramos hoy, seguramente habría apostado, como hizo en su momento, por una salida fuera de la razón, pues bajo su mirada, el verdadero problema no reside en el campo del conocimiento, sino en el de la existencia.[25]

Para el autor danés, la voluntad espiritual es parte fundamental de su antropología existencial. Es decir, una persona puede ser consciente de su situación y no hacer nada al respecto; en eso consiste precisamente la crítica severa que hace a sus contemporáneos, pues cada individuo elige, voluntariamente, su modo particular de existir, en otras palabras, su manera de compromiso existencial consigo mismo y con el mundo:

> Kierkegaard describe una amplia variedad de modos a través de los cuales los individuos eligen existir. Estos modos pueden observarse bajo dos categorías fundamentales, la de la conciencia o inconsciencia de lo que significa existir como espíritu, y la categoría de los estadios existenciales: estético, ético y religioso.[26]

Uno de los aspectos antropológicos kierkergaardianos, herencia del pensamiento hegeliano, que deseamos evocar aquí es la noción de lo finito y lo infinito: "El yo se capta como finito y solamente como finito, pero como al mismo tiempo es yo infinito, aspira a superar su límite; se esfuerza por conseguir una tesis que siempre le trasciende".[27]

En este sentido, para Kierkegaard, el hombre se define por la relación que hay entre su finitud (material) y su infinitud (espiritual);[28] pero no sólo eso, sino en la determinación, por la vía de la elección, el ser humano carga consigo su relación con el mundo (finito) y su trascendencia (infinito). "El

---

[25] Aunque comprendemos que la ontología no es una categoría que trabaja Kierkegaard, la usamos como analogía porque es comprensible que para cada ser humano, en mayor o menor medida, hay una preocupación por la finitud de la existencia, y eso es algo que comparte, lo quiera o no, lo comunique o no, con otros seres humanos.

[26] Luis Guerrero, *Kierkegaard...*, p. 14.

[27] Jean Hyppolite, *Génesis y estructura de la Fenomenología del espíritu de Hegel*, citado por Luis Guerrero, *Kierkegaard...*, p. 68.

[28] Para los fines que persigue esta crítica, es fundamental conservar en la noción de espíritu kierkergaardiana, las formas espaciotemporales *a priori* de Kant.

hombre no puede liberarse de lo eterno; no, no podrá por toda la eternidad. No, el hombre no podrá una vez por todas arrojar lo eterno lejos de sí; nada hay más imposible. Siempre que el hombre está sin lo eterno es porque lo ha rechazado o lo está rechazando todo lo lejos que puede".[29]

Para la antropología filosófica cristiana es fundamental la trascendencia espiritual y será el reconocimiento de lo infinito que hay en el ser humano, de su espíritu, lo que permita recuperar esta noción trascendental. Recordemos que, de acuerdo con Kant, hay en el espíritu dos formas puras de la intuición *a priori*: el tiempo y el espacio; de tal suerte, es lógico pensar que el ser infinito del ser humano que ha perdido el sentido de trascendencia, necesariamente altera sus formas de intuición *a priori*. De esta manera, las enfermedades por aceleración social, podemos decirlo, son también espirituales, pues alteran el espacio y el tiempo ontológico subjetivo.

Siguiendo a Kierkegaard, el hombre es espíritu y el espíritu es el yo, y el yo es una relación que se relaciona consigo misma. El hombre es una síntesis de infinitud y finitud, de lo temporal y lo eterno, de libertad y necesidad; una síntesis que, para constituirlo plenamente, requiere una relación que sirva como unidad negativa cuando se relaciona consigo misma, con lo cual produce una nueva relación, ahora positiva, misma que, a su vez, en ese momento, constituye a un yo cabalmente, uno en relación consigo mismo y a la vez, con otro. Sin embargo, en esta última relación con lo otro se desespera, pues desea ser *sí mismo*, pero no logra permanecer en equilibrio por la tensión que produce la dicotomía de la finitud e infinitud. La desesperación que produce para Kierkegaard esta posición, lo lleva a planteamientos que rebasan los objetivos de este trabajo, pero permiten comprender muy bien la circunstancia del ser humano en el acelerado siglo XXI.

Esta concepción kierkergaardiana de la existencia produce en el ser humano tres estados del espíritu perfectamente identificados por él y vinculables con la *desaceleración disfuncional* de Hartmut Rosa: la *melancolía*, la *angustia*, y la *desesperación* que podrían considerarse síntomas o enfermedades por aceleración social: "La melancolía es desánimo para la sensi-

---

[29] Sören Kierkegaard, *La enfermedad mortal*, Madrid, Trotta, 2008, p. 16 (Colección Estructuras y Procesos: Filosofía).

bilidad; si lo propio de la sensibilidad es el gozo en inmediato, inversamente la melancolía convierte lo inmediato en tristeza, quiere estar lejos, en otra realidad ausente o desearía no estar de ninguna manera. La melancolía es interioridad y no exterioridad".[30]

Estas "enfermedades" podrían ser consideradas de aceleración social pues, si consideramos al ser humano como una existencia espiritual (infinita) en la que se manifiestan dos formas *a priori* (espacio y tiempo), en un mundo material (finito) completamente acelerado en todos los ámbitos, sería lógico entender por qué el ser humano aparece completamente desincronizado, ora perdido en el materialismo consumista, ora obstaculizado espiritualmente por la vorágine de las interconexiones que terminan por irrumpir las relaciones interpersonales.

> La desesperación es una 'enfermedad del yo' o en el yo, relativa a 'lo eterno en el hombre'; una 'enfermedad del espíritu', puesto que 'el espíritu es el yo'. En esto consiste la peculiaridad, la gravedad y la responsabilidad continuas que comporta esta enfermedad, la única mortal. Y, sin embargo, ¡sin poder morirse! La desesperación es 'un estar muriendo eternamente, muriendo y no muriendo, muriendo la muerte [...], pero morir la muerte significa que se vive el mismo morir'. Estar consciente en cuanto espíritu o ignorando que se posee un yo, 'precisamente un yo eterno', constituirá la primera forma de desesperación, la más fuerte de todas. La inmediatez no basta para atravesar la vida. 'El hombre es espíritu' y tiene que cobrar plena conciencia de sí mismo. El hombre puede desesperadamente no querer ser sí mismo, o querer desesperadamente ser sí mismo. He aquí las otras dos formas de desesperación. La de la debilidad y la de la obstinación.[31]

Si en efecto "somos tiempo", como hemos sostenido a lo largo de este trabajo, también compartimos de alguna manera algo con las diferentes formas ontológicas y epistémicas del tiempo, tanto las objetivas como las subjetivas; si negáramos las formas de la intuición *a priori* o, en otros términos, la infinitud del espíritu humano, negamos también la trascendencia espiritual del ser humano y la ontología subjetiva del tiempo. Sobre la onto-

---

[30] Luis Guerrero, *Kierkegaard...*, p. 22.

[31] Sören Kierkegaard, *La enfermedad mortal...*, p. 12.

logía objetiva del tiempo respecto a la trascendencia humana, sólo podríamos afirmar que la fase de la muerte es un cambio que deviene en el tiempo por la relación espiritual que se establece entre la persona fallecida y Dios, por medio de la fe del primero.

Ontológicamente hablando, el tiempo es en sí y es espiritualmente en mí; no obstante, también debemos contemplar las otras formas de apropiación del tiempo, como las epistémicas que referirán a las formas de medición del tiempo y su percepción. Específicamente, la teoría de la aceleración social de Hartmut Rosa analiza más estrechamente las formas epistémicas del tiempo; pero no podemos dejar de lado las formas ontológicas, fundamentales si buscamos, de algún modo, aliviar la aceleración y sus consecuencias en forma de enfermedades espirituales por aceleración social.[32]

Epistemología del tiempo

Hablando en términos epistémicos, el tiempo es objetivo y subjetivo; ora porque puede ser medido de múltiples formas, lo cual ha permitido al ser humano ordenar sus actividades cotidianas, ora porque cada persona percibe y tiene una sensación particular del tiempo.

Nuestra vida cotidiana está regida por el tiempo del reloj, nos levantamos a una hora, trabajamos un determinado tiempo, programamos actividades para el fin de semana, etcétera; pero no sólo cada persona dirige su vida de este modo, socialmente todos lo hacemos, agendamos citas, acudimos a reuniones, organizamos fiestas tradicionales. El mundo globalizado del siglo XXI está organizado, objetivamente, de este modo: hay un calendario global de doce meses con base en el ciclo solar, empleamos husos horarios para organizar el día y la noche, los días de la semana que se trabaja y en los que se descansa son casi todos iguales en las diferentes regiones del mundo, los

---

[32] Es muy significativo que la Organización Mundial de la Salud (OMS) clasificara en la 72a Asamblea Mundial de la Salud, celebrada en Ginebra del 20 al 28 de mayo de 2019, al "burnout" como una enfermedad a partir del 28 de mayo de 2019, Véase "OMS clasifica el 'burnout' como una enfermedad" [en línea] disponible en https://www.forbes.com.mx/oms-clasifica-desgaste-y-estres-laboral-como-una-enfermedad/

meses se dividen en días, los días en horas, las horas en minutos y los minutos en segundos, y empleamos para ello los diferentes sistemas de medidas (sexagesimal, duodecimal, vigesimal). Todas estas medidas y movimientos cotidianos casi inconscientes, son verdaderos y objetivos para todos; una clase tendrá una duración determinada, no podrá extenderse por un día más u otro menos, una canción en la estación de radio tendrá una duración de cuatro a cinco minutos, no más, para dar espacio a los comerciales, los tiempos de una película se reducirán, la velocidad de internet se acrecentará y las actualizaciones del software se acelerarán.

Todos estos movimientos y mediciones de aceleración expuestos por Hartmut Rosa en su teoría, son por completo observables desde esta perspectiva, pues la medición del cambio en la velocidad de producción, transporte o comunicación se puede establecer perfectamente, del mismo modo que un análisis histórico de la velocidad del cambio social. Podríamos decir que las primeras dos categorías de la teoría de la aceleración social se encuentran en el campo de la epistemología objetiva del tiempo.

Lo importante de las mediciones del tiempo en la teoría de Hartmut Rosa es que nos permiten identificar aquellos factores que se aceleran y aceleran el ritmo de la vida, es decir, modifican nuestra percepción del transcurso del tiempo en la vida cotidiana. En efecto, si el ser humano ha incrementado el número de actividades por unidad de tiempo, es lógico que, a largo plazo, las personas en todo el mundo hayan reducido su periodo de sueño por 30 minutos en los últimos cuarenta años.

Ya hemos mencionado también que el ser humano se adapta rápidamente a su entorno, lo cual le ha permitido sobrevivir a lo largo de la historia; debido a las transformaciones cada vez más rápidas de la aceleración del cambio social a partir de la aceleración tecnológica, es difícil percatarnos del incremento en el número de actividades y del tiempo que debemos invertir en ellas; incluso, algunas de las cuales antes no se llevaban a cabo anteriormente, por ejemplo, cualquiera en un medio digital antes de que sobreviniera la era de internet.

Ahora bien, y convendrá adentrarnos un poco al tema, la forma de medir objetivamente el tiempo en el siglo XXI, como se ha demostrado históricamente, es completamente arbitraria y podría funcionar de cualquier otro modo. Así, por ejemplo, la luna fue el primer instrumento para medir el tiempo, pero no es el más preciso, pues no sirve para saber la época de siembra ni las primeras heladas o las grandes lluvias; en cambio el año solar es la única forma "exacta" de medir los días entre estaciones. Esta última manera comprende que el planeta Tierra tardará 365 días y un cuarto en dar una vuelta al Sol, razón por la que se utiliza al calendario solar, pragmática y objetivamente hablando, en el siglo en que vivimos.

Los babilonios usaban el calendario lunar hacia el 432 a. C., cuando el astrónomo Metón diseñó el "ciclo metónico" que abarcaba 19 años tropicales y divididos en periodos de 235 meses sinódicos, en los cuales coincidían los periodos orbitales de la Tierra y de la Luna con sólo dos horas de margen de error, sin embargo, resultaba una medición muy complicada. Por su parte, los griegos decidieron aumentar a su calendario un mes cada dos años, para que las estaciones comenzaran en un momento preciso para la cosecha, ganando así un poco de practicidad en sus mediciones.

A su vez, los egipcios fueron los primeros en usar el calendario solar, aunque usaban el río Nilo como referencia para medir la crecida anual de sus aguas, lo cual determinaba el calendario de siembra y cosecha con las estaciones de inundación, crecimiento y recolección. Ahora bien, a pesar de que el calendario solar no es tampoco exacto, sí es el más preciso de los usados hasta el momento; Julio César lo utilizó para homologar el calendario romano, también conocido como calendario juliano, sin embargo, la reforma gregoriana de 1582 produjo los ajustes del calendario que usamos actualmente.

Los musulmanes emplean un calendario lunar, pues Mahoma usaba la imagen de la media luna como símbolo. Éste es el motivo por el que los países donde se profesa oficialmente el islam tienen en su bandera la imagen de la media luna.

Por otro lado, los judíos siempre han utilizado un calendario lunar para sus celebraciones; así, los meses comienzan con la luna nueva (ciclo de la luna) y, a partir de ella, miden la celebración de la Pascua que inicia después de la luna llena del equinoccio de primavera. Curiosamente, en los primeros años del cristianismo, hubo un problema de calendario para definir cuándo se debía celebrar la Pascua, sin importar si su origen era cristiano o judío. Finalmente, durante el concilio de Nicea en el año 325 d.C., se decidió que la festividad sería el día de la luna llena después del equinoccio de primavera; ésta es la razón por la que, en México, la Semana Santa católica no se celebre nunca en la misma fecha, pues se emplea el calendario lunar y no el solar para fijar tal ocasión.

Hemos afirmado que la medición epistémicamente objetiva del tiempo es relativa, ya que desde la historia, en las diferentes regiones y momentos, se han hechos cambios y ajustes a la medición del tiempo, los cuales son perfectamente claros debido a que la duración del tiempo del día y el de la noche se modifican con respecto a la altitud y latitud de las zonas del mundo.

Durante la Revolución francesa, por ejemplo, un calendario decimal reemplazó en 1792 la semana de siete días; tres de estas semanas sumaban un mes, los días fueron divididos en diez horas que tenían cien minutos con cien segundos, lo que equivalía a 360 días, y los cinco días faltantes se empleaban como días de descanso y deporte. La idea original tenía por objetivo debilitar la influencia de la Iglesia cristiana en la región; sin embargo, este calendario sólo duró trece años. De un modo muy similar, la URSS se propuso borrar el año cristiano, así que lo reemplazó en 1929 por un calendario cuya semana constaba de cinco días, cuatro para trabajar y uno para descansar; así, el mes tenía cinco semanas y los días faltantes eran festivos.[33]

Hay una propuesta contemporánea que consiste en dividir el calendario en trece meses de 28 días cada uno. De esa forma, obtendríamos un calendario de 364 días, el día restante sería el último del año, que no pertenecería a ningún mes en particular y sería un día festivo a nivel mundial; la particularidad de este calendario es que todos los días del año coincidirían con el correspondiente día de la semana, así el cumpleaños de cada persona caería siempre el mismo día.

---

[33] Cfr. Daniel Boorstin, *Los descubridores*, Barcelona, Crítica, 2000.

Se puede decir que hay, históricamente, al menos quince maneras diferentes de agrupar los días, y la razón por la cual se agrupan las semanas de ese modo tiene también su origen en la cultura romana, que a su vez la adoptó de la cultura helénica, pues cada día estaba dedicado a un dios diferente: los lunes a la Luna, los martes a Marte, los miércoles a Mercurio, los jueves a Júpiter, los viernes a Venus, los sábados a Saturno y los domingos al Sol.

Asimismo, los meses del año, que antes hacían referencia al número del mes como podemos apreciar en los meses de septiembre, octubre, noviembre y diciembre correspondientes a los meses siete, ocho, nueve y diez del calendario original, fueron modificados arbitrariamente por Julio César, de quien tomó el nombre el mes de Julio, y por César Augusto, de quien tomó su nombre el mes de Agosto. También se puede observar que los ciclos de 30 y 31 días de cada mes se truncan en estos meses, pues el César deseaba celebrar un día más el mes de su cumpleaños y arrebató uno al último mes del año, que era febrero originalmente, cuyo nombre respondía a la antigua fiesta de purificación (*februa*) de los sabinos, un pueblo indoeuropeo que habitó en la península itálica.[34]

Es curioso que la palabra inglesa *week* –para decir semana– signifique cambiar o volver, haciendo alusión a la necesidad de la repetición en la vida del ser humano, herencia también helénica y no cristiana, si tomamos en cuenta las visiones cíclica y lineal de estas culturas. Sin embargo, el tiempo se ha institucionalizado y el motor económico de la teoría de la aceleración social lo ha convertido en dinero a costa de la ontología subjetiva, pues en el mundo contemporáneo se obtiene dinero a costa de la salud física y, ahora también, espiritual.

Aunque la aceleración social tiene sus orígenes en la Revolución Industrial, fue al comienzo de la era moderna, hacia el siglo xvi, cuando los antropocentristas pusieron al ser humano como el centro del cosmos, con la sentencia de René Descartes *cogito ergo sum*. Fue también el momento en que Francis Bacon comprendió que el ser humano estaba destinado a dominar la naturaleza y era su deber y obligación explotarla.

---

[34] Ricardo Soca, *El origen de las palabras: diccionario etimológico ilustrado*, Bogotá, Rey Naranjo, 2016, p. 221.

Con este ánimo, una de las primeras cosas que los humanos quisieron dominar racionalmente fue el tiempo. Si en la Edad Media el ritmo del sol y la luna regían las actividades humanas, los modernos buscaron imponer sus propios ritmos, y así se concibió el reloj como instrumento de dominación del tiempo. Si bien es verdad que el reloj de sol ya se utilizaba desde la Antigüedad para calcular la hora del día, el de agua para regular los tiempos discursivos del senado romano y la campana desempeñaba el papel de cambio de actividades en los monasterios; será la perfección de estos objetos, como el de arena o el de péndulo, lo que llevó al ser humano a medir obsesivamente los minutos, segundos y hasta las centésimas de segundo para llevar a cabo sus actividades: "El primer gran descubrimiento en el terreno de la experiencia fue el tiempo. Señalando los meses, las semanas, los años, los días, las horas, los minutos y los segundos pudo la humanidad librarse de la monotonía de la naturaleza".[35]

No debe resultar extraño que los cielos fueran el primer laboratorio de la astronomía, primera ciencia de la humanidad; del mismo modo que para las ciencias recientes lo sean el interior del cuerpo, el reino de la conciencia y los continentes del átomo.

El mundo del siglo xxi ha dominado el uso del tiempo y lo ha explotado todo lo que ha podido, maximizando la velocidad de producción, transporte y comunicación a tal grado, que se ha vuelto *contraproductivo*, como se verá más adelante. Dicho lo anterior, resta analizar el aspecto subjetivo del tiempo epistémico relacionado con la forma en que se le percibe individualmente.

La percepción del tiempo

Epistémicamente hablando, el tiempo se percibe o, por lo menos, se tiene una sensación sobre él. Si tomamos como referencia la idea aristotélica del tiempo como factor del cambio o movimiento, podemos afirmar que puede

---

[35] Daniel Boorstin, *Los descubridores...*, p. 13.

conocerse, en una primera instancia, por medio de los sentidos externos y, en una segunda, por medio de los internos. Ya hemos trabajado en dos obras anteriores estos aspectos vinculados con la teoría del conocimiento;[36] ahora, nos limitaremos a realizar un breve resumen y profundizar aspectos oportunos con referencia al tema que actualmente nos ocupa.

La primera fuente de conocimiento humana son los sentidos externos, a partir de los cuales se tiene contacto con el mundo que está alrededor; desde la afirmación de la popular expresión "no hay nada en el intelecto que no haya pasado antes por los sentidos", hasta Bacon, Locke, Hume, entre otros empiristas que entretejieron la vida del ser humano a partir de la noción de experiencia, la teoría del conocimiento comprende la relevancia de los sentidos en la construcción del conocimiento.

Los sentidos externos no son suficientes para lograr el conocimiento, simplemente conforman la primera parte del proceso de conocimiento; para completarlo serán necesarios los sentidos internos −que son otras facultades de la mente humana− (veáse fig. 4).[37] A pesar de que sólo se trata de un esquema, podemos afirmar que los sentidos internos forman parte de lo que hemos considerado como espíritu. Lo anterior implica que la sinergia entre los sentidos internos permite la presencia de la espaciotemporalidad del espíritu humano. Entendidos de esa manera, los sentidos internos tendrían las funciones que se expondrán a continuación.

El sentido común −en su sentido aristotélico, retomado lúcidamente por Hannah Arendt en su obra *The Life of the Mind*−, se encarga de recibir las impresiones de los sentidos externos y es el encargado de filtrar las sensaciones para hacerlas asequibles al espíritu; en otras palabras, es la facultad del espíritu encargada de clasificar la información que recibe del exterior. Si no fuera por esta facultad, el ser humano recibiría todas las impresiones del exterior simultáneamente, como les ocurre a los individuos autistas, quienes no pueden diferenciar o clasificar la información que reciben los sentidos, de

---

[36] Cfr. Juan Carlos Padilla, *Confusio Linguarum Epistemologica: comunicación de la realidad y realidad de la comunicación*, México, Universidad Panamericana, 2007; *Importancia de la teoría del conocimiento en el proceso comunicativo*, México, Universidad Panamericana, 2008.

[37] *Idem.*

modo que todas las sensaciones son igualmente intensas. El sentido común permite concentrar la atención en algunas sensaciones y no en todas para que pueda actualizarlas, es decir, centrarse en ellas. Podríamos afirmar que es el responsable del proceso de percepción, pues los externos reciben las impresiones de fuera, pero no son los órganos encargados de interpretar la información, simplemente la reciben; parafraseando a Aristóteles, el oído recibe el sonido, pero no sabe qué escucha, del mismo modo, el ojo recibe la luz, pero no sabe qué observa.

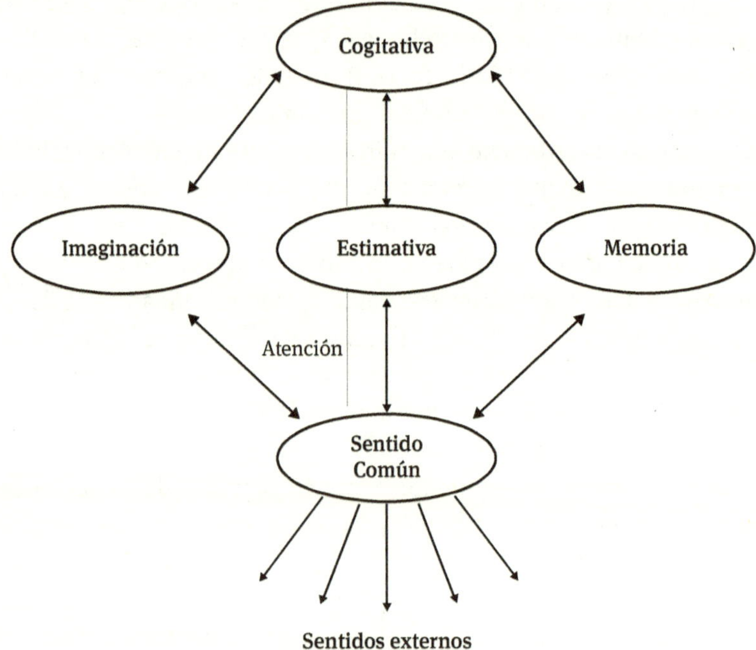

Figura 4. Sentidos externos.

El sentido común estaría ligado al estado del tiempo presente, pues recibe las impresiones inmediatas del mundo y sólo puede actuar si hay impresiones presentes; en otras palabras, no puede recibir impresiones que no se encuentren actualmente en el exterior, ésa es función de otros sentidos internos.

La memoria es el sentido interno ligado con el estado del tiempo pasado, pues su función es recordar, es decir, traer al presente del espíritu un fantasma de una impresión percibida anteriormente por el sentido común. Un golpe fuerte y que nos asusta, por ejemplo, es recibido por ese sentido y recordado por la memoria; cuando esta evoca el golpe fuerte por medio de un acto sinérgico con otro de los sentidos internos, puede actualizar en el presente del espíritu aquel recuerdo pasado que no podrá ser el mismo, o bien, generar una reproducción del momento en que ocurrió el evento.

La función de la memoria es fundamental para la supervivencia del individuo, pues es la única defensa que posee contra peligros presentes. Nadie que haya vivido una experiencia negativa en el pasado, cuando evoque la misma posibilidad experiencial, querrá repetirla. La memoria juega un papel fundamental en la formación de la intuición y la percepción del tiempo, pues es la que permite saber si un objeto ha cambiado de aspecto o lugar; por ejemplo, si el sentido común percibió en un momento que la zarzamora estaba color rojo y, en otro momento, se percata de que la misma está ahora color morado, intuye, gracias a la memoria, que la zarzamora ha sufrido un cambio y se encuentra madura y lista para comer. La misma memoria, evidentemente, permite al espíritu humano comprender la noción de espacio, pues para saber que se trata de la misma fruta, necesariamente sabe dónde dirigir la atención.

La imaginación, por su parte, sería la facultad interna del ser humano ligada al estado del tiempo futuro; la cualidad específica de la imaginación es la combinación de los contenidos de los demás sentidos internos, por eso es posible concebir cómo se sentiría o se pensará algo que se puede presentar a los sentidos externos; la imaginación es capaz de narrar una historia que, si bien no se ha presentado, podría desarrollarse del modo imaginado. En ese orden de ideas, podríamos decir que el miedo se manifiesta en la imaginación, pues adquiere un carácter de posibilidad atemporal, potencial mas no presencial.

Para narrar una historia se requiere de tiempo para contarla, así como de un espacio narrativo donde se desarrollen las acciones; con la imaginación ocurre de modo similar, imaginar cosas, inventar narraciones, combinar información de los sentidos internos también necesita tiempo. Por ejemplo, es verdad que casi todas las culturas antiguas han concebido la figura del dragón o la sierpe, aunque cada una lo ha desarrollado a su modo y le ha otorgado significados distintos. Así, la imaginación es quizá lo único que aún diferencia al ser humano de la máquina "inteligente", pues en el mundo del siglo XXI, los ordenadores tienen mayor capacidad que la mente humana para almacenar información (memoria), además de que reciben "estímulos del exterior" por medio de sensores de audio, video, movimiento, etcétera; pero falta todavía que sean capaces de desarrollar el *impulso creativo* (Eros joven) o, como hemos venido proponiendo, la imaginación:

> El ordenador es estúpido en cuanto le falta la capacidad de vacilación [...] El futuro se acorta convirtiéndose en un presente prolongado. Le falta cualquier negatividad que permita la existencia de una mirada hacia lo otro, La rabia, en cambio, cuestiona el presente en cuanto tal. Requiere un detenerse en el presente que implica una interrupción.[38]

En efecto, sin imaginación, no tendríamos la capacidad de vacilación y, si no pudiéramos vacilar, no podríamos imaginar mundos posibles. La apertura hacia el futuro por medio de la imaginación permite al ser humano desarrollar historias alternativas sin las cuales actuaríamos como robots, pues simplemente responderíamos a los estímulos inmediatos del sentido común empleando la memoria como referente pasado, sin posibilidad de modificar las respuestas posibles hacia el futuro.

El sentido interno encargado de mover a los otros sentidos internos y relacionarlos entre sí es la facultad cogitativa/estimativa, la primera permite al hombre saber que sabe y la segunda saber que siente; los animales estarían dotados de estimativa, no así de cogitativa, aunque la facultad adquiere en el ser humano su doble capacidad. Las personas comprenden cuando una situación es presente o no, encuentra una emoción nostálgica o una esperanza al interactuar con sus sentidos internos ligados a las temporalidades. Podemos decir que el espíritu humano está dotado de estos sentidos y sus facultades le permiten interactuar, *a priori* y *a posteriori*, con el mundo.

---

[38] Byung-Chul Han, *La sociedad de la transparencia*, Barcelona, Herder, 2016, p. 56.

La pregunta que intentamos responder aquí es, ¿por qué sentimos que el tiempo pasa más o menos rápido? Y si bien hay una respuesta posible a partir de la subjetividad epistémica, consideramos que es relativa y una mera opinión por el siguiente planteamiento: aunque es verdad que los seres humanos tenemos sentidos externos que son la primera fuente de los conocimientos y experiencias, ninguna persona percibe el mundo del mismo modo, ora porque alguno de sus sentidos se encuentra en peor o mejor estado, ora porque las experiencias vividas van llenando la imaginación y la memoria de cada individuo desde una perspectiva completamente particular y única. De tal suerte, para alguien en la ciudad la velocidad de un tren bala no será tan extraordinaria como para un campesino, pero para un campesino en el trato con animales del campo no hay ninguna singularidad como la tendría para el citadino.

Si comprendemos que la percepción de la realidad y la afección del espíritu respecto a ella es relativa en cada persona y que el parámetro de medición objetivo de la realidad epistémica es el mismo para todos los individuos (bajo la fórmula de número de actividades por unidad de tiempo); entonces, nos será comprensible también que el ritmo de la vida al que se somete cada individuo se encuentre en relación con la experiencia vivida acumulada en su espíritu. Considerando lo anterior, podemos concluir que el ritmo de la vida es relativo al individuo en su relación con el mundo tardomoderno. Ahora bien, si es verdad que todas las personas tienen la sensación, como hemos supuesto, de que la vida pasa cada vez más rápido, significa que, en efecto, todos los procesos de la vida epistémicamente subjetiva se han acelerado con respecto a los parámetros de medición objetiva del tiempo, tal y como ha propuesto Hartmut Rosa.

Las personas son capaces de jugar voluntariamente con el tiempo ontológico subjetivo, si bien no de un modo actual o presente, al menos de un modo espiritual (que no deja de ser real aunque no sea objetivo). Existe una necesidad humana por revivir o imaginar los eventos de la vida y para ello el espíritu, a partir de los sentidos internos, funciona perfectamente; fue el escritor francés Victor Hugo quien definió la melancolía como "la felicidad de estar triste", es decir, como la condición de posibilidad de revivir una alegría pasada por medio de la memoria, de la misma manera que el miedo es fomentado por la imaginación como un temor hacia el futuro indeterminado.

Algunos aspectos a considerar antes de intentar dar respuesta o posibles vías de salida al problema del tiempo en la aceleración social, conducen a comprender que presente, pasado y futuro no son objetos estáticos de conocimiento, sino entidades dinámicas; es decir, tenemos experiencia no sólo de objetos, sino de eventos a partir de objetos, y dichos eventos ocurren en un tiempo objetivo en la ontología del tiempo.

Antes de adentrarnos en la crítica de Hartmut Rosa, hagamos un repaso de los límites ontológicos y epistémicos de la teoría de la aceleración social en las cuatro formas del tiempo que hemos establecido para la comprensión del tiempo del ser en el mundo.

Límites ontológicos y epistémicos en la teoría de la aceleración social

En términos ontológicos, el tiempo es objetivo en sí mismo y no requiere de la intervención humana, pues establece relaciones entre los objetos del mundo. Es por esto que se observa en el cambio o movimiento de los objetos y en la relación que guardan entre ellos, por ejemplo, la rotación de los planetas y sus revoluciones, la muerte de una estrella, el cambio en la vegetación y orografía tras erupciones volcánicas. Asimismo, el tiempo es ontológicamente subjetivo cuando el punto de vista a partir del cual se le mide es la existencia de cada ser humano en concreto, pues cada uno tendrá un nacimiento y una muerte específicos entre los cuales vivirá su propio tiempo. Los únicos aspectos de la teoría de la aceleración social que hacen referencia al tiempo ontológico son los referentes a las enfermedades por aceleración social (desaceleración disfuncional) y la pérdida del sentido de la existencia y la trascendencia (motor cultural).

Antropológicamente hablando, el ser humano es cuerpo y espíritu, y este último es el que se ve afectado, por mediación del primero, en las enfermedades por aceleración social. El cuerpo humano ofrece cierta resistencia a la aceleración social, pero cuando la persona se ve rebasada por la aceleración, la enfermedad del cuerpo se convierte en enfermedad del espíritu; no es lo mismo tener una gripa somatizada por estrés laboral que sufrir una depresión o angustia profunda.

Establecer los límites ontológicos de la aceleración social permite ampliar la teoría de Hartmut Rosa y distinguir lo que cala más profundamente en el ser humano con respecto a las posibles consecuencias de la velocidad del siglo en que vivimos. El problema no es menor, podemos esperar cada vez una cantidad más grande de casos por enfermedades neuronales, cuya manifestación se exprese en un incremento de volumen de personas que busquen una salida a sus problemas cotidianos en una vía espiritual, en cualquiera de sus posibles manifestaciones.

La teoría de Hartmut Rosa se encuentra en su mayoría en el ámbito epistémico del tiempo; objetivamente, porque el tiempo es medible y podemos constatar su aceleración: el incremento en la velocidad de producción, transporte y comunicación (aceleración tecnológica) o la relación entre los fenómenos cada vez más frecuentes de oleadas de aceleración, las crisis económicas, la disgregación de los países, las horas de sueño perdidas, (aceleración del cambio social), entre otros casos fácilmente observables y medibles. Por consiguiente, no parece que haya forma de refutar la aceleración epistémicamente objetiva.

Respecto a la aceleración epistémica subjetiva podemos afirmar que, si una mayoría de personas tienen la sensación de que cada año pasa cada vez más rápido y, en efecto, el número de actividades por unidad de tiempo se incrementa, es lógico pensar que las personas sientan que el tiempo no alcanza y tengan la percepción de esa aceleración. Tal vez es imposible medir la aceleración del ritmo de la vida, a no ser que podamos dar seguimiento puntual a las actividades que realiza una persona cotidianamente y la entrevistemos de forma continua, o revisemos las enfermedades que va teniendo a lo largo de su vida. Por otro lado, el ritmo de la vida, aunque pueda afectar a una mayoría de personas, no necesariamente afectará a todas, pues la percepción del tiempo no deja de ser una relación con la experiencia que se tenga de él y la medición objetiva de las horas; razón por la cual muchas personas ni siquiera se darán cuenta de la aceleración del ritmo de la vida o no le darán ninguna importancia. Ahora bien, si percepción es realidad, una persona que ha comprendido la aceleración del ritmo de su vida, naturalmente, por ontología subjetiva, buscará la manera de desacelerarse.

La desaceleración social de la teoría de Hartmut Rosa es muy importante, pero no se encuentra debidamente delimitada. Los límites de la percepción hacen referencia al ámbito epistémico subjetivo; las islas de aceleración son áreas objetivas que, sin embargo, pueden perderse si la aceleración se extiende, ciudades menos aceleradas terminan por desarrollarse imitando a las de primer mundo y con consecuencias similares. La desaceleración disfuncional entra en el ámbito de la ontología subjetiva, como ya hemos visto; a su vez, la de tipo funcional o ideológica es quizá el mejor esfuerzo por ralentizar la vida cotidiana, pero sería necesario desarrollar un plan de acción mucho más ambicioso para lograr un impacto significativo.

Así pues, la desaceleración funcional tendría que delimitarse en dos aspectos diferentes para atacar la aceleración en sus diferentes vertientes: por un lado, la búsqueda por reducir el número de actividades por unidad de tiempo para disminuir el ritmo de la vida individual, lo cual permitirá aliviar la desaceleración disfuncional; por otro lado, explorar las posibilidades de desaceleración intencional dirigidas al ámbito social a partir de políticas públicas o dinámicas sociales. Sobre estos aspectos funcionales desarrollaremos la crítica en los siguientes apartados.

Finalmente, la inercia cultural-estructural a la que hace referencia Hartmut Rosa evidencia las dificultades que existen en el siglo xxi para reducir la aceleración; sin embargo, el mismo Hartmut Rosa se ha percatado de que la única salida posible es individual, no social o institucional, y a lo largo de su obra se pueden identificar algunas variables, no desarrolladas, que ofrecen posibles soluciones individuales al problema de la aceleración. Además, en 2019 se publicó en inglés la última de sus obras, *Resonancia*, la cual propone reflexiones en torno a las posibles soluciones de esta problemática. Cabe señalar que fue para hablar de esta obra que Hartmut Rosa estuvo en México el 14 de octubre de 2018, en el marco de la Feria Internacional del Libro del Zócalo en la Ciudad de México.

En la siguiente sección trabajaremos tres ideas que, si bien se mencionan en la obra de nuestro autor, no se encuentran realmente desarrolladas en su teoría. Se trata de las nociones de *religión* y *estrategia*, además de la ya mencionada *resonancia*. En los próximos apartados, trabajaremos nociones que conforman la crítica específica a la teoría de la aceleración social, pero buscan contribuir a su fortalecimiento: *contraproductividad*, *desincronización*, *dirección/sentido* y *relación*.

CAPÍTULO 8

Nociones presentes pero no desarrolladas por Hartmut Rosa en la teoría de la aceleración social pertinentes para su crítica

Esa noche volvieron a sucederse los sueños, ¿por qué ese recordar intenso de tantas cosas? Nada puede durar tanto, no existe un recuerdo por intenso que sea que no se apague.

Juan Rulfo

La teoría de la aceleración social aparece como la evidencia de una problemática social casi global. Muestra algunas de las preocupaciones filosóficas más importantes de nuestro siglo y, por ese motivo, tiene sentido reflexionar sobre ellas y así buscar soluciones posibles a este fenómeno que, en mayor o menor medida, padecemos todos.

Hartmut Rosa, preocupado por alcanzar la buena vida a la que debe aspirar cualquier persona, refiere algunos mecanismos ya existentes que podrían ayudar a recuperar estas aspiraciones que, si bien no se encuentran desarrolladas en su teoría, claramente están presentes en todas sus obras: la *religión*, la *estrategia* y la *resonancia*. Podríamos asociar la primera dentro del motor cultural de la teoría, sin importar de qué religión se hable, el contexto religioso marca un sentido del tiempo diferente al de la vida cotidiana. La segunda se encuentra como una respuesta voluntaria de desaceleración social, en el marco de la desaceleración funcional en la teoría, pero como una herramienta inteligente y organizada voluntariamente frente a los efectos y consecuencias de la aceleración. A su vez, la tercera, que bien podría desprenderse de la anterior, sería, en realidad, una respuesta que Hartmut Rosa ha preparado a la crítica sobre su teoría.

A continuación delimitaremos cada una de estas nociones para comprender en qué aspecto de la teoría se encuentran. Esto permitirá comenzar una crítica constructiva que, bajo la aportación de nuevas variables, posibilite complicar las propuestas de nuestro autor y, de esa manera, resolver algunos de los problemas que plantea.

Religión

Podemos decir que hay tres momentos en la historia del pensamiento humano: el *pensamiento mitológico*, el *pensamiento religioso* y el *pensamiento científico*. En el primero, el ser humano inventó dioses a los que dio ya formas de la naturaleza, ya formas humanas con el objetivo de explicar los fenómenos del mundo que no podía entender. En el segundo momento, refinó su pensamiento y ordenó en una serie de ideas complejas de aquello que no podía entender, dejando a un ser "supremo" las decisiones de lo que no era capaz de resolver, como la muerte. El tercer pensamiento, a pesar de haber logrado responder innumerables preguntas que el primero se hacía, ha planteado nuevas interrogantes de las cuales, a su vez, no tiene una resolución; en ese sentido también podría considerarse un "dogma", sin embargo, ninguno de los tres momentos históricos del pensamiento ha logrado responder a las interrogantes más profundas del ser humano.

El pensamiento religioso habla de una forma de trascender en el tiempo, independientemente de la religión que se profese; pues la fe o creencia necesaria por parte de quien practica los ritos, le permite sostener una expectativa por una vida más allá de la muerte, por haber trazado un código de comportamiento, un sentido a la existencia propia y del mundo en que habita. Este pensamiento establece un diálogo del ser con el mundo, uno en el que el ser humano busca respuestas a los misterios, a todo aquello que no alcanza a comprender, como afirma Edgar Morin: "El mundo está en el interior de nuestro espíritu, el cual está en el interior del mundo. En este proceso, sujeto y objeto son constitutivos uno del otro".[1]

La dialéctica del ser y el mundo se encuentra en el corazón de la filosofía alemana de la que parten los trabajos de Hartmut Rosa, y una de las incógnitas que se busca desentrañar es, precisamente, el problema del tiempo. En otras palabras, el misterio del tiempo surge en el diálogo del ser y el mundo y una de las posibles respuestas se encuentra en el pensamiento religioso.

Este diálogo comprende también la relación del ser con otros seres similares a él, con quienes comparte el mismo mundo; el individuo comprende así las nociones de espacio y tiempo como el lugar que habita y la duración de la existencia del espacio que cohabita con otros; sin embargo, la dialéctica es mucho más compleja, pues cuando el aquí y ahora se agotan para el individuo singular, no hay manera de saber qué ocurrirá con el lugar donde habita, ni tampoco con el tiempo, ya no del mundo, sino el de su propia existencia.

> El hecho de poder decir yo, de ser sujeto, es ocupar un sitio, una posición en la cual uno se pone en el centro de su mundo para poder tratarse a sí mismo. Eso es lo que uno puede llamar egocentrismo. Bien entendida, la complejidad individual es tal que, al ponernos en el centro de nuestro mundo, ponemos también a nuestros conciudadanos, y somos incluso capaces de sacrificar nuestras vidas por los nuestros. Nuestro egocentrismo puede hallarse englobado en una subjetividad comunitaria más amplia; la concepción de sujeto debe ser compleja. Ser sujeto, es ser autónomo siendo, al mismo tiempo, dependiente. Es ser algo provisorio, parpadeante, incierto, es ser casi todo para sí mismo, y casi nada para el universo.[2]

El pensamiento religioso ofrece un alivio espiritual para el existente, sin importar la religión que se profese; todas, de un modo u otro, ofrecen el consuelo de una vida más allá de la muerte, desde el budismo panteísta hasta la resurrección cristiana. Incluso, la filosofía griega, aunque no constituye una religión *per se*, consideraba que el espíritu virtuoso participaba, si alcanzaba su perfección, de la eternidad.

---

[1] Edgar Morin, *Introducción al pensamiento...*, p. 69.

[2] Edgar Morin, *op. cit.*, p. 97.

En la dialéctica del ser y el mundo, el espíritu religioso despierta justo en el momento en que cada persona experimenta su finitud, pues, a diferencia de los animales, hace consciente su limitación temporal y desea conservar la posibilidad de continuar existiendo de alguna manera; este deseo de continuidad se observa en los ritos religiosos sobre la muerte.

Una manifestación extrema de la angustia religiosa que surge cuando el ser humano descubre su finitud es el deseo violento de atentar contra la vida de los demás o contra la propia, como una manera de comprobar, empíricamente, la finitud o bien, el deseo de alcanzar la inmortalidad en cualquiera de sus posibilidades. En el fondo, estas manifestaciones son consecuencia de la falta de respuestas frente al misterio de lo desconocido, de lo otro, de lo que es radicalmente distinto al ser:

> Lo que suscita el miedo es lo extraño [...] lo desconocido. El miedo presupone la negatividad de lo completamente distinto [...] El miedo arranca a la existencia de la cotidianidad [...] con el miedo, la existencia se confronta con lo siniestro y desapacible [...] La muerte inscribe en el ente la negatividad del misterio, del abismo, de lo radicalmente distinto.[3]

Mientras el ser humano mantenga la creencia de una temporalidad más allá de su finitud, podrá conservar la esperanza y un desasosiego espiritual. Uno de los efectos que trajo consigo el pensamiento científico de la modernidad consistió en la pérdida de la creencia en alguna temporalidad humana más allá de su finitud, y una de las consecuencias de este fenómeno, a largo plazo, ha sido la aceleración social. En este sentido, podemos comprender que el pensamiento religioso tiene una aportación en términos de aceleración social, pues quizá sólo una persona que tenga confianza en una existencia o forma de trascendencia tras su muerte podrá vivir la vida presente sin la angustia por la no existencia. Dicho de otro modo, una persona que ha perdido la idea de una vida después de su muerte es alguien enfocado en vivir "lo más que pueda" en el mundo presente; en palabras de Byung-Chul Han: "Cada religión, como técnica tanatológica, eliminaría el miedo

---

[3] Cfr. Byung-Chul Han, *La expulsión de lo distinto*, Barcelona, Herder, 2017, pp. 47-50.

a la muerte y produciría una sensación de duración. La desnarrativización general del mundo está reforzando el sentimiento de fugacidad".[4]

La acción ritual en las ceremonias religiosas tiene una importancia fundamental para confirmación de sus valores, pues los actos rituales representan la confirmación de la creencia a la que hace alusión. Todas estas manifestaciones tienen lugar en el tiempo y una duración específica, desde los sacrificios de la antigüedad para conseguir el favor de los dioses, hasta el llamado a la oración que ocurre cinco veces al día en el pensamiento musulmán; todas estas celebraciones separan los momentos de la vida cotidiana para sumergir al celebrante en un tiempo religioso que transcurre objetivamente igual, pero subjetivamente de un modo totalmente distinto. Siguiendo a Han: "El tiempo festivo, al ser un tiempo elevado, *aplaca* el tiempo cotidiano –que sería el tiempo laboral habitual– *deteniéndolo*. Al tiempo festivo le es inherente el esplendor de la eternidad".[5]

Las cinco grandes religiones del mundo tienen como característica común la observación de un rito y alguna celebración conmemorativa; asimismo, exigen un tiempo, aunque sea muy breve, de encuentro espiritual entre la persona y aquello en lo que cree. Así, los budistas toman un tiempo para la meditación en una búsqueda por la conexión vital con el mundo. En el hinduismo, hay numerosos templos para cada una de las millones de representaciones de sus dioses en los que un creyente ofrece un tributo y toca una campana para obtener el favor de la deidad. El islam, además del llamado a la oración cinco veces al día, exige la peregrinación a La Meca al menos una vez en la vida donde, además de beber agua del Zamzam y visitar la Kaaba, se debe asistir a otros lugares santos que fuerzan al individuo a tomar una pausa en sus actividades cotidianas para poder realizarlas. A su vez, el cristianismo fomenta la oración como un medio de entrar en comunión con Dios, además de la confesión y la celebración cíclica del nacimiento, muerte y resurrección de Cristo, como un memorial de la promesa de que habrá una

---

[4] Byung-Chul Han, *Burnout society*, Stanford, Stanford University Press, 2015, p. 18. "Even religions, as thanatotechnics that would remove the fear of death and produce a feeling of duration. The general denarrativization of the world is reinforcing the feeling of fleetingness".

[5] Byung-Chul Han, *La salvación de lo bello*, Barcelona, Herder, 2016, p. 95.

resurrección de las almas al final de los tiempos: "El Sabbath también, una palabra que originalmente significaba parar [*aufhören*], es un día de no-hacer, siguiendo a Heidegger, es un día de hacer todo con el máximo cuidado".[6]

Todas estas manifestaciones espirituales con base en creencias religiosas permiten al ser humano sincronizarse espaciotemporalmente en un aquí y ahora que los distrae de sus actividades cotidianas y le ofrece un momento de serenidad y calma en un temporal de aceleración. El gran acontecimiento religioso tiene una relación con la temporalidad porque asume la finitud de la existencia humana y hace una promesa de eternidad o trascendencia que alivia el miedo natural de la muerte. Cada celebración evoca una historia, tiene una narración, implica tiempo para prepararse y para llevarse a cabo, a la vez que hace un pacto hacia el futuro.

> Cuando se celebra una fiesta, ésta siempre está ahí todo el tiempo. Ése es el carácter temporal de la fiesta: que se 'celebra' sin que ella se desintegre en la duración de momentos que se disgregan unos de otros [...] Durante la fiesta impera otro tiempo. En ella, se ha superado el tiempo como sucesión de momentos fugaces y pasajeros. La celebración de la fiesta suprime el transcurso [...] La esencia de la experiencia temporal del arte es que aprendemos a demorarnos. Ésa es quizá la correspondencia a nuestra medida de lo que llamamos eternidad.[7]

Una de las grandes virtudes que tienen las religiones es que integran comunidades y vinculan a la persona con aquellos misterios de la vida humana cuya respuesta está velada en la comprensión inmediata del mundo. Como hemos mencionado, uno de esos misterios es el problema del tiempo; pensemos en la celebración de la Navidad, la Pascua o el mes del Ramadán, todas ellas celebraciones anuales que remiten a la finitud (el ayuno, la muerte, el nacimiento), pero también a la promesa de una vida futura.

El problema de las sociedades en el siglo xxi es que se han vuelto "no creyentes" y han abandonado el pensamiento religioso, ora porque favore-

---

6 Byung-Chul Han, *Burnout society*..., pp. 33-34. "The Sabbath, too —a word that originally meant *stopping* [*aufhören*]— is a day of not-to; speaking with Heidegger, it is a day of all in-order-to of all care".

7 Byung-Chul Han, *La salvación de lo bello*..., p. 97.

cen el pensamiento científico, ora porque el mundo contemporáneo también ha realizado promesas más realizables y tangibles a corto plazo. La sociedad de consumo aliena un pensamiento del gozo de la vida aquí y ahora, para lo cual había que "profanar lo sagrado", así como eliminar los grilletes de la promesa de eternidad, pues nadie la ha podido constatar como factible.

> ¿Acaso la modernidad no ha sido 'fluida' desde el principio? [la expresión] 'derretir los sólidos', acuñada hace un siglo y medio por los autores del Manifiesto comunista, se refería al tratamiento [de] una sociedad que [se] encontraba demasiado estancada para su gusto y demasiado resistente a los cambios ambicionados [...] y eso sólo podía lograrse derritiendo los sólidos [...] Requería, a su vez, la 'profanación de lo sagrado': la desautorización y la negación del pasado, y primordialmente de la 'tradición', el residuo del pasado en el presente.[8]

La noción de liquidez de Bauman es pertinente, pues el ser humano en el siglo xxi comprende, de alguna manera, que la promesa religiosa de eternidad no está confirmada por ningún sustento científico; no obstante, la sociedad consumista contemporánea tampoco llena el vacío de la angustia existencial por el tiempo finito. Las consecuencias de este fenómeno son la pérdida de la fe religiosa y el desencanto del mundo, siguiendo a Fritz Reheis: "La era moderna, un momento en que las personas comenzaron a perder la fe en su creencia en una vida después de la muerte, cada vez más se ha centrado por completo en esta existencia terrenal. La gente ahora quería vivir la vida al máximo".[9]

La creencia es motor de la razón práctica, ésta es la razón por la que el ser humano del siglo xxi se encuentra perdido estructuralmente, pues quizá se ha extraviado el sentido religioso y se ha desencantado del mundo. Byung-Chul Han explica: "La moderna pérdida de creencias, que afecta no sólo a Dios o al más allá, sino también a la realidad misma, hace que la

---

[8] Zygmunt Bauman, *Modernidad líquida*, México, FCE, 2006, p. 9.

[9] Fritz Reheis, "Liberation from the Turbo Principle...". en Böhme, Hartmut y Hartmut Rosa (eds.), *The Art of Deceleration...* "The Modern Era, a time when people began losing faith in their belief in a life after death, people have increasingly focused entirely on this one earthly existence. People now wanted to live life to the fullest".

vida humana se convierta en algo totalmente efímero";[10] ésta es otra de las causas de la aceleración social.

Resulta paradójico que en nuestro siglo haya dos formas de vida tan radicalmente opuestas, por un lado un fervor religioso muy extremo en algunos casos, y por otro, un ateísmo individualista y consumista brutal. Mientras que algunos aspiran a los privilegios económicos de la vida contemporánea, otros ni siquiera se percatan de circo en que se ha convertido el mundo.

> Hoy el tiempo elevado ha desaparecido por completo en beneficio del tiempo laboral, que se totaliza. Incluso el descanso queda integrado en el tiempo laboral: no es más que una breve interrupción del tiempo laboral en la que uno descansa del trabajo para luego volver a ponerse por entero a disposición del proceso laboral. Por eso no mejora la calidad del tiempo.[11]

Si en la antigüedad el ciclo de la vida consistía en trabajar con el fin de conseguir el sustento necesario para la continuación de la vida y realizar ritos religiosos para la obtención del favor divino; el circo de la era contemporánea consiste en trabajar mucho y aceleradamente para mantener un estilo de vida que ofrezca la gratificación de una felicidad instantánea y permita mantener la salud suficiente para disfrutarla el tiempo que le haya sido asignado. Aunque se ha cuestionado la centralidad del trabajo desde la posmodernidad, el mundo actual aún gira en torno a él.

Las grandes religiones no han desaparecido desde que fueron fundadas, no obstante, han perdido adeptos a lo largo del tiempo por la proliferación de sectas cuyas variables son explotadas para la obtención de más seguidores. Parece que cada vez hay más iglesias que fieles en las mismas, y esto sólo puede significar dos cosas: las personas siguen necesitando una respuesta al significado de la existencia y la sociedad contemporánea ha logrado convertir en producto hasta la creencia religiosa.

Ahora bien, a pesar de la transformación que ha sufrido la creencia en el mundo tardomoderno del siglo xxi, sigue siendo fundamental para la búsqueda de la felicidad y una buena vida el salto de fe; es decir, la creencia

---

[10]   Byung-Chul Han, *La sociedad del cansancio...*, p. 46.

[11]   Byung-Chul Han, *La salvación de lo bello...*, p. 96.

auténtica en aquellos misterios que el ser humano no ha logrado ni nunca logrará desentrañar del todo. Es relevante para el presente trabajo lo que la *religión*, así entendida, puede aportar no solamente como un elemento capaz de desacelerar la vida contemporánea, sino como una *estrategia* y una variable para *sincronizar* el ritmo de la vida de cada persona.

Estrategia

La noción de *estrategia* es una constante en la obra de Hartmut Rosa, pero no es desarrollada como un elemento central de la teoría, solamente se menciona como aspecto integrado de la aceleración en el siglo xxi y como potencial resistencia desaceleratoria; por consiguiente, se ha de comenzar por definir qué debemos entender por estrategia para otorgarle un papel preponderante en la teoría.

Se trata de una acción compleja que "surge trabajando con y contra lo incierto, lo aleatorio, el juego múltiple de las interacciones y las retroacciones [...] [pues] la complejidad se presenta con los rasgos inquietantes de lo enredado, de lo inextricable, del desorden, la ambigüedad [y] la incertidumbre";[12] en otras palabras, cuando se presentan fenómenos como la aceleración social, se requiere de acciones estratégicas específicas para contrarrestar lo enredado, inextricable, azaroso y ambiguo. La estrategia se convierte en una oportunidad de aprovechamiento de los impulsos aceleratorios, si bien es verdad que no es posible estar preparado para cualquier tipo de eventualidades, es necesario estar atento para inclinar las velas como el viento venga. En ese sentido, podemos definirla como *aprovechamiento del entorno para obtener el estado de cosas deseado*.

Los seres humanos suelen planear o programar sus actividades cotidianas y establecer estrategias para conseguir los objetivos planteados, pero en algunas ocasiones las circunstancias cambian, pues "la acción escapa a nuestras intenciones". Se diferencia del programa que implica la ejecución

---

[12] Edgar Morin, *Introducción al pensamiento...*, p. 115.

de las actividades planeadas de inicio a fin aun cuando pueda no llevar al resultado deseado; en cambio, la estrategia permite la modificación espontánea de las actividades planeadas con el objetivo específico de alcanzar la meta trazada, es decir, trabajar sobre la marcha: "La palabra estrategia se opone a la palabra programa. Para las secuencias que se sitúan en un ambiente estable, conviene utilizar programas. El programa no obliga a estar vigilante. No obliga a innovar".[13]

Esta flexibilidad que permite la estrategia la convierte en un elemento central en la teoría de la aceleración social, pues el mismo Hartmut Rosa comprende que, en sus orígenes, la aceleración social funcionaba como una estrategia para destacar frente a potenciales rivales: "La aceleración social es la consecuencia de un principio antropológico o incluso biológico transhistórico. La velocidad es una estrategia exitosa de supervivencia, un imperativo biológico de reducción del esfuerzo: ser rápido es ahorrar energía. La velocidad siempre ha sido la ventaja y el privilegio del cazador y del guerrero".[14]

Los seres humanos en la cotidianeidad buscan hacer las cosas lo más rápidamente posible para ahorrar tiempo que permita hace otras cosas. Además, en algún tipo de actividades, como pueden ser las deportivas, la velocidad juega un papel aún más importante.

Desde los orígenes de la aceleración social, es decir, la Revolución Industrial, vivir deprisa se convirtió en una necesidad de supervivencia y aprovechamiento de los recursos; el tiempo se convirtió en oro y la velocidad en la herramienta más eficaz para adquirirlo, tal como lo dicta el motor económico de la teoría de Hartmut Rosa:

> El tiempo que una persona dedica al trabajo profesional, a la familia, a las actividades de ocio y al bienestar físico depende de sus rutinas diarias, de su perspectiva de vida y de su estimación de lo que está 'en sintonía con los tiem-

---

[13] *Idem.*

[14] Hartmut Rosa, *High-speed Society…*, p. 7. "Social acceleration is the consequence of a transhistorical anthropological or even biological principle. Speed is a successful strategy of survival, biological imperative of effort reduction: to be fast is to save energy. Speed has always been the advantage and the privilege of the hunter and the warrior".

pos'. Las divergencias duraderas en las perspectivas obligan a uno a adoptar estrategias de adaptación: se cambia la rutina diaria o se redefine el objetivo de vida a largo plazo. La posibilidad de una alteración estratégica de los patrones temporales (ritmos, secuencias, velocidades, requisitos de sincronización) y las perspectivas de una época determinada sólo entran en la conciencia de los actores en situaciones excepcionales.[15]

En este sentido, se cumple una de las sentencias de uno de los maestros de Hartmut Rosa, Paul Virilio, con respecto al inicio de la era de la "dominación del más rápido". La vida cotidiana en el siglo XXI se ha convertido en una estrategia para el aprovechamiento del tiempo donde los más avezados conseguirán mayores beneficios, particularmente económicos; sin embargo, el motor económico no es el único que está presente en la teoría de la aceleración social, pues las personas no sólo persiguen ese fin. Recordemos también el motor cultural que tiene sus raíces en el deseo del ser humano por una vida eterna o una trascendencia.

> Si continuamos incrementando la velocidad de la vida, podríamos eventualmente vivir una multiplicidad, o hasta una infinidad de vidas, dentro de un sólo periodo vital al realizar todas las opciones que las definirían. La aceleración sirve como estrategia para borrar la diferencia entre el tiempo del mundo y el tiempo de nuestra vida.[16]

Es lógico pensar que los siglos XVIII y XIX fueran muy positivos con respecto a los avances técnicos de su época; en efecto, la aceleración social se podía considerar como una estrategia para alcanzar la buena vida terrenal, lo que sería casi equivalente a tener una vida eterna: vivir más rápido sirve como una estrategia para disminuir la distancia entre el tiempo del mundo y el tiempo de la vida. Si vivimos el doble de rápido, podemos realizar el

---

[15]   Hartmut Rosa, *Social Acceleration…*, p. 9. "How much time someone spends on professional work, family, leisure activities, and physical well-being depends on her daily routines, her life perspective, and her estimation of what is 'in step with the times'. Enduring divergences in perspectives force one to adopt strategies of adaptation: either the daily routine get changed or the long-term life goal is redefined. The possibility of a strategic alteration of the temporal patterns (rhythms, sequences, speeds, synchronization requirements) and perspectives of a given epoch only enters the consciousness of actors in exceptional situations".

[16]   Hartmut Rosa, *Alienación y aceleración…*, p. 49.

doble de opciones mundanas y de esa manera, vivir dos vidas en una. La aceleración puede servir así como un equivalente funcional a la eternidad.

> Las aceleraciones representan la estrategia más prometedora, de hecho, la única que tenderá a reunir de nuevo el tiempo del mundo y el tiempo de la vida propia. Los patrones culturales de significado y las orientaciones subjetivas de acción son su punto de apoyo causal, lo que significa que impulsa el proceso de aceleración a través del deseo de aumentar el ritmo de la vida para aumentar el número de episodios de acción y experiencia por unidad de tiempo y, por lo tanto, ahorrar fuentes de tiempo para esta propuesta.[17]

Todavía hacia finales del siglo xx, con el advenimiento de internet y su promesa en el aumento de la aceleración tecnológica, la aceleración del cambio social sería vista de modo muy positivo, pues permitiría el ahorro de tiempo, la maximización de las ganancias y la posibilidad de vivir más vidas en una sola, y al tener más tiempo y dinero, se genera la idea del poder infinito.

> El capital se puede interpretar como tiempo condensado, pues el dinero permite hacer que otros trabajen para uno. El capital infinito genera la ilusión de un tiempo infinito. La acumulación del capital trabaja contra la muerte, contra la falta absoluta de tiempo. En vistas al tiempo limitado de vida, uno acumula tiempo de capital.
>
> La alquimia tiene por objeto la transmutación de un metal corriente en un metal noble. El plomo es el metal corriente por excelencia. Quedará asociado a Saturno, el dios del Tiempo. En la Edad Media, a menudo se representaba como un anciano con una guadaña y un reloj de arena, es decir, como símbolo de la caducidad y la muerte. La transformación de la alquimia del plomo en oro equivale al intento de sustraerse del tiempo y la caducidad a favor de la infinitud y la inmortalidad. El *aurum potabile* promete la juventud eterna. La superación de la muerte está en el centro de la imaginación alquimista, y a su vez de la

---

[17] Hartmut Rosa, *Social Acceleration...*, p.183. "Accelerations represents the most promising indeed the only strategy that will tend to bring together again the time of the world and the time of (one´s own) life. Cultural patterns of meaning and subjective action orientations are its causal foothold, which means that it drives the acceleration process through the desire to heighten the pace of life in order to increase the number of episodes of action and experience per unit of time and hence to save time sources for this propose".

economía capitalista, cuya histeria de crecimiento y acumulación alimenta. Desde esta perspectiva, la bolsa es el *vas mirabile* del capitalismo moderno.[18]

El escritor y poeta estadounidense Ralph Waldo Emerson, en un ensayo titulado *Prudence*, menciona que "la seguridad radica en la velocidad". La velocidad ocupó el puesto más importante de la lista de los valores de supervivencia, sobre todo en los inicios de la industrial de la primera democracia capitalista del mundo como plantea Bauman: "En ausencia de una seguridad a largo plazo, la 'gratificación instantánea' resulta una estrategia razonablemente apetecible".[19]

Pero como se ha señalado en la teoría de la aceleración social, un crecimiento sostenido es por completo inviable sin consecuencias funestas; una persona o un árbol no pueden crecer de manera indefinida, una empresa no puede producir interminablemente sus productos, hay fuerzas naturales y también sociales que lo impedirán, pues cuando una herramienta atenta contra el principio para el cual fue creada, se vuelve contraproductiva.

Asimismo, Zygmunt Bauman, el sociólogo judío de origen polaco, comenta que "el pensamiento requiere pausas y descansos, exige que 'nos tomemos nuestro tiempo' y recapitulemos los pasos que hemos dado, observando cuidadosamente el lugar al que arribamos y evaluando la sensatez que nos llevó hasta allí. Pensar nos distrae de la tarea del momento, que es correr y mantener la velocidad",[20] esas pausas desaceleratorias son poco frecuentes aún en la cotidianidad contemporánea.

Ya se ha expuesto que la desaceleración social es una consecuencia producida por la aceleración misma; del mismo modo, los motores económico, cultural y estructural producen consecuencias como la aceleración del ritmo de la vida. Una producción más grande implica, por ejemplo, mayor cantidad de horas de trabajo y atenta supervisión; un descuido en la cadena podría repercutir en pérdidas económicas muy importantes, no sólo por las piezas defectuosas originadas por la falta de atención de un supervisor,

---

[18] Byung-Chul Han, *Topología de la violencia*, Barcelona, Herder, 2016, p. 37.

[19] Zygmunt Bauman, *Modernidad líquida*..., p. 172.

[20] *Idem.*

sino por el "tiempo perdido" por detener la marcha y corregir el error: "El aumento de carga de trabajo requiere una particular técnica de administración del tiempo y la atención. *Multitasking* no significa un progreso para la civilización; se trata más bien de una regresión. Es una técnica de atención imprescindible para la supervivencia en la selva".[21]

Por su lado, el filósofo alemán de origen coreano, Byung-Chul Han, critica la sociedad contemporánea por ser del rendimiento y tener agotada a su población por exigirle estar alerta permanentemente en todos los ámbitos de su existencia, particularmente en el laboral: "La hiperatención se caracteriza por un acelerado cambio de foco entre diferentes tareas, fuentes de información y procesos".[22]

Las consecuencias de un exceso de positividad en la moderna era de la aceleración, como señala Han, van más allá de las enfermedades por aceleración social, que ya de por sí constituyen un problema muy serio; prevé problemas económicos, culturales y estructurales, tanto en los ámbitos personales como institucionales, debido a que la gente dejará de trabajar y ser eficiente, modificará su vida de manera radical y no podrá ajustarse a los nuevos estándares de rendimiento. En ese sentido, resulta sumamente importante la diferencia entre estrategia y programa, pues si el mundo tardo-moderno continúa con la tendencia programada del crecimiento económico y el rendimiento institucional, terminará por quebrantar a sus habitantes: "Se reacciona justo con mecanismos como la hiperactividad, la histeria del trabajo y la producción. También la actual aceleración está ligada a esa falta de *Ser*. Aquella sociedad en la que todo aquel que sea apto para el ocio es un ser libre, sino más bien una sociedad de trabajo, en la que el amo mismo se ha convertido en esclavo del trabajo".[23]

El modo de vida de las ciudades en el mundo contemporáneo se asemeja, análogamente, al modo de vida del conejo blanco de *Alicia en el país de las maravillas* del matemático y escritor británico, Lewis Carroll, pero combinado con el de un zombi: demasiado vivo para estar muerto y demasiado

---

[21]   Byung-Chul Han, *La sociedad del cansancio...*, p. 33.

[22]   *Ibid.*

[23]   *Ibid.*, p. 48.

apresurado para tener vida: "La pura actividad sólo prolonga la ya existente. Vacilar es indispensable para que la acción no decaiga al nivel del trabajo. La aceleración suprime cualquier entre-tiempo".[24]

Parece evidente la necesidad por dar una pausa a nuestra existencia, encontrar espacios libres de ocio que permitan recuperar la noción de tiempo, espacio y libertad en un mundo desenfrenado donde nadie voltea a ver a nadie, nadie se preocupa por nadie y lo más importante es la eficacia en la fórmula costo-beneficio. "La racionalidad es más lenta que la emocionalidad. La racionalidad es, en cierto modo, sin velocidad. De ahí que el impulso acelerador lleve a la dictadura de la emoción. Hoy no consumimos cosas, sino emociones".[25]

Es verdad que la aceleración social jugó un papel muy importante como programa durante los siglos XVIII y XIX, pues permitió el crecimiento y el bienestar de muchas poblaciones desarrolladas alrededor del mundo; sin embargo, desde las guerras mundiales y finales del siglo XX, se ha convertido en una herramienta contraproductiva que se aceleró más con la aparición de internet en la moderna era digital. El día de hoy sabemos que "la aceleración no agrega ninguna cualidad nueva a los movimientos que no siguen una dirección ni tienen unos objetivos claros".[26]

La noción de estrategia vuelve a cobrar relevancia. No se trata de revertir los procesos de la modernidad o desaparecer el fenómeno de aceleración; apuntaría más bien a convertirla en una estrategia que cambie su dirección, con el fin de que cobre un sentido más humano y mucho más inteligente que el programa actual que habla de un progreso positivo sin finalidad ni fundamento. No podemos olvidar: las acciones cotidianas afectan el mundo donde habitamos y, al mismo tiempo, el mundo que vamos construyendo afecta también nuestro modo de interactuar con él.

> Una de las ideas centrales de Hegel es que el trabajo no sólo transforma el mundo, sino también al sujeto trabajador. El trabajo ayuda al esclavo a acceder

---

[24] *Ibid.*, p. 55.

[25] Byung-Chul Han, *Psicopolítica*, Barcelona, Herder, 2014, p. 72.

[26] Byung-Chul Han, *El aroma del tiempo*, Barcelona, Herder, 2016, p. 52.

a una conciencia superior que lo eleva por encima de la vida animal. El trabajador y el consumidor están relacionados. Consumen el tiempo. Marx distingue entre el trabajo alienado y el trabajo libre, que la liberación del trabajo sólo sirve en relación al trabajo alienado.[27]

El pensamiento alemán de los siglos XVIII y XIX siempre fue crítico respecto a la manera en que las instituciones modificaban el modo de vida de la población. El ser-en-el-mundo heideggeriano es un orden complejo, un sistema autopoiético que se impulsa a sí mismo; en ese sentido, es fundamental que el impulso conduzca a un lugar deseable y no sólo impulsar para mover sin dirección ni sentido.

Cuando Bauman escribió *modernidad líquida* centró la atención de su análisis sociológico en aspectos que no parecían provenir de la sociedad de su tiempo, sino de otra que aún no existía; sin embargo, hoy nos damos cuenta de que su trabajo refería a un futuro próximo que ya estamos viviendo:

> El individuo se somete a la sociedad y esta sumisión es la condición de su liberación. Para el hombre, la liberación consiste en liberarse de las fuerzas físicas ciegas e irracionales; lo que consigue oponiéndoles la enorme e inteligente fuerza de la sociedad, bajo cuya protección se ampara. Poniéndose bajo el ala de la sociedad se vuelve, en cierta medida dependiente de ella. Pero se trata de una dependencia liberadora, no hay contradicción en ello.[28]

En la primera parte del libro comentamos que el ser humano se adapta con relativa facilidad a su entorno; ésa es la razón por la que la aceleración social ha pasado, durante varios siglos, casi desapercibida. Sólo alguien observador, capaz de resistir las fuerzas sociales, con deseo por construirse una buena vida y con la inteligencia suficiente para planear una estrategia, podrá ser considerada una persona estratégicamente emancipada.

Bauman afirma: "Las personas simplemente les disgusta la idea de ser libres y que, dados los sinsabores que el ejercicio de su libertad podría im-

---

²⁷ *Ibid.*, p. 143.

²⁸ Émile Durkheim, *De Sociologie et philosophie (1924)*, citado por Zygmunt Bauman, *Modernidad líquida...*, p. 172.

plicar, rechazaban la perspectiva de su emancipación".[29] A los habitantes de las grandes urbes del siglo XXI les vendría muy bien una auténtica estrategia de emancipación que contemple los aspectos aceleratorios y desaceleratorios que rigen a la sociedad contemporánea.

Anteriormente, mencionamos que la aceleración social fue una estrategia positiva en los primeros años de la Revolución Industrial, pero se ha vuelto contraproductiva, en los primeros años del siglo XXI. Se han propuesto lo que podríamos denominar estrategias de desaceleración social; no obstante, debemos tener cuidado, a causa de la complejidad del fenómeno, de no convertir a la nuestra en una suerte de sociedad aletargada, lenta y disfuncional. "La complejidad no es una receta para conocer lo inesperado. Pero nos vuelve prudentes, atentos, no nos deja dormirnos en la mecánica aparente y la trivialidad aparente de los determinismos. El pensamiento complejo [...] sabe que no podemos programar el descubrimiento, el conocimiento, ni la acción".[30]

Inicialmente, bajo la perspectiva de Hartmut Rosa, la desaceleración social se mostraba como una estrategia para contrarrestar la aceleración social; sin embargo, como ya hemos visto, no son fuerzas en balance, sino que la primera produce irremediablemente a la segunda. Algunas de las estrategias propuestas pueden beneficiar temporalmente a una persona acelerada, pero no cambian la cultura, el ambiente ni la estructura que las contiene: "Monasterios o cursos de meditación, técnicas de yoga, etc., que pertenecen a esta categoría en la medida en que están destinadas a servir al objetivo de hacer frente a la vida acelerada del lugar de trabajo, las relaciones o la rutina diaria".[31]

El problema con estas técnicas desaceleratorias es que nunca podrán modificar las estructuras de aceleración del mundo contemporáneo; no obstante, tienen relevancia parcial pues permiten pequeñas pausas, aunque,

---

[29] *Ibid.*, p. 23.

[30] Edgar Morin, *Introducción al pensamiento...*, p. 117.

[31] Hartmut Rosa, *Acceleration...*, p. 87. "Monasteries or courses in meditation, yoga techniques, and so on as belonging in this category insofar as they are meant in the end to serve the goal of coping with the swift-paced life of the workplace, relationships, or everyday routine".

como algunos críticos señalan, pueden también sólo alimentar impulsos de aceleración. Esto último sucedería, por ejemplo, si después de acudir a una clase de yoga debo tomar mi vehículo para conducir a mi casa y paso más de una hora en el tránsito, en medio del mundanal ruido; así, el pequeño espacio de desaceleración se podría convertir en una necesidad enfermiza y fuente de mayor frustración.

Considerando lo anterior, sólo una estrategia de desaceleración integral podría tener efectos más duraderos y eficaces, la cual ha de constituir un cambio cultural individual que, a la postre, podría devenir en resonancia si otras personas adoptan un nuevo estilo de vida. Si al salir de la clase de yoga tomo una bicicleta o camino a mi casa, o si en lugar de prender el televisor dedico una hora a cuidar un huerto o a jugar con mis hijos, los efectos y las consecuencias de estas técnicas de desaceleración serán más eficaces.

La clave para que las técnicas desaceleratorias tengan sentido consiste en convertirlas en estilo de vida; del mismo modo en que Hartmut Rosa ha demostrado que la aceleración tecnológica y la aceleración del cambio social han modificado el ritmo de la vida, una estrategia eficiente de desaceleración social podría reducir significativamente el ritmo de vida de una persona más emancipada de la sociedad: "El arte de la desaceleración es, por lo tanto, más que una crítica cultural: es un recurso para la configuración sostenible del futuro".

Hay muchos aspectos de la vida cotidiana que pueden ayudar como técnicas desaceleratorias. Lo importante es saber observar y tener paciencia, ambas virtudes poco atractivas y difíciles de desarrollar en el mundo actual. El pensamiento, la contemplación, el ocio, la convivencia, la lectura son parte natural y casi olvidada de la vida del hombre, como afirma Han: "Sólo la necesidad obliga al trabajo, de ahí que sea necesario. El ocio, en cambio, abre un espacio sin necesidad ni preocupaciones, libre, al margen de las necesidades de la vida".[32]

Desgraciadamente la procrastinación y el ocio son actividades estigmatizadas por las sociedades contemporáneas, "tener ocio es un signo de

---

[32] Byung-Cul Han, *El aroma del tiempo...*, p. 124

apatía [...] el ocio no tiene que ver con no hacer nada, sino que es más bien lo contrario".[33] Una persona ociosa es capaz de innovar y crear; podríamos encontrar el mejor ejemplo en Tomás Alba Edison quien, si bien no inventó nada o casi nada, es de sobra conocido porque elaboró grandes cambios a los aparatos tecnológicos de sus rivales, desde la electricidad hasta la radio y la televisión, mismos que permitieron acelerar el cambio social de modo vertiginoso en el siglo xx.

Byung-Chul Han, quien puede considerarse uno de los críticos más fervientes de la teoría de Hartmut Rosa, plantea que las técnicas desaceleratorias "no son capaces de acabar con la crisis temporal contemporánea. En realidad, no hacen más que esconder el verdadero problema".[34] Se refiere a un auténtico cambio estructural que dé prioridad a la vida contemplativa por encima de la vida activa, y esta última, en su opinión, ha inundado el ritmo de nuestros días: "La *vita activa* sigue siendo una fórmula opresora siempre y cuando no integre en sí la *vita contemplativa*".[35]

En otra de sus obras, Han utiliza la metáfora del aroma como un elemento que permite la reconexión del ser con el tiempo del mundo, ya que, a diferencia de las imágenes, los aromas no pueden acelerarse, por el contrario, permiten detenerse en la sensación, concentrarse, gozar e incluso recordar algún momento o lugar; no en vano se dice que el olfato es el sentido humano con mayor relación con la memoria, y la memoria es lo que permite a los objetos permanecer en el tiempo: "Ocultar, retardar y distraer son también estrategias espacio-temporales de lo bello. El cálculo de lo semioculto genera un brillo seductor".[36]

En este sentido, la obsolescencia programada juega un papel de suma importancia como motor estructural de la aceleración social, pues al no poder permanecer mucho tiempo, los objetos pierden valor intrínseco, se reducen al mero uso que se hace de ellos y, si se fabrican intencionalmente con baja calidad, al comenzar su obsolescencia, pierden su historia. La

---

[33] *Ibid.*, p. 126.

[34] *Ibid.*, p. 11.

[35] *Ibid.*, p. 141.

[36] Byung-Chul Han, *La salvación de lo bello...*, p. 45.

economía basada en el consumo sucumbiría si de pronto la gente empezara a embellecer las cosas, a protegerlas frente a la caducidad, a ayudarlas a lograr una duración.

Regresando al tema central de este apartado, la estrategia cobra relevancia como una técnica que permite combinar de manera eficiente la aceleración y la desaceleración de los procesos, y logra ralentizarlos o acelerarlos, según convenga a los objetivos trazados. De esa forma, requiere una dirección o sentido, una intencionalidad, una planeación y un sentido de improvisación, como ocurre en la fábula de Aquiles y la tortuga:

> La paradoja de Zenón que involucra a Aquiles y la tortuga [...] El éxito es una cuestión de ser medido, en este caso la relación medida con la que la velocidad y la lentitud entran en juego. El arte de la desaceleración es, por lo tanto, una solución actualizada, Hay mucho que no se puede acelerar. El embarazo es un ejemplo. Puedes intentar optimizar el sueño pero no puedes dormir más rápido. ¿Se pueden acelerar los sentimientos? Cuando lo intentamos, pagamos el precio en términos de nuestra salud [...] proceso de aflicción. El amor, el sexo o la comunicación se pueden marcar rápidamente, pero nadie ha estado nunca satisfecho, y mucho menos feliz con el resultado. El fracaso se programa cuando uno intenta hacer las cosas más rápido de lo que es bueno para la tarea o para uno mismo. Ha sido evidente durante mucho tiempo que experimentar mucho a un ritmo demasiado rápido no significa una abundancia de experiencias, sino una mejora.[37]

Una auténtica estrategia entre aceleración y desaceleración se puede observar en el equipo de futbol Real Madrid cuando jugaba Cristiano Ronaldo: el club defendía desinteresadamente, prestaba el balón al rival sin apresurarse, pues la estrategia consistía en que, cuando de improvisto roba-

---

[37] Cfr. Hartmut Böhme, "Do We Want to...", en Hartmut Böhme y Hartmut Rosa (eds.), *The Art of Deceleration*... "Zeno´s paradox involving Achilles and the tortoise [...] Success is a question of being measured, in this case the measured relationship that speed and slowness enter into. The art of deceleration is thus an up-to-date solution. There is much that cannot be accelerated. Pregnancy is one example. You can try to optimize sleep but you cannot sleep faster. Can feelings be accelerated? When we try, we pay the price in terms of our health [...] grieving process. Love, sex or communication can be quickly checked off, but no one has ever been satisfied, let alone happy with the result. Failure is programmed when one tries to do things faster than is good for the task or for oneself. It has been evident for a long time that experiencing much at too fast a pace does not mean an abundance of experiences, but an improvement".

ban el balón, salían los delanteros y medios rápidamente al contraataque. Si la técnica es eficiente y tienes a un jugador con esas características de inteligencia y aceleración de tu lado, el objetivo del juego, que consiste en meter goles, termina por significar numerosos campeonatos para el equipo.

En un ejemplo similar, una jugada de engaño en el futbol americano consiste en aparentar lentitud por parte de la línea ofensiva para bloquear el acceso al mariscal de campo, dejando pasar a la línea defensiva; de este modo, lentamente, la línea ofensiva genera un nueva cortina de bloqueadores que saldrán a abrir el espacio al corredor cuando el mariscal le lance un pase corto por encima de los sorprendidos defensas que, por más rápido que puedan reaccionar, no alcanzarán al corredor si la jugada es ejecutada con éxito.

La estrategia necesita perspicacia para llevarse a cabo de modo eficaz, además de observación y oportunidad, pues aunque tengas planeada la jugada, no podrás ejecutarla en más de un par de ocasiones en el partido y sólo en el momento oportuno de acuerdo con las circunstancias del encuentro: "Sin embargo, hay perspicacia, una sagacidad moldeada por el conocimiento y la reflexión que requiere mucho tiempo para adquirir. La perspicacia tiene que ver con la madurez".[38]

Esta perspicacia sólo es posible si la persona tiene la capacidad de observación, atención, reflexión y acción adecuadas, en otras palabras, si tiene una estrategia de acción. Una vida activa sin una vida contemplativa sería eufórica, y una vida contemplativa sin una vida activa no tendría sentido porque le faltaría la aplicación social; en este problema se centraron los pensadores alemanes desde Hegel hasta Marx, Heidegger, Arendt y ahora Hartmut Rosa: "Arendt admite que el futuro del mundo depende del poder del ser humano para actuar, y no de su poder de pensar, el pensamiento todavía tiene que ver con el futuro de la humanidad porque supera todas las demás actividades de la vida activa en su capacidad de acción".[39]

---

[38] *Idem.* "However, there is acumen, a sagacity shaped by knowledge and reflection that requires a great deal of time to acquire. Acumen has to do with maturity".

[39] Byung-Chul Han, *Burnout society...*, p. 20. "Arendt concedes that the world´s future depends on the power of human being to act, and not on their power of think, thinking still bears on

Si bien para cada uno de estos autores la concepción de la vida era distinta, pues cada uno de ellos vivió una realidad más o menos diferente a la de los otros, todos son hijos de su tiempo y nos muestran una parte de la realidad que los habitantes del siglo xxi debemos considerar como antecedente del mundo que nos tocó vivir. Ahora bien, en mayor o menor medida, de modo directo o indirecto, la dicotomía ser-mundo se encuentra permeada en su filosofía: "La estrategia temporal de Heidegger se basa en devolver al tiempo su anclaje, su significatividad, proveerlo de un nuevo sostén, volver a integrarlo en una trayectoria histórica".[40]

Para Heidegger, la estrategia consistiría en cambiar la idea contemporánea del "no tengo tiempo para nada" en una visión nueva que implique "siempre tengo tiempo"; es decir, una estrategia de duración que permita recuperar el del dominio a partir de un cambio de estrategia existencial de ser sí-mismo: "Aquel que existe en forma propia siempre dispone de tiempo. Siempre tiene tiempo porque él mismo es tiempo. No pierde el tiempo, porque no se pierde".[41]

Una estrategia sólo tiene sentido si el objetivo al que se dirige está bien definido, si una persona avanza por la vida sin saber bien cuál es la dirección de sus pasos; siguiendo a Byung-Chul Han, corre mayor riesgo de acelerarlos inútilmente. Pensemos, por ejemplo, en un laberinto: caminar más rápido no le servirá de nada a un individuo que se encuentre adentro, a menos que sepa exactamente cuál recorrido llevar, o bien, una estrategia que le permita llegar a la salida. Así, "la aceleración cobra sentido sólo en virtud de una meta. Todo lo que, al contrario, se muestra sin dirección, todo lo que oscila en sí mismo o está pleno, es decir, todo lo que no es teleología ni un proceso, no sucumbe a la presión de la aceleración".[42]

Otros autores verían en la estrategia una capacidad de "poder" o "autoafirmación" que permitiría a la persona una auténtica emancipación; de

---

the future of humanity because it surpasses all other activities on the vita active in its sheer capacity for action".

[40] Byung-Chul Han, *El aroma del tiempo...*, p. 96.

[41] *Ibid.*, p. 97.

[42] *Ibid.*, p. 112.

acuerdo con Michel Foucault: "Poder significa juegos de estrategia".[43] La estrategia facilita al individuo re-apropiarse del tiempo y trazar una dirección o sentido a su existencia.

Aunque Jürgen Habermas no habla propiamente de estrategia, su idea de *acción dramatúrgica* en la *Teoría de la acción comunicativa* podría considerarse como tal, pues

> desde el punto de vista de la acción dramatúrgica, entendemos una interacción social como un encuentro en que los participantes constituyen los unos para los otros un público visible y se representan mutuamente algo [...] Una representación vale para que el actor se represente ante los espectadores de un determinado modo; al dejar trasparecer algo de su subjetividad, el actor busca ser visto y aceptado por el público de una determinada manera.[44]

Es por lo anterior que decimos que la estrategia es necesariamente voluntaria e inteligente.

A su vez, una consecuencia a largo plazo de una estrategia personal frente a la aceleración social tendría que ser la recuperación del tiempo de la vida del ser humano, tanto en su aspecto existencial como perceptual. La eliminación de la sensación de que el tiempo de la vida se nos escapa con velocidad de entre las manos, la satisfacción de entablar relaciones con los demás, si no más duraderas, objetivamente hablando, al menos sí más significativas. Ahora bien, el cumplimiento de esta utopía es sumamente complejo y requerirá analizar cada uno de estos puntos.

Resonancia

A diferencia de la *religión* y *estrategia* que, a pesar de no formar parte directa de la teoría de la aceleración social, sí son mencionadas de alguna manera en la obra; la noción de *resonancia* no ocupa ningún espacio en los escritos

---

[43] Cfr. Michel Foucault, *Freiheit und Selbstsorge, Interwie 1984 und Vorlesung 1982*, Frankfurt del Meno, Materialis, 1985, p. 25.

[44] Jürgen Habermas, *Teoría de la acción comunicativa I (Racionalidad de la acción y racionalización social)*, México, Taurus, 2007, p. 131.

anteriores de Hartmut Rosa; sin embargo, en el año 2019 se publicó en inglés un nuevo trabajo que adopta precisamente esta temática *Resonance: a Sociology of Our Relationship to the World*.

Desde la perspectiva de nuestro autor, esta obra representa una respuesta a algunas de las críticas que ha recibido su trabajo en los primeros años de su estudio, necesaria para aquellas personas interesadas en su propuesta; "si la aceleración es el problema, la solución es la 'resonancia'", se escribe en la sinopsis del libro. Las ideas expresadas en este apartado tienen como base la conferencia que dictó el sábado 13 de octubre en el marco de la xviii Feria Internacional del Libro del Zócalo en la Ciudad de México y la oportunidad que tuvimos de conversar con él durante una comida el domingo 14 de octubre, después de realizar otra conferencia en la que hablaría de su teoría de la aceleración social. Asimismo, serán acompañadas por propuestas de otros autores que ayudarán a comprender mejor la idea de resonancia y su importancia como complemento a la teoría que estamos describiendo.

Cuando Hannah Arendt escribió *La condición humana*, habló en concreto del ser humano en el siglo xx y su, por fortuna, fallido intento por imponer ideologías de Estado; sin embargo, también se aproximaba a una descripción del ser humano poco deseable para el futuro. La diferencia substancial entre el *animal laborans* (animal de carga) y *homo faber* (artífice de instrumentos) se ha perdido a lo largo de los primeros años del presente siglo, la sociedad del cansancio a la que alude Byung-Chul Han describe a una sociedad que, lejos de aspirar a una buena vida, como es de esperar gracias al avance de la tecnología en el uso del potencial del *homo faber*, se ha convertido en un *animal laborans* que se explota a sí mismo.

El principal problema del *animal laborans* es que dedica toda su existencia al trabajo, pues tiene que poner a su servicio el esfuerzo y capacidad física completa, a diferencia del *homo faber*, que genera instrumentos puestos a su disposición para facilitar sus labores; al poner al servicio del trabajo su ser entero, el *animal laborans* no tiene posibilidad de detenerse a pensar, la vida se le escapa trabajando, lo que nos lleva a una nueva diferencia entre *vida activa* y *vida contemplativa*. El ser humano del siglo xxi, como ya se ha descrito antes, no opone resistencia al sistema, sino consume; no se detiene a pensar, sólo trabaja; no suele pensar que las cosas pueden ser peores, siempre cree en el mejor futuro, pero no se esfuerza por cambiarlo: "La vida guiada por el trabajo es una *vida activa*, que está absolutamente apartada de la *vita contemplativa*. Si el hombre pierde toda capacidad contemplativa se rebaja a *animal laborans*".[45]

El ser humano del siglo xxi, como el hámster en su rueda, da vueltas sin percatarse de lo absurdo de su labor; ha perdido totalmente la brújula, el sentido del tiempo y de su existencia:

> En el aforismo de Nietzsche titulado *El principal defecto de los hombres activos* se puede leer: 'A los activos les falta habitualmente la actividad superior: me refiero a la individual. Son activos como funcionarios, comerciantes, eruditos, es decir, como seres genéricos, pero no como personas singulares y únicas [...] los activos ruedan como rueda la piedra, conforme a la estupidez de la mecánica'.[46]

De aquí la importancia que algunos autores alemanes desde Nietzsche hasta Byung-Chul Han, pasando, evidentemente por Hannah Arendt, otorgan a la vida contemplativa: "La *vita contemplativa* sin acción está ciega. La *vita activa* sin contemplación está vacía".[47]

Para aspirar a una buena vida, desde la perspectiva de estos autores, sería necesario recuperar la capacidad contemplativa, dar mayor pausa a nuestra vida, cambiar el ritmo, elaborar una estrategia que permita recuperar el tiempo y el espacio, sincronizarlos, para con el fin de que la existencia misma sea autoafirmación y no supervivencia: "La vida gana tiempo y espacio, duración y amplitud, cuando recupera la capacidad contemplativa".[48]

El trabajo es quizá el modo más fácil de constatar la aceleración social en el siglo xxi, pero no es el único ámbito de la vida que se acelera; así, las técnicas desaceleratorias no pueden cubrir ni satisfacer plenamente las

---

[45] Byung-Chul Han, *El aroma del tiempo...*, p. 132.

[46] Friedrich Nietzsche, *Humano, demasiado humano*, Madrid, Akal, 1996, p. 179.

[47] Byung-Chul Han, *El aroma del tiempo...*, p. 160.

[48] *Ibid.*, p. 162.

necesidades autoestopistas contemporáneas, pues la aceleración tiene motores económicos, culturales y estructurales: "Tampoco la llamada desaceleración puede engendrar otro tiempo. También ella es una consecuencia, un reflejo del tiempo acelerado del trabajo".[49]

Según Hartmut Rosa, el ritmo de la vida se está acelerando y esto no parece hacer más feliz al ser humano; acelerar la existencia no tiene ningún sentido práctico verdadero. La calidad vida humana, o buena vida, no puede medirse en términos de recursos, opciones y momentos de felicidad; a este respecto debemos considerar nuestra relación o resonancia con el mundo.

Al aplicar su teoría de la resonancia, Rosa describe formas de relación con el mundo, desde respirar hasta la adopción de visiones de mundo distintas, luego desarrolla los ámbitos de la experiencia y la acción (familia, política, trabajo, deportes, religión y arte) en las que buscamos, naturalmente, resonancia.

Esta tarea es difícil ya que la modernidad es causa y consecuencia de una relación distorsionada con el mundo. Todas las crisis de la sociedad moderna (ambiental, democracia, psicológica, etcétera) se pueden entender en términos de resonancia: "Hoy, la red se transforma en una caja de resonancia especial, en una cámara de eco de la que se ha eliminado toda alteridad, todo lo extraño. La verdadera resonancia presupone la *cercanía* de lo distinto",[50] como afirma Han.

La teoría de la aceleración social implica la inminente relación del hombre con su entorno, enuncia la intertransformación mutua en la que el mundo es afectado por las acciones humanas y el ser humano modifica e institucionaliza el mundo en una suerte de relación cuyas consecuencias despiertan realidades artificiales, a la vez que olvida lo que de natural había en cada una al inicio de la relación. El mundo contemporáneo ofrece algunas propuestas para el retorno a ese estado natural del hombre y el mundo, pero suelen perderse igualmente en el artificio de modas pasajeras como el *new age*, el *hippismo* o la *onda retro*. Quizá sólo la religión pueda ofrecer una

---

[49] *Idem.*

[50] Byung-Chul Han, *La expulsión de lo distinto...*, p. 16.

propuesta permanente debido al arraigo espiritual que tiene, por medio de la creencia, en las acciones humanas.

El problema que plantea la aceleración social, más que el tiempo mismo, es la forma en que comprendemos y vivimos el tiempo de nuestra vida. La religión más antigua, el budismo, curiosamente, busca unificar en una misma esencia al ser y al mundo; esta idea rompe ideológicamente con el problema de la percepción del tiempo ontológicamente subjetivo y permite al *ser*, ser mundo.

> El tiempo cotidiano del budismo Zen, el tiempo sin cuidado, no conoce aquel 'instante' que, como 'cumbre' del tiempo, como 'mirada de la resolución', rompe el hechizo del tiempo cotidiano, y lo rompe en un énfasis heroico del sí mismo: "Esta 'decisión' del Dasein [...] 'para sí mismo' [...] es el instante'.[51] El tiempo cotidiano del budismo Zen es un tiempo 'sin instante', o bien, consta de instantes de lo cotidiano. El tiempo da buen resultado sin el énfasis del instante. Es logrado cuando en cada caso se hace 'una demora' en la mirada de lo usual.[52]

En un extremo, el budismo zen elimina la dicotomía ser-mundo y ofrece una visión con un escenario único, panteísta, el cual, al no poder comprender la idea de un ser arrojado al mundo, elimina la subjetividad del tiempo y sólo da cabida a una visión del mundo objetivo que, a su vez, es un sistema autopoiético donde ocurren cosas objetivas, como el proceso de desarrollo y muerte de las plantas.

> El concepto central del budismo Zen, a saber, *sunyata* (vacuidad), representa en mucho aspectos el concepto opuesto a substancia. La substancia está, en cierto sentido 'llena'. Está llena de sí misma, de lo propio. En cambio, *sunyata* representa un movimiento de ex-*propiación*. *Vacía* al ente que persevera en sí mismo, que se aferra a sí mismo, o se cierra en sí.[53]

---

[51] Martin Heidegger, *Die Grundbegriffe der Metaphysik*, Klostermann, Frankfurt del Meno, 1992, p. 223 ss. [trad. cast. *Los conceptos fundamentales de la metafísica*], Madrid, 2007.

[52] Byung-Chul Han, *Filosofía del budismo Zen*, Barcelona, Herder, 2015, p. 52.

[53] *Ibid.*, p. 58.

En este sentido, el budismo zen consiste en vaciar del ser este peso de ser *sí mismo* y ser sin preocupación, en percibir sin importar el mundo circundante en su ser así.

Para el resto de las religiones sí existe el problema subjetivo del tiempo, pues elevan la condición del ser por encima del mundo que, en la mayoría de los casos, fue creado o concebido para el goce y disfrute humano. Ahora bien, estas religiones serían las que requieren, primordialmente, la noción de resonancia, pues es el único modo de evitar que la aceleración social acabe con la subjetividad del tiempo. Bajo esta mirada, se necesita hacer resonancia sobre la recuperación del tiempo en las sociedades contemporáneas.

Sin embargo, lo que ha faltado a los seres humanos, antes de hacer resonancia, es creer en la posibilidad de vivir un mundo diferente al que vive; acostumbrados al mundo artificial de las instituciones que han creado, les cuesta trabajo pensar en alternativas estratégicas que conduzcan a la emancipación autodeterminada.

Pero hay alguien que sí ha postulado una modernidad alternativa, se trata del filósofo austriaco Iván Illich: "El ser humano es el único animal capaz de adaptarse conscientemente a su entorno y, por tanto, el único capaz también de diseñar la forma de sus relaciones con el ambiente y con otros seres humanos. Esa adaptación implica una aceptación de los límites".[54] La idea de la aceptación de los límites en Illich será muy importante para la elaboración de nuestra crítica, pues se considerará una noción rebelde y antagónica respecto a los modelos de la modernidad propuestos en el siglo XXI; no obstante, son los bordes del tiempo, sus límites, los que nos han permitido explicar de mejor modo la forma en que se comporta el tiempo en el ser y en el mundo.

Para Illich, nunca será "convivencial" una sociedad que no se ajuste a la proporcionalidad que debe existir entre los medios y los fines: "En esa sociedad, al destruirse el equilibrio entre la voluntad y los instrumentos, el ser humano se desdibuja".[55] Ahora bien, sólo una sociedad que acepta sus

---

[54] Humberto Beck, *Otra modernidad es posible: el pensamiento de Iván Illich*, Barcelona, Malpaso, 2017, pp. 133-134.

[55] *Ibid.*, p. 135.

límites en resonancia con un mundo del cual forma parte podrá hacer frente eficazmente a la aceleración social del siglo xxi.

En concordancia con la idea del filósofo austriaco sobre una sociedad alternativa, Cornelius Castoriadis afirma que "lo que está mal en la sociedad en la que vivimos es que ha dejado de cuestionarse a sí misma. Ya no reconoce la alternativa de otra sociedad, se considera absuelta del deber de examinar, demostrar, justificar la validez de sus presupuestos explícitos o implícitos".[56]

> En un mundo en el que el futuro es, en el mejor de los casos, oscuro y borroso, y muy probablemente peligroso y lleno de riesgos, fijarse objetivos remotos, sacrificar el interés individual en pos de acrecentar el poder grupal y sacrificar el presente en nombre de la dicha futura no resultan una propuesta atractiva ni sensata.[57]

Lo primero que habría de romperse para permitir la opción de una modernidad alternativa que emita resonancias es el individualismo al que se está tan acostumbrado en la gran mayoría de los países desarrollados del siglo xxi. "Lo que hace difícil escuchar es sobre todo la creciente focalización en el ego, el progresivo narcisismo de la sociedad".[58] Para hablar de comunidad convivencial, como propone Iván Illich, hay que destronar no a la persona individual, sino al individualismoególatra de la sociedad moderna: "En el futuro habrá, posiblemente, una profesión que se llamará *oyente* [...] Escuchar no es un acto pasivo. Primero [...] tengo que afirmar al otro en su alteridad. Luego [...] escuchar es un prestar. Es lo único que le ayuda al otro a hablar".[59]

El elemento central de una sociedad alternativa es el otro, la alteridad y la relación que permitiría resonancias entre personas que desean una buena vida en el mundo finito de su tiempo existencia; además, las mejores herramientas de las que disponemos como humanidad son naturales, en ese

---

[56] Zygmunt Bauman, *Modernidad líquida...*, p. 28.

[57] *Ibid.*, p.173.

[58] Byung-Chul Han, *La expulsión de lo distinto...*, p. 113.

[59] *Idem.*

sentido, las observaciones de Hartmut Rosa sobre la aceleración tecnológica resultan precisas. La tecnología, si bien no es la causa directa de la desincronización en que vivimos, sí ha modificado la manera de relacionamos con el mundo, un mundo donde nadie escucha a nadie, nadie lee un correo electrónico completo, un lugar donde nos sentamos en la misma mesa, pero no convivimos con las personas sino por medio de máquinas; estamos ante el terror de la esquizofrenia de Ned Ludd.

Afirma Byung-Chul Han que lo importante es lograr que las personas hablen: "Escuchar es lo único que hace que el otro hable [...] El oyente es una caja de resonancia en la que el otro se libra hablando [...] La escucha es lo único que ayuda a hablar a los demás [...] La comunidad es el conjunto de oyentes".[60] No quiere decir que sólo hable uno, pues eso es síntoma de una sociedad individualista, sino permitir que el otro lo haga; para que haya resonancia se necesita una voz y la caja de resonancia es el escucha que, a su vez hablará. El problema con las sociedades contemporáneas es que cuando la voz comienza hablar, el escucha interrumpe y asume lo que el otro quiere decir, interpreta y frustra ahogando la voz, por lo que esta otra preferirá callar, pues no se hace escuchar.

Cabe señalar, los actos de hablar y escuchar que pueden asociarse con virtudes, como propone Alejo G. Sison, implican un tiempo para hablar y otro para escuchar, incluso uno más para reflexionar sobre lo que se dice y lo que se escucha.

> Partiendo de *Momo*, de Michael Ende, se puede elaborar una ética de la escucha. Lo que caracteriza a Momo es, en primer lugar, una riqueza temporal: 'Al fin y al cabo, el tiempo era lo único en lo que Momo era rica'. El tiempo de Momo es un tiempo especial. Es el tiempo del otro, el tiempo que ella da a los otros escuchándolos. Momo se asombra de su capacidad de escuchar. Se presenta como oyente. 'Lo que Momo podía hacer mejor que nadie era escuchar. Eso no es nada en particular, dirá quizá algún que otro lector, escuchar es algo que puede hacer cualquiera. Pero eso es un error. Escuchar de verdad es algo que sólo muy pocos hombres pueden hacer. Y el modo en que Momo sabía escuchar era singular'.[61]

---

[60] *Ibid.*, pp. 114, 116 y 119.

[61] *Ibid.*, p. 121.

La interacción del ser con el mundo implica la relación del ser con el ser que también es en el mundo; de esa manera, esta dinámica propicia que los participantes compartan tiempo. Dicho en otras palabras, se relacionan los unos con los otros conviviendo, compartiendo lo más valioso que tienen: su tiempo. El mundo de interconexiones digitales no favorece este proceso; internet no se manifiesta hoy como un espacio de la acción común y comunicativa, más bien diluye los espacios expositivos del yo, en los que se hace publicidad sobre todo de sí mismo.

Existe un riesgo inminente cuando la persona abre la puerta a la interacción y a la escucha, pues en ocasiones, con lo que habla puede hacerse daño a sí misma, o bien, al otro; sin embargo, esta herida que se abre es precisamente lo que permite al otro entrar en la intimidad propia y hacer resonancia en el mundo.

> En la comunicación analógica tenemos por lo general un destinatario concreto, un interlocutor personal. La comunicación digital, por el contrario, propicia una comunicación expansiva y despersonalizada que no precisa interlocutor personal, mirada ni voz. Por ejemplo, constantemente estamos enviando mensajes por Twitter. Pero no van dirigidos a una persona concreta. No se refieren a nadie en concreto. Los medios sociales no fomentan forzosamente la cultura de la discusión.[62]

Los fenómenos contemporáneos de la era digital como las *shitstorms* (linchamientos digitales) constituyen una avalancha descontrolada de pasiones que no configuran ninguna esfera pública, no hablan directamente a nadie, no tienen escucha y sólo generan escándalos temporales y destruyen personas.

Las propuestas relacionales contemporáneas como la de Iván Illich o la de Pierpaolo Donati ofrecen una estructura dialéctica: "La convivencialidad sería el resultado sociohistórico de una síntesis entre la tradición y la modernidad. Esta síntesis representaría una alternativa tanto a la dialéctica ne-

---

[62] *Ibid.*, p. 118.

gativa de lo moderno encarnada por Némesis como la dialéctica positiva del progreso característica de las versiones más optimistas de la modernidad".[63]

La propuesta de la resonancia es la luz de esperanza en la filosofía sociológica de Hartmut Rosa, pero necesita de mayor lucidez filosófica para encontrar eco y escucha en un nivel más académico. Las nociones que desarrollaremos a partir del siguiente apartado pretenden hacer resonancia en la teoría de la aceleración social para conseguir que más personas hablen sobre estos temas más allá de los pequeños núcleos intelectuales.

---

[63] Humberto Beck, *Otra modernidad es posible...*, pp. 139-140.

CAPÍTULO 9

Contraproductividad

*En todas las cosas hay un límite que no se debe franquear,
pues, una vez al otro lado, la vuelta atrás es imposible.*

Fedor Dostoyevski

La primera de las nociones que deseamos explorar para realizar nuestra crítica a la teoría de la aceleración social es la de contraproductividad, la cual permitirá ampliar y conocer mejor las implicaciones de la aceleración tecnológica, pues alude al uso de herramientas en el desempeño de las actividades cotidianas. Para nuestro objetivo, convendrá retomar algunas ideas y expresiones en torno a este ámbito de actividad.

Animalis accelerated

Ya hemos mencionado la distinción de Hannah Arendt entre *animal laborans* y *homo faber*; para entenderla, habrá primero que diferenciar entre labor productiva y labor improductiva, después separar el trabajo experto del inexperto y, finalmente, distinguir las actividades manuales de las intelectuales. Durante la llamada Edad Media, cuando surgieron los primeros burgos, es decir, las ciudades al interior del continente europeo que se formaron alrededor de las iglesias cristianas, los monasterios benedictinos sufrieron una reforma que terminó por fragmentar el trabajo en dos clases distintas: por un lado, los cluniacenses estarían dedicados al intelectual (el estudio de las escrituras); por otro, los cistercienses dedicarían sus faenas mayormente al manual (el trabajo de la tierra para garantizar el sustento).

> La distinción entre labor productiva e improductiva contiene, aunque con prejuicio, la distinción más fundamental entre trabajo y labor. Karl Marx [...] anonadado [...] por la productividad sin precedente de la humanidad occidental, tuvo la casi irresistible tendencia a considerar toda labor como trabajo y a referirse al *animal laborans* en términos mucho más adecuados al *homo faber*, confiando en que sólo era necesario un poco más para eliminar por completo a la labor y a la necesidad.[1]

Con el advenimiento de la Revolución Industrial, la separación entre *animal laborans* y *homo faber* se volvió a complicar, pues las máquinas se volvieron instrumentos de producción que rebajaron al ser humano a la condición de mecánicos. Así, su trabajo consistía meramente en mantener la maquinaria en buenas condiciones, y fue por ello que comenzó la rebelión de Ned Ludd y los destructores de máquinas (también conocidos como *ludditas* o *neoludditas*). Los dueños de las fábricas quedarían asociados al trabajo intelectual, mientras que los obreros terminarían por atender a las máquinas, un trabajo incluso diferente de la noción inicial de *animal laborans*.

De esta manera el *homo faber* sería señor y dueño del mundo, no sólo porque su racionalidad le permitió explotar la naturaleza imponiendo sus condiciones, sino porque se hizo dueño de sí mismo y de sus actos libres para dicha explotación. No podría decirse lo mismo del *animal laborans*, sujeto a la necesidad económica y al sostenimiento material de su vida, pues el hombre no fue más un ser libre para la acción, ahora depende de sus semejantes y, peor aún, de un salario que "es señal de esclavitud": "La productividad humana quedó por definición sujeta a realizar una rebelión

---

[1] Hannah Arendt, *La condición humana*, Barcelona, Paidós, 2003, p. 102.

de Prometeo, ya que podía erigir un mundo hecho por el hombre sólo tras haber destruido parte de la naturaleza creada por Dios".[2]

Aquí es donde inician las primeras consecuencias de la aceleración tecnológica, pues en efecto, el *homo faber* se comporta como señor y amo de toda la tierra, dividiendo a los hombres en clases y condenándolos a la suerte de nacer en un lugar más privilegiado o desfavorecido que otro; asimismo, condiciona al *homo faber* a una actividad desligada de su esfuerzo físico, pero anclada a un producto final que será base de su sustento y la constitución de su utilidad como persona.

> Precisamente porque el *animal laborans* no emplea los útiles e instrumentos para construir un mundo, sino para facilitar las labores de su propio proceso vital, ha vivido literalmente en un mundo de máquinas desde que la revolución industrial y la emancipación de la labor reemplazaron casi todos los útiles manuales por las máquinas, que de una u otra manera suplantaron la fuerza de la labor humana con el superior poder de las fuerzas naturales. A diferencia de los útiles de artesanado, que en todo momento del proceso del trabajo siguen siendo siervos de la mano, las máquinas exigen que el trabajador las sirva a ellas, que ajuste el ritmo natural de su cuerpo a su movimiento mecánico. Esto no sólo implica que el hombre como tal se ajuste o se convierta en servidor de sus máquinas, sino que también significa, mientras dura el trabajo de las máquinas, que el proceso mecánico ha reemplazado al ritmo del cuerpo humano.[3]

Dicho con otras palabras, el *homo faber*, como fabricante de utensilios, generó las herramientas e instrumentos para construir el mundo institucionalizado en que vivimos y no para ayudar al proceso de la vida humana comunitaria. La cuestión no consiste en comprender si somos o no siervos o dueños de las máquinas, sino si estas tienen una verdadera utilidad para el mundo y las personas que lo habitan; incluso, como han observado algunos autores en contra de las nuevas tecnologías, las máquinas y sus procesos automáticos están dominando el mundo y llevándolo a su aniquilación.

> El hecho de que el hombre sea capaz de acción significa que cabe esperar de él lo inesperado, que es capaz de realizar lo que es infinitamente improbable

---

[2] *Ibid.*, p. 160.

[3] *Ibid.*, p. 166.

> [...] Si la acción como comienzo corresponde al hecho de hacer [...] entonces el discurso corresponde al hecho de la distinción y es la realización de la condición humana de la pluralidad, es decir, de vivir como ser distinto y único entre iguales.[4]

Lo que debe preocupar al ser humano es el objetivo de sus acciones, el motivo de su actuar el sentido de su realización. De nada serviría que pudiera conquistar otras galaxias, si el sentido de la conquista es la conquista misma, el poder de realizarla; la preocupación sociológica y filosófica está orientada al sujeto que se autoafirma en la acción y al mundo que transforma. "Una vida sin acción ni discurso [...] está literalmente muerta para el mundo; ha dejado de ser una vida humana porque ya no la viven los hombres",[5] las acciones humanas necesitan un nombre, un "quién" unido a ellas. "Actuar, en su sentido más general, significa tomar una iniciativa, comenzar (como indica la palabra griega *archein* 'comenzar', 'conducir' y finalmente 'gobernar'), poner algo en movimiento (que es el significado original del *agere* latino)".[6]

En resumen, la filosofía de la acción que Marx concibió y sirvió de base para el análisis que Hannah Arendt llevó a cabo, establece la importancia del actuar humano en la transformación del mundo; sin embargo, si la actuación, y también el discurso, se reducen a la acción misma y su intención no se centra en el beneficio del otro como persona, esta actuación requiere de una revisión. Ahora bien, no bastan las buenas intenciones, aunque todas las personas comiencen su vida insertándose en el mundo institucional mediante la acción y el discurso, nadie puede ser autor ni productor de su propia historia.

Asimismo, cambió la relación entre la *vida activa*, que atañe al ser humano, su acción y su discurso y la *vida contemplativa*, que se descuidó a finales del siglo xx e inicios del xxi por dar prioridad a la acción. Una consecuencia de la aplicación de la filosofía de la acción derivó en la reducción

---

[4]   *Ibid.*, p. 202.

[5]   *Ibid.*, p. 201.

[6]   *Idem.*

de la vida contemplativa; en términos de la teoría de la aceleración social, la implementación de la acción como incremento en la velocidad de producción, transporte y comunicación, derivó en una vida centrada en la producción, desatenta a la contemplación y sumergida en la aceleración.

Para Buyng-Chul Han, en su crítica a la sociedad del cansancio, y siguiendo a Hannah Arendt, "la sociedad moderna, como sociedad de trabajo, aniquila toda posibilidad de acción, degradando al ser humano a *animal laborans*. El ser humano moderno está sometido pasivamente al proceso de vida anónimo. La *vita activa* se reduce al nivel del trabajo".[7]

El mundo moderno presentó síntomas de desgaste y pérdida de sentido en el momento en que un obrero reaccionaba inmediatamente a un impulso tras otro en su vida cotidiana, como el personaje de Charles Chaplin en el filme *Tiempos modernos*, que apretaba tuercas donde quiera que creía que las había; es una ilusión pensar que cuanto más activo uno se vuelva, más libre se es.

El ser humano busca expresar y afirmar su autonomía en y mediante el dominio tecnológico, es decir, a través del dominio de la naturaleza. La expansión de este dominio, además de dar lugar al incremento de la producción, la velocidad del transporte y la comunicación, también genera "efectos colaterales" dañinos para la persona y la sociedad, como son el deterioro del medio ambiente, la contaminación, además del trastorno de los vínculos sociales y comunitarios: "La hiperactividad es, paradójicamente, una forma en extremo pasiva de actividad que ya no permite ninguna acción libre".[8]

De esta forma, los dispositivos tecnológicos pasan de ser propiamente *medios* a convertirse en *fines en sí mismos*. Sin embargo, en este punto la noción de contraproductividad entra en juego, pues el mundo tardomoderno ha confundido la diferencia que existía, en términos de acción, entre medios y fines, exactamente del mismo modo en que se confundió en los siglos xix y xx el trabajo del *animal laborans* y el del *homo faber*.

---

7 Byung-Chul Han, *La sociedad del cansancio...*, p. 43.

8 *Ibid.*, p. 60.

Absurda instrumentalidad

La noción de contraproductividad es utilizada por Iván Illich a partir de las reflexiones entre fines y medios que realizó Jacques Ellul. En el fondo, no se debe perder de vista esta diferencia o corremos el riesgo de extraviar nuevamente el fin último de nuestras acciones cotidianas.

Brevemente, para introducir a Iván Illich, queremos resaltar la importante labor que desempeñó en nuestro país, pues fue fundador del Centro Intercultural de Documentación (Cidoc) con sede en la ciudad de Cuernavaca, Morelos, una institución secular alternativa donde los estudiantes debían crear sus propios planes de estudio. En este lugar organizaba seminarios donde se hablaba de diferentes aspectos de las sociedades industriales contemporáneas como la tecnología, la educación, la vivienda, el transporte, etcétera; a estas reuniones acudieron diversas figuras internacionales como Paulo Freire, Paul Goodman, Peter Berger y André Gorz, entre otras. Las aportaciones más relevantes respecto a la teoría de la aceleración social que puede brindar el trabajo de Illich son las nociones de *contraproductividad*, que exploraremos a continuación, y *convivencialidad*, que abordaremos principalmente en el capítulo sobre *relación*.[9]

Es claro que el ser humano realiza acciones en su vida cotidiana, en algunas de ellas pone a disposición del esfuerzo todo su cuerpo para llevarlas a cabo como un *animal laborans*, pero en la mayoría de ellas emplea herramientas que facilitan su trabajo que, como se ha comentado previamente, concierne a un *homo faber*; sin embargo, en esta dinámica de las acciones cotidianas, se genera una tensión entre *autonomía* e *instrumentalidad*, la cual termina por confundir trabajo, labor y herramienta respecto a los fines que persigue la acción y los medios para obtenerlos: "La contraproductividad se hace presente cada vez que 'las herramientas, al crecer más allá

194

de cierta intensidad, se transforman inevitablemente de medios en fines y frustran la posibilidad del logro de un fin'".[10]

Siguiendo a Iván Illich, cuando una herramienta sobrepasa los límites, se aleja del propósito para la que fue creada o perjudica a más gente de la que se aprovecha de sus beneficios, afirmamos que se ha vuelto una herramienta contraproductiva. Podríamos citar algunos ejemplos contraproductivos aplicados a la aceleración tecnológica.

> *Spams* [...] *microblogging* [...] *comunicare* significa 'hacer algo conjuntamente'. La comunicación es un acto que origina una comunidad. Pero a partir de un punto determinado deja de ser comunicativa para ser sólo acumulativa. La información es informativa porque genera una forma. A partir de un punto determinado, también la información deja de ser in-formativa, y pasa a ser de-formativa.[11]

También podemos afirmar que hoy en día la información ya no es informativa, la producción ya no es productiva y la comunicación deja de ser comunicativa. Respecto a ello, Baudrillard señala que se han producido y difundido tantos mensajes y señales que ya no tendrán jamás ocasión de ser leídos.[12] Por su lado, Byung-Chul Han añade que el sistema capitalista pasó de la explotación por parte de otro a la autoexplotación; es decir, del deber al poder, cayendo así en la aceleración.

Cuando la gente dejó de caminar y comenzó a usar el automóvil, sustituyó el valor de uso de sus pies por el consumo de servicio del transporte; de esta manera, el resultado no fue un incremento en la capacidad autónoma de movimiento personal, sino la completa anulación de esa autonomía, aunada al incremento en el tiempo de traslado; de acuerdo con Illich "la locomoción ronda alrededor de los 25 kilómetros por hora, es decir, aproximadamente la velocidad de una bicicleta".[13]

---

[10] Iván Ilich, *Conversation*, citado por Humberto Beck, *Otra modernidad es posible...*, p. 27.

[11] Byung-Chul Han, *Topología de la violencia...*, p. 161.

[12] Cfr. Jean Baudrillard, *La transparencia del mal,* Barcelona, Anagrama, 1990.

[13] Humberto Beck, *Otra modernidad es posible...*, pp. 61-62.

Cuando el ser humano se industrializó, reemplazó la energía metabólica por la mecánica que, al elevarse más allá de ciertos límites, terminó por volver esclavo de sus herramientas al ser que las había creado. Para Illich, este aspecto del proyecto moderno fracasó porque olvidó que los seres humanos no necesitan tanto instrumentos que trabajen en nuestro lugar, como herramientas con la cuales trabajar.

Paradójicamente, la aceleración tecnológica produce herramientas para agilizar las acciones de producción, locomoción y comunicación, pero genera otras nuevas que requieren tiempo y atención para ser usadas y estas, a su vez, generan nuevas herramientas que podemos utilizar; al final, la razón por la que realizamos la primera acción se ha perdido. Estamos convencidos de que el lector de este trabajo ha creado un perfil en varios servicios de red social como Facebook, Instagram, Twitter, pero sólo utiliza de manera cotidiana la mitad de ellos, el resto están en "abandono" por falta de tiempo. Así pues, dichos servicios son herramientas contraproductivas porque alejan al ser humano del fin para el que fueron creados. Ésta es la razón por la cual, a pesar de la tecnología de comunicación, las personas se comunican y conocen menos que antes.

> No sólo los objetos físicos, sino también los mecanismos abstractos y los arreglos institucionales pueden concebirse como herramientas: un lápiz, una jeringa, una imprenta o un libro, lo mismo que una biblioteca, un hospital, una escuela, una estructura burocrática o un procedimiento administrativo son técnicas, medios diseñados para la consecución de un cierto fin.[14]

En este sentido, la contraproductividad genera menos de lo que buscaba producir y, por si fuera poco, genera desigualdad social en el proceso. Sus consecuencias se pueden desglosar en dos: un efecto incapacitante y otro de exclusión y polarización. Todavía hoy existen personas empleadas en instituciones públicas o privadas que no saben usar las herramientas tecnológicas como computadoras, o maquinaria industrial; estos individuos, ya sea por falta de interés o por incapacidad, corren el riesgo de perder su empleo en cualquier momento por "efecto incapacitante", pues el mun-

---

[14] *Ibid.*, p. 26.

do contemporáneo exige el uso de nuevas tecnologías para desarrollar los trabajos que la institución solicita. Al mismo tiempo, la tecnología permite la creación de "segundo pisos" vehiculares para un traslado más rápido y corto; sin embargo, si sólo los pueden utilizar personas con automóvil y capacidad de pago, al resto de la población no la beneficiarán en nada las columnas de concreto y acero; de esa forma, sería más sensato invertir en transporte público más eficiente que en ese tipo de vialidades.

Illich no vivió lo suficiente para sufrir la aceleración tecnológica de internet, pero comprendió muy bien el sinsentido que pueden generar las herramientas cuando pierden su función de medios:

> La tecnología fuera de control, al crear ambientes donde es imposible vivir sin ciertos dispositivos –ya sean los automóviles, las escuelas o los hospitales–, deteriora la naturaleza, degrada las relaciones sociales instaura una tiranía de expertos, incapacita a las personas y las vuelve adictas de sus herramientas. De ahí su llamado a favorecer las tecnologías que –como el libro, el teléfono o la bicicleta– no suponen un consumo obligatorio ni imponen sus propios fines, sino que son puras conductoras de intencionalidad.[15]

La tecnología perdió su anclaje en el momento en que aceleró sus procesos y multiplicó su actividad. Por ejemplo, si antes se podían resolver diez asuntos en una oficina en una hora, gracias al correo electrónico, ahora se pueden resolver ochenta asuntos en la misma hora de trabajo; no obstante, el problema no radica en la posibilidad de resolver más asuntos en menos tiempo, sino en las consecuencias de llevar a cabo ochenta asuntos en una hora. Una de las consecuencias más evidentes es la que Byung-Chul Han denomina *sociedad del cansancio*, una forma de vida en la que una persona se autoobliga a cumplir con una serie de actividades para poder sostener su estilo de vida, pero con consecuencias desastrosas para su salud física y mental.

Lo realmente complicado consiste en poder determinar los límites entre actividad y trabajo, entre uso y abuso de las herramientas, entre vida activa y vida hiperactiva. Una vez rebasados ciertos umbrales, la técnica no sólo

---

[15] *Ibid.*, p. 20.

se vuelve contra sus propios fines, sino que transforma la naturaleza y las relaciones sociales en mercancías y propaga, por lo tanto, el dominio de la economía y su principal postulado, la escasez (de tiempo en este caso).

La aceleración tecnológica, causada por el modo de vida capitalista, necesita acelerar sus procesos para sostenerse; el ser humano no supo hacer crecer sus instituciones de modo más orgánico u ordenado. Un caso se da en una marca de automóviles que, para mantener su planta armadora en funcionamiento, necesita justificar su inversión inicial vendiendo dichos vehículos; a la empresa no lo interesa comprender si la población que atiende tiene o no necesidades económicas básicas, sólo comprende la necesidad de vender lo que produce y, para ello, hará uso de la publicidad y la obsolescencia programada, pues si el ritmo de producción decrece, la planta tendría que cerrar, no importa si la venta es buena, si no cumple con la proyección establecida para ese año, la producción del siguiente entrará en riesgo y así sucesivamente, hasta que la empresa quiebre o el gobierno la rescate.

A gran escala este fenómeno de la contraproductividad puede terminar por hundir a un país entero. Pensemos en el enorme y acelerado crecimiento que han tenido los países que conforman los Emiratos Árabes Unidos, particularmente la ciudad de Dubai, donde se celebraría la Expo 2020, un encuentro internacional cuyo tema central "conectando mentes, creando el futuro: sostenibilidad, movilidad y oportunidad" resulta paradójico, pues es una ciudad con crecimiento inmobiliario sostenido, pero cuya población local va en franca disminución. En un país donde la construcción de vivienda es mayor al crecimiento de población, la industria de la construcción es contraproductiva; sin embargo, la industria necesita seguir construyendo para sobrevivir, lo que desata consecuencias dramáticas tanto a nivel individual (costo de vida), como a nivel económico (sostenibilidad insostenible), de manera que produce una paradoja de la aceleración infinita.

Una serie de corporaciones, organismos, y procesos burocráticos característicos de la sociedad moderna, como el sistema escolar y la medicina institucional [...] cruzaron un umbral de mutación: comenzaron a crear, por su propio funcionamiento, nuevos problemas antes desconocidos; además, empezaron a concebir su sentido ya no en términos de las necesidades del público sino en función de su propio crecimiento.[16]

El ser humano cuenta con sus propias herramientas de trabajo, sus manos, sus pies, su voz, su creatividad; pero las herramientas tecnológicas minan su capacidad para hacer manualidades, caminar, pensar, etcétera. Se acostumbra a las nuevas herramientas y suple las anteriores modificando sus hábitos; hoy en día es muy difícil convencer a una persona de caminar cuando utiliza diariamente su automóvil. Por otro lado, la fisonomía urbana también cambia debido a estos usos y costumbres; basta con observar en la Ciudad de México el crecimiento de centros comerciales, la reducción de parques públicos y la multiplicación de caminos de cuota.

> Los vehículos motorizados crean distancias que sólo ellos pueden reducir. Crean distancias a costa de todos, luego las reducen únicamente en beneficio de algunos. El tiempo de esa élite omnipresente adquiere un valor altísimo, pero se deprecia el valor del tiempo de todos los demás. Los ricos se pueden desplazar en poco tiempo a cualquier parte, pero los pobres están obligados a participar en ese mismo sistema al costo de un enorme gasto de tiempo, para que el sistema funcione en beneficio de los ricos. Los transportes motorizados, además, limitan la movilidad personal, porque configuran la geografía urbana de acuerdo con sus propios intereses, privilegiando los trayectos propicios para el funcionamiento de las grandes instituciones. Este espacio social dispuesto por y para la aceleración es habitado por seres de una nueva especie: los *usuarios*. El usuario es aquel que ha perdido conciencia de los poderes físicos, sociales y psíquicos de que dispone el hombre, gracias a sus pies.[17]

Cabe precisar, no todas las herramientas tecnológicas son contraproductivas, pero es necesario determinar cuáles sí rebasan los límites; por ejemplo, las carreteras de alta velocidad en las que se invierten los impuestos de todos, aunque al final sólo se benefician a unos cuantos, son estructuralmente contraproductivas, no así los servicios de utilidad pública como las redes telefónicas o la bicicleta. "Más allá de cierto umbral de intensidad,

---

[16] Iván Illich, "La convivencialidad", en *Obras reunidas I*, México, FCE, 2006, p. 381.

[17] Humberto Beck, *Otra modernidad es posible...*, pp. 32-33.

las instituciones industriales dotadas de herramientas super-eficientes se vuelven contra sus propios fines y terminan produciendo lo opuesto de lo que se proponían: las escuelas promueven la ignorancia y la desigualdad, la medicina enferma, los transportes inmovilizan".[18]

Uno de los problemas de las sociedades modernas radica en la convicción de que la única forma de resolver los problemas generados por la modernidad es siempre *más* modernidad, como ocurre con el citado ejemplo del *ciclódromo de la afeitadora eléctrica*; valdría la pena cuestionar si la verdadera solución a los problemas aceleratorios puede ser menos y no más modernidad. Zygmunt Bauman se percata de ello cuando menciona que "el progreso tecnológico –en realidad, el esfuerzo de racionalización en sí mismo– augura incluso menos empleos, y no más",[19] pues cuando la contraproductividad se vuelve estructural, sus efectos tienen impacto social, como la aceleración social misma. En este sentido, no debería sorprender que, en muchas ciudades grandes del mundo, la gente prefiera buscar oportunidades en las provincias.

Cuando hacemos un análisis histórico de las relaciones entre el ser humano, los instrumentos que utiliza y el trabajo que realiza, nos percatamos de que el cambio es enorme y la aceleración muy marcada; antes de la Revolución Industrial, el 80% de la población vivía en el campo y sólo 20% en las ciudades (tomando en cuenta que la población era más pobre y vivía menos y en circunstancias más desfavorables). En el siglo xxi la cifra casi se ha invertido, sólo 25% de la población vive en el campo y el 75% en la ciudad. Las estructuras sociales modificaron marcadamente la forma de vida tanto de las ciudades como del campo, la clase obrera surgió y fue transformándose en lo que hoy conocemos como clase media; asimismo, el trabajo del *homo faber* se ha convertido casi en el centro de su existencia, lo que tampoco puede ser ignorado o despreciado como parte del progreso humano.

> 'Mano de obra' como 'esfuerzo físico orientado al abastecimiento de las necesidades materiales de la comunidad' 1776. Un siglo más tarde, llegó a sig-

---

[18] *Ibid.*, p. 49.

[19] Zygmunt Bauman, *Modernidad líquida...*, p. 171.

nificar además 'el cuerpo total de trabajadores y operarios' que toman parte en esa producción, y poco después también incluyó a los sindicatos y demás organismos que unieron ambos significados, otorgaron cohesión a esa unión y le dieron la forma de una problemática política y un instrumento de poder. El término en inglés (*labour*) es notable 'trinidad laboral'– la íntima conexión.[20]

Si la noción misma de "mano de obra" ha cambiado considerablemente en tan sólo cien años, es perfectamente lógica y legítima la preocupación por comprender la transformación en la manera en que el ser humano usa las herramientas que le permiten trabajar. Respecto a lo anterior, las aportaciones de Iván Illich resultan ilustrativas: una herramienta, vuelta un fin en sí misma o que provoca consecuencias contrarias a las que buscaba solucionar, es claramente una contraproductiva. En este sentido, casi todas las nuevas tecnologías a las que alude la aceleración tecnológica de Hartmut Rosa son contraproductivas, pues como se ha demostrado, los dispositivos digitales, al ponerse al servicio de las instituciones industriales, se convierten en un obstáculo para la convivencia humana. Sin embargo, y a pesar de ello, la tecnología del siglo xxi puede cambiar el rumbo acelerado que en este momento le es implícito, y si logra invertir la dicotomía de medios-fines, también llegar a transformarse: "Tabletas y teléfonos inteligentes, cuentan con el potencial de emplearse como herramientas convivenciales".[21]

Desde la perspectiva de Illich, crear una sociedad convivencial requiere instaurar un cambio social de la tecnología que establezca límites a su uso, quizá no sólo a un nivel intersubjetivo, sino a un nivel estructural. El problema del mundo contemporáneo es que ha puesto al trabajo como centro de la actividad humana y al ser humano tecnologizado como rector de esta sociedad acelerada donde un individuo que no cumpla con los parámetros de tecnología y aceleración, no podrá formar parte de los empleos mejor remunerados. En este sentido, el problema va más allá de la tecnología, se requiere de una concepción renovada de trabajo. A esta visión diferente de trabajo Illich la designa como *trabajo convivencial* o *desempleo creador*, el

---

[20] *Ibid.*, p. 149.

[21] Humberto Beck, *Otra modernidad es posible...*, p. 67.

cual, en tanto alternativa a la existencia industrial, se define por equidad y la autonomía creadora.

Una herramienta contraproductiva es la que oscurece la diferencia entre medio y fin; en contraste, la convivencial contribuye a preservar la diferencia entre personas y cosas, a distinguir entre instrumentos y usuarios. Illich no conoció a Hartmut Rosa, pero estamos convencidos de que habría hecho importantes aportaciones a la búsqueda de una sociedad menos acelerada y, desde luego, con más convivencia y menos contraproductiva.

CAPÍTULO 10

Desincronización de la espaciotemporalidad

¡Que los dioses maldigan al primer hombre que descubrió cómo señalar las horas! Y que maldigan también a aquel que en ese lugar erigió un reloj de sol para cortar y despedazar de modo tan infame mis días en pequeños trozos.

Plauto

La llamada modernidad comenzó cuando el ser humano se autoimpuso como el centro del mundo, cuando las estructuras teocéntricas que regían en el medioevo cristiano pasaron a convertirse en antropocéntricas. Francis Bacon y René Descartes son figuras emblemáticas de la modernidad, pues propusieron que el ser humano debía situarse en el centro del análisis del mundo. En *Novum organum* Bacon declara que el ser humano tiene el poder de entender y dominar la naturaleza; mientras que Descartes situó al razonamiento como centro de cualquier existencia bajo la idea de *cogito ergo sum*. Uno de los aspectos que el sujeto moderno quiso dominar desde el comienzo fue el tiempo, pues quien lo domina tiene control sobre el ser y sobre el mundo: "Yendo más allá de sí, el sujeto del poder no se abandona ni se pierde. Ir más allá de sí, es al mismo tiempo ir consigo. Esta unidad de 'más allá de sí' y de 'consigo' agranda el espacio del sí mismo".[1]

---

[1] Byung-Chul Han, *Sobre el poder*, Barcelona, Herder, 2016, p. 81.

El poder de controlar el tiempo

El ser humano, como se ha podido constatar a lo largo de su historia, ha duplicado su esperanza de vida de manera más o menos acelerada; en esto, la aceleración del cambio social de Hartmut Rosa tiene muchas implicaciones, sin embargo, la principal consecuencia se encuentra quizá en la ruptura de las estructuras temporales del mundo y del ser-en-el-mundo. El "poder" de dominar el tiempo ha permitido al hombre sentarse en la silla de *Kronos*, con la sutil diferencia de que el ser humano no puede superar sus límites ontológicos.

Presente, pasado y futuro son nociones que si bien antes tenían una estructura clara en el pensamiento humano, ahora son confusas. Hoy se leen y escuchan expresiones como "el futuro es ahora", "antes de que sea demasiado tarde", "la vida es un eterno presente", por mencionar algunas, que demuestran que la publicidad y la aceleración tecnológica han ocasionado una confusión en la concepción del tiempo. En el fondo, el problema no tiene tanto que ver con las nociones temporales, como, y siguiendo a Kant, con la ruptura *de facto* entre las intuiciones de la razón, es decir espacio y tiempo.

En la teoría del conocimiento expuesta en la primera parte de este libro comprendimos que la imaginación y la memoria permiten la identificación con el pasado y el futuro para que el ser humano pueda desempeñar sus funciones vitales. Con la aceleración tecnológica, la imaginación y la memoria se alteran y confunden: el tiempo que podemos pasar en un videojuego o realidad virtual con escenarios fantásticos, los recordatorios de Facebook, una videoconferencia laboral, la posibilidad de pagar mañana lo que puedes consumir hoy, entre otros casos, modifican las estructuras del tiempo y el espacio. De ese modo, al desgarramiento de la unidad entre espacio-tiempo lo denominamos desincronización.

Cuando dormimos, el espíritu permanece activo durante el sueño, por ello, los sueños nos resultan siempre raros o fantásticos, incluso las pesadillas, porque la conciencia de la espaciotemporalidad está dormida, pero el espíritu concibe espacio-tiempo junto en un instante llamado presente en el sueño: "Quien duerme, más bien, juega, recorre y domina el tiempo".[2]

La desincronización causa aquella dificultad de los seres humanos en el siglo xxi de recordar cosas y de prospectar a largo plazo, porque la aceleración social produce una especie de desfase o retraso del ritmo de la vida en el que siempre estamos a destiempo: "La utopía, ese 'ningún lugar' proféticamente pensado por Moro, sería hoy ese 'fuera-de-lugar' a partir del cual se nos intima una pregunta".[3]

Estar aquí y ahora sincronizado implica el compromiso de existencia espiritual, y el ético de ser y estar (ser-estando), lo cual se ajusta al *Dasein* heideggeriano que fue arrojado al mundo: "La filosofía heideggeriana del "habitar" y del "lugar" es, en definitiva, el intento de una refactización del *Dasein*".[4]

Cuando el ser que es arrojado al mundo comprende su situación, emancipada y conscientemente, buscará dirigir su existencia. Ahora bien, esto ocurre gracias a las facultades humanas de inteligencia y voluntad que, desgraciadamente, también han perdido su unidad intrínseca, pues la voluntad es inteligente y la inteligencia voluntarista; sin embargo, el mundo del siglo xxi se ha empeñado en separarlas con fines consumistas: "Lo que hace que transcurra el tiempo es la voluntad, el interés; es más, el conato (el impulso) [...] cuando el querer se retira y el sí mismo se retrae, engendra un estado en el que el tiempo se queda quieto. La ausencia del querer y del interés detienen el tiempo".[5]

Quizá más que detener el tiempo, lo que ocurre es que cobra sentido, pues su voluntad-inteligente está espacio-temporalmente sincronizada y enfocada en vivir el instante que ha tocado vivir, sin trastocar las estructuras de la espaciotemporalidad. No debe extrañarnos que Zygmunt Bauman erija al peregrino como la figura del hombre moderno:

---

[2]   Byung-Chul Han, *El aroma del tiempo…*, p. 23.

[3]   Jacques Derrida, *La hospitalidad*, Buenos Aires, Ediciones de la Flor, 2008, p. 72.

[4]   Byung-Chul Han, *Hiperculturalidad*, Barcelona, Herder, 2018, p. 28.

[5]   Byung-Chul Han, *La salvación de lo bello…*, p. 93.

En cuanto peregrino, el hombre moderno recorre el mundo como si estuviera desierto, otorgándole forma a lo amorfo y continuidad a lo episódico, haciendo de lo fragmentario una totalidad.[6] El viaje de peregrinación moderno es, según Bauman, una 'vida-en-relación-a-proyectos', es "direccionado, continuo e intransigente". A causa de su carácter de proyecto, el mundo del peregrino tiene que ser 'ordenado, determinado, previsible y seguro', tiene que ser 'un mundo en el que las huellas queden para siempre grabadas, de modo que en el rastro y registro de viajes pasados se conserven y queden guardados'.[7]

A su vez, Byung-Chul Han usará la figura del turista para representar al hombre contemporáneo, pues el turista vive de manera desincronizada, está físicamente en un lugar que no puede gozar a plenitud, porque siente la necesidad de contarle dónde se encuentra a quienes no están con él. El turista llega a una ciudad, visita los lugares que una compañía ha definido como los más relevantes, se tomará un tiempo para decidir el ángulo correcto de la fotografía del recuerdo para subirla a sus servicios de red social; simultáneamente, dará a conocer a todos contactos su lugar de ubicación, ellos darán *like* a la imagen, y la huella del recuerdo será, en muchos casos, más efímera que el tiempo invertido para todos estos menesteres.

El ser humano del siglo xxi desea conocer todo el mundo en el transcurso de su vida y, aunque esta posibilidad es todavía en nuestros días bastante remota, guarda la esperanza gracias a la aceleración tecnológica. En los siglos pasados, visitar lugares remotos implicaba un esfuerzo mayor y cierta inseguridad de viaje, había que sortear dificultades e imprevistos que forzaban a la persona a comprometerse con estar aquí y ahora del lugar donde estuviera; esta figura se puede erigir como la figura del viajero. El turista moderno tiene la facilidad de conocer con puntualidad dónde, cuándo y cómo estará en el viaje que realizará el próximo año.

La modernidad empieza cuando el espacio y el tiempo se separan de la práctica vital y entre sí, y pueden ser teorizados como categorías de estrategia y acción mutuamente independientes, cuando dejan de ser aspectos entrelazados y apenas discernibles de la experiencia viva, unidos por una relación de

---

6 Zygmunt Bauman, *Flaneur, Spieler und Touristen. Essays zu postmodernen Lebensformen*, Hamburgo, Hamburger, 1997, p. 140.

7 Zygmunt Bauman, citado por Byung-Chul Han, *Hiperculturalidad...*, p. 59.

correspondencia estable y aparentemente invulnerable. La prolongación de los tramos de espacio que las unidades de tiempo permiten 'pasar', 'cruzar', 'cubrir' [...] o conquistar. El tiempo adquiere historia cuando la velocidad de movimiento a través del espacio (a diferencia del espacio eminentemente inflexible, que no puede ser ampliado ni reducido) se convierte en una cuestión de ingenio, imaginación y recursos humanos.[8]

Cuando tiempo y espacio se desincronizan, las nociones de presente, pasado y futuro se confunden y, con ellas, también la identidad. Un fenómeno contemporáneo como el de las elecciones presidenciales de Estados Unidos en 2016 da muestra de esta desincronización a partir del desencuentro generacional; a muchos mexicanos les sorprendió que hubiera "colegas suyos" hablando y votando en favor de Donald Trump, el candidato republicano, cuando abiertamente se mostraba en contra de los mexicanos; sin embargo, para un mexicano que inmigró con sus padres en la infancia y que ya tiene hijos nacidos en Estados Unidos, es perfectamente lógico pensar como estadounidense y no como mexicano: "Las culturas [también] se desprenden de su imbricación espacial e histórica, de su estar arrojado".[9]

Las grandes compañías del mundo contemporáneo han aprovechado, por no decir causado, esta desincronización y sus efectos mediante la motivación del motor económico y cultural de la aceleración social. Las empresas explotan la memoria del pasado cultural haciendo recordatorios de lo que se hizo hace cinco o diez años y vendiendo objetos *vintage*; además, ofrecen experiencias presentes porque "el futuro no puede esperar", a la vez que desaparecen el futuro porque este no se puede controlar.

"El 25 de mayo de 1916, Henry Ford le decía a un corresponsal del *Chicago Tribune*: 'La historia es una pavada. Nosotros no queremos tradición. Queremos vivir en el presente, y nos importa un bledo la historia que no sea la que hacemos hoy'".[10] Cuando hemos perdido las nociones del presente pasado y futuro, vivimos como en un sueño en el que las cosas suceden

---

8   Zygmunt Bauman, *Modernidad líquida...*, p. 14.

9   Byung-Chul Han, *Hiperculturalidad...*, p. 55.

10   Zygmunt Bauman, *Modernidad líquida...*, p. 139.

sin ritmo, distinción de espacios, ni secuencias lógicas; es decir, existimos desincronizadamente.

> La única historia que cuenta es la todavía-no-hecha pero que está-siendo-hecha en el momento y que debe-ser-hecha: ése es el futuro sobre el que otro estadounidense pragmático y con los pies en la tierra, Ambrose Bierce, había escrito diez años antes en su *Devil´s Dictionary* que es "ese periodo de tiempo en que nuestros negocios prosperan, nuestros amigos son fieles y nuestra felicidad está asegurada".[11]

Pierre Bordieu decía que para dominar el futuro se necesita controlar el presente: aquellas compañías con control sobre su presente podrán hacer prosperar sus negocios e ignorar su pasado; el problema se presenta cuando una persona o una empresa no puede controlar el tiempo o pierde el poder sobre él, pues ha olvidado la unidad que guarda con el espacio. Por ejemplo, al perder un lugar de trabajo, un hogar o la salud: "La pérdida total de poder se experimenta como una pérdida absoluta del espacio".

En un mundo sin espacio, el tiempo pierde sentido; cuando una persona pretexta tener mucho que hacer y no tiene tiempo para estar con los suyos, pierde su espacio entre ellos. En ese sentido, el aumento de espacio no sólo tiene lugar a nivel territorial, sino también interpersonal, por lo que resulta lógico que los espacios sagrados sean espacios exclusivos.

Es fundamental entender que la desincronización es ontológica y espiritual, ya que el tiempo objetivo transcurre incólume y sin variación; en otras palabras, la desincronización es perceptual y existencial.

El objetivo primordial de la aceleración social consiste en alcanzar continuamente el futuro, pues no se puede acelerar en otra dirección temporal. El poder de controlar el tiempo permite al ser humano sentirse libre, superar a Dios y volverse el amo; sin embargo, como dirá Byung-Chul Han, este cambio de régimen de Dios al de los hombres tiene sus consecuencias: desestabiliza el tiempo.

---

[11] *Ibid.*, p. 140.

Del mismo modo en que mencionamos que la pérdida del poder de control del tiempo tiene como consecuencia la reducción del espacio, el aumento de poder implica, asimismo, un aumento de espacio. La aceleración tecnológica permite, a quien puede adquirirla, incrementar su dominio del tiempo y, por tanto, control del espacio; considerando lo anterior, es importante analizar cómo los componentes de la aceleración tecnológica trastocan la unidad espaciotemporal.

La gran paradoja del siglo xxi consiste en que, a pesar de parecer que el ser humano domina el tiempo e incrementa el espacio, a la vez, lo pierde, pues la aceleración produce tiempos y espacios virtuales con el inconveniente de que el espíritu humano sólo puede habitar uno espaciotemporalmente. Es decir, sólo podemos estar aquí y ahora en un mismo lugar y momento, la tecnología nos permite viajar "allá" casi instantáneamente, pero el espíritu simplemente no puede estar de forma simultánea, aunque así lo parezca, "aquí" y "allá", "ahora". "El puente —destaca Heidegger—, no se construye simplemente en un lugar ya existente, sino que produce lugares. Espacializa y reúne. En este sentido, el puente es un 'transproyecto previo' dentro del cual emergen los espacios".[12]

El dominio del tiempo implica también el del espacio; en política es muy importante el control de las instancias digitales, razón por la cual se ha desenvuelto el espionaje hacia los gobiernos, como revelaron Julian Assange con *WikiLeaks* y Edward Snowden con *Prism* y *XkeyScore*. Así, los espacios virtuales sin control como la *Deep Web* impiden el ejercicio completo del poder digital.

Desincronización tecnológica

No podemos culpar a Francis Bacon por pensar que "el conocimiento es poder", la modernidad generó la ilusión de la aceleración del cambio social sin pensar en sus consecuencias, muchas de las cuales eran imprevisibles.

---

[12] Byung-Chul Han, *Hiperculturalidad...*, p. 36.

La primera y la segunda revolución industriales aceleraron el cambio social, pero no habían disuelto del todo la unidad espaciotemporal; sin embargo, la tercera revolución industrial, y particularmente el uso de internet, sí lo hicieron: "Internet y el correo electrónico hacen que la geografía y la propia Tierra desaparezcan. El correo electrónico no lleva ninguna marca que permita reconocer desde dónde se ha enviado. No tiene espacio".[13]

La aceleración permite la superación del espacio, por lo que pierde su significado al no poder ser "habitado"; paradójicamente, el estar aquí y ahora se convierte en el permanente estado del ser, pero el ser está desincronizado, objetivamente, de su estar-en-el-mundo y vive sólo en la instantaneidad; así, la instantaneidad se convierte en pasión y todo lo que no se puede hacer presente, no existe.

El problema de las nuevas tecnologías es que multiplicaron los espacios y atomizaron el tiempo; el ser humano se encuentra dentro de una instantaneidad que nunca antes había vivido y en la que no termina de comprender el espacio y tiempo donde habita, pues simultánea y virtualmente, está en diferentes lugares a la vez. No obstante, la realidad es que vive desincronizado, pues no puede estar ni virtual, ni realmente aquí y allá todo el tiempo. Los nuevos medios suprimen el espacio mismo. Los *hiperlinks*, como dice Han, también borran caminos, pues finalmente, el correo electrónico no cruza montañas y océanos.

Para Bauman no hay ninguna diferencia esencial entre la ubicación terrena y la ubicación digital, sino vivimos permanentemente "ahora". Por ejemplo, un fenómeno que antes era observable sólo en las grandes ciudades industrializadas como Nueva York o Londres y ahora es visible en la Ciudad de México, consiste en encontrar por la calle a personas que parecen hablar consigo mismas; aunque caminan por las banquetas, al mismo tiempo, hablan con alguien más al otro lado de la línea sin su teléfono en mano, pero con un dispositivo inalámbrico en los oídos. La desconexión con la realidad puede llegar a ser tal, que son frecuentes los accidentes producto de la ruptura espaciotemporal de la persona que "gana tiempo" hablando con los clientes o con los amigos mientras se desplaza por la urbe.

---

[13] Byung-Chul Han, *El aroma del tiempo...*, p. 39.

Para Byung-Chul Han la falta de distancia que existe en lo digital elimina todas las diferencias entre cercanía y la lejanía "todo queda igual de cerca e igual de lejos", de tal modo que parece que el objetivo final de la comunicación digital consistiera en destruir las distancias entre el ser y el mundo: "La comunicación digital me interconecta y al mismo tiempo me aísla. Destruye la distancia, pero la falta de distancia no genera ninguna cercanía personal".[14]

La instantaneidad a la que hemos sometido nuestra existencia, no sólo desincroniza la espaciotemporalidad espiritual a la que hemos hecho alusión, también modifica nuestra percepción singular del tiempo. Aunque el reloj pueda medir el paso de diez minutos, nuestra impresión del paso del tiempo cambia respecto a la actividad que estamos ejerciendo. Pensemos en algunos casos: el tiempo que transcurre mientras recorremos la línea del tiempo de Facebook, al satisfacer instantáneamente la finalidad para la que inicialmente comenzamos a mirar las entradas de la página, permite que el individuo quede inmerso en la instantaneidad de "ver el Facebook", pero el momento se prolonga hasta que un factor externo distrae la atención y muchas veces termina en la acción de mirar el reloj y cambiar de actividad. Con los videojuegos ocurre lo mismo, un partido del videojuego FIFA puede durar diez minutos, pero una sucesión de partidos puede prolongar la experiencia durante horas sin que el individuo se percate del paso del tiempo; esto se debe a que la gratificación por la acción ejercida se satisface simultáneamente durante el desarrollo del juego, porque el individuo fue aislado espaciotemporalmente del tiempo de la vida objetivo y absorbido por un espacio y un tiempo que transcurren virtual y paralelamente.

> [Bajo la idea de] "reconsiderar el tiempo", Vilém Flusser reflexiona sobre la forma del tiempo en la sociedad de la información. Distingue tres formas de tiempo: el de la imagen, el del libro y el del bit. El tiempo de la superficie, el tiempo lineal y el tiempo puntual. El tiempo de la imagen corresponde al tiempo mítico [...] gobierna un orden abarcable. Cada cosa tiene su lugar inamovible y, si se aleja de él, será puesta en su lugar nuevamente. El tiempo del libro pertenece al tiempo histórico [...] le es inherente la linealidad histórica [...] se

---

[14] Byung-Chul Han, *La expulsión de lo distinto...*, p. 119.

> desliza desde el pasado y se dirige hacia el futuro [...] progreso o decadencia... El tiempo de hoy no tiene ni un horizonte mítico ni uno histórico. Carece de un horizonte abarcador; es desteologizado o desteleologizado a favor de un "universo-bit" o "universo-mosaico", en el que posibilidades sin horizonte míticos o histórico "zumban" como puntos o "se deslizan" como "granos".[15]

En este sentido, tanto la filosofía del lenguaje como las diferentes formas de narración tienen relevancia. No sólo se trata de conocer la historia, también tiene importancia la manera en que se cuenta o la forma en que nos acordamos de ella.

Consecuencias de la desincronización

Otra manera de entender el fenómeno de la desincronización sería a través de la fragmentación que sufre el ser en el mundo digital, o bien, su omnipresencia, ya que se abstrae del mundo para situarse en otro donde sólo responde mientras permanece virtualmente activo; pero, al mismo tiempo, permanece presente todo el tiempo porque cualquier persona tiene acceso en cualquier momento a sus contenidos.

Este fenómeno de abstracción del mundo objetivo por el mundo virtual alcanza su explicación, pues, a diferencia del primero, en el segundo, el ser no sufre ni tiene padecimientos o pasiones que lo confronten; por eso dice Byung-Chul Han que la figura del hombre contemporáneo, más que la de un peregrino, sería la de un turista hipercultural que recorre el hiperrespacio de sucesos, abierto a las atracciones culturales, de este modo, experimenta la cultura como *cult-tour*.

Al ser humano actual y, consecuentemente al del porvenir, le será improbable vivir con padecimientos, cruzar umbrales, tener temores, pues un turista hipercultural y las generaciones que le sucedan no tendrán la confrontación de la dialéctica del mundo: ya habrán asimilado total y virtualmente el mundo. No debe extrañarnos que los niños japoneses del siglo XXI ya no

---

[15] Byung-Chul Han, *Hiperculturalidad...*, p. 25.

toleren el contacto humano y comiencen a desarrollar robots que los acompañen en lugar de los tradicionales cuidadores.

La separación del espacio a la que ya hace referencia Hartmut Rosa produce la separación del espíritu humano en su forma de ser tiempo, en otras palabras, un efecto de desincronización.

> El tiempo moderno se ha convertido, primordialmente, en el arma para la conquista del espacio. En la lucha moderna entre espacio y tiempo, el espacio era el aspecto sólido y estólido, pesado e inerte, capaz de entablar solamente una guerra defensiva, de trincheras [...] y ser un obstáculo para las flexibles embestidas del tiempo. Durante la modernidad, la velocidad de movimiento y el acceso a medios de movilidad más rápidos ascendieron hasta llegar a ser el principal instrumento de poder y dominación.[16]

El efecto de la ruptura espaciotemporal produce, a su vez, consecuencias personales y sociales que han afectado profundamente al ser y la convivencia del ser humano en el mundo tardomoderno; entre otras, la conversión del tiempo en oro, el cual, más que una herramienta para obtener bienes consumibles, se ha convertido, contraproductivamente, en un fin. El dinero se convirtió en herramienta, como dice Bauman: "Para superar la resistencia del espacio, acortar las distancias, despojar el significado de un obstáculo de su connotación de 'remoto', ampliar los límites de la ambición humana";[17] el fenómeno se aprecia claramente cuando se realiza una carga bancaria en la tarjeta de crédito cada vez que el automóvil cruza la pluma de seguridad de la autopista urbana que conecta Santa Fe con sus alrededores.

La aceleración social se convierte en una manera de superar el espacio, y el dinero, consecuencia de la aceleración, en la forma de agrandar el espacio, por ejemplo, el de la casa que habitamos o el espacio del avión en que viajamos. El moderno siglo XXI centra su atención en maneras de realizar tareas con mayor rapidez, de eliminar el tiempo "improductivo", inútil, vacío y despreciado.

---

[16] Zygmunt Bauman, *Modernidad líquida...*, p. 15.

[17] *Ibid.*, p. 120.

Es paradójico que, con la ruptura de la unidad espaciotemporal, si el dinero, fruto de la aceleración social, permite la conquista del espacio, simultáneamente, a pesar de haber cada vez más espacios y lugares virtuales, el valor del mundo objetivo terrenal se encarezca y el ser humano vea reducidas sus posibilidades de habitar un espacio. Ciertamente el problema es que, en el fondo, es imposible habitar los espacios virtuales.

Otra consecuencia paradójica de la desincronización consiste en la inmovilidad causada por la velocidad extrema; si un objeto se mueve a la velocidad de la luz, se vuelve imperceptible, pensemos en el efecto de luz blanca que percibimos cuando giramos una rueda donde se concentran los diferentes colores sólidos, o en la desaparición de un punto cuando lo desplazamos rápidamente de un punto a otro. Las enfermedades por aceleración social en general y el síndrome de *burnout* en particular serían consecuencias de lo mismo, como el personaje Bartleby de Herman Melville, quien ya no podía realizar actividad alguna porque se encontraba fatigado de realizar actividades. *La sociedad del cansancio* de Byung-Chul Han y *La modernidad líquida* de Bauman son observaciones del mismo fenómeno, y sin embargo:

> Por cerca que esté del cero el tiempo necesario para llegar a un destino espacial, todavía no llegamos a cero. Incluso la tecnología más avanzada, equipada con los más poderosos procesadores, no ha logrado aún una genuina 'instantaneidad'. Las personas que se mueven y actúan más rápido, las que más se acercan a la instantaneidad de movimiento, son ahora las personas dominantes.[18]

Hay un punto donde la inmovilidad, la instantaneidad, el momento y la eternidad parecen tocarse, pero no son el mismo fenómeno temporal. Los usuarios de los servicios de red social pueden presumir que viven en el mundo virtual de Instagram o Facebook, pero el espacio que ocupan es, en términos de Bauman, un no-lugar en donde simulan vivir y/o ser las personas que no son en realidad: "En el corazón de las redes sociales está el

---

[18] *Ibid.*, p. 129.

intercambio de información personal". Los usuarios están felices de poder "revelar detalles íntimos de sus vidas íntimas".[19]

El problema radica en que la aceleración social misma produce soledad, porque el espacio objetivo, que deja de ser habitado por los seres virtuales, es un espacio desértico en donde ya no convive la alteridad: "Lo que arrastra a la gente a sus computadoras es el miedo a estar solos, mientras que el peligro desconocido los empuja a la procrastinación de los encuentros en la vida real".[20]

Otra paradoja que se suscita con la desincronización es la concerniente al poder. Así como el poder de controlar el tiempo agranda el espacio, simultáneamente, abre espacios nuevos, concretamente los espacios virtuales, mismos que no se pueden controlar, pues están abiertos a la invasión de agentes externos, como bien señala Jacques Derrida: "Pero el desarrollo actual de las técnicas reestructura el espacio de tal modo, que lo que constituye un espacio de propiedad controlado y circunscrito es aquello mismo que lo abre a la intrusión".[21]

En otras palabras, el poder de controlar el tiempo desincroniza y abre nuevos lugares que el propio ser no puede dominar del todo, de modo que vuelve a perder el poder sobre la espaciotemporalidad, y esto ocurre porque los espacios propiciados por la aceleración tecnológica no pueden ser habitados espiritualmente; es decir, no pueden ser vividos espaciotemporalmente debido a la naturaleza humana.

"La última vez, mencionábamos esas novedades teletecnológicas, el teléfono, la televisión, el fax o el e-mail, también internet, todas esas máquinas que introducen la disrupción ubicuitaria, y el desarraigo del lugar, la dislocación de la casa, la efracción en el propio-hogar".[22] Es probable que una de las razones por las que la gente usa internet hasta por ocho horas al

---

[19] *Ibid.,* p. 12.

[20] Véase John Keane, *Late capitalist nights,* citado por Zygmunt Bauman, *Vida de consumo,* México, FCE, 2007, p. 30.

[21] Jacques Derrida, *La hospitalidad...,* p. 63.

[22] Zygmunt Bauman, *Vida de* consumo..., p. 93.

día, es porque le permite pequeños espacios virtuales de control y poder, imposibles de tener o dominar en los espacios físicos.

Discontinuidad

Otro de los problemas que se desprenden de la desincronización consiste en la proyección del ser hacia el futuro, pues el desfase espaciotemporal del mundo moderno impide que el ser en su totalidad se desplace y tenga continuidad. Según la teoría del conocimiento, como hemos señalado anteriormente, para que el hombre pueda identificarse a sí mismo, requiere memoria e imaginación, es decir, una conexión con el pasado y una proyección hacia el futuro; sin embargo, la desincronización rompe con la continuidad de la vida. La hipermodernidad de la era digital abrió la posibilidad de desplazar espacios y tiempos en múltiples direcciones creando hiperespacios de proyección del ser en aras de sacrificar continuidad: "Estas posibilidades vienen hacia mí: son el futuro [...] A donde mire, allí es el futuro [...] El 'universo-punto' promete más libertad. El futuro está 'en cualquier lado', 'a donde me dirija'",[23] constata Han.

La separación de tiempo y espacio en el ser propicia la discontinuidad de la concepción del tiempo; hoy en día ya no sabemos dónde o cuándo ocurrieron las cosas, Facebook nos puede recordar los eventos, los días precisos, incluso, podemos publicar nuevamente lo ya publicado en ese servicio, lo cual implica que ya no es algo que se publicó en un momento dado, sino en distintos momentos dados, siempre el mismo día, pero nunca en el mismo momento.

La conexión amplía el futuro en la medida en que crea un hiperespacio de posibilidades. El eros y la conexión, y no 'el miedo' o el 'aislamiento', serían rasgos fundamentales del Dasein que habita ese universo hipercultural [...] El espacio

---

[23]   Byung-Chul Han, *Hiperculturalidad...*, p. 26.

de posibilidad saturado, el hiperespacio de opciones posibles, desborda... la libertad de elección.[24]

La desincronización espaciotemporal altera también el recuerdo continuo de nuestra propia historia y nos permite vivir experiencias paradójicamente discontinuas. Así, un adolescente puede alcoholizarse porque ya se siente adulto, o un adulto puede embrutecerse porque aún se considera joven.

Byung-Chul Han adopta de Guilles Deleuze la metáfora del rizoma para referirse a esta característica del mundo hipermoderno, pues

un rizoma como tallo subterráneo se distingue radicalmente de las raíces y de las raicillas. Los bulbos, los tubérculos, son rizomas. Pero hay plantas con raíz o raicilla que desde otros puntos de vista también pueden ser consideradas rizomorfas. Cabría, pues, preguntarse si la botánica, en su especificidad, no es enteramente rizomorfa. [...] Cualquier punto del rizoma puede ser conectado con cualquier otro, y debe serlo. Eso no sucede en el árbol ni en la raíz, que siempre fijan un punto, un orden.[25]

El mundo contemporáneo es rizomático (veáse fig. 5), pues ha perdido el centro y su cultura es *hiper-cultura* porque ya no puede ser comprendido ni por el *inter* (interculturalidad) ni por el *trans* (transculturalidad). En ese sentido, el rizoma no tiene memoria y su proyección es tan amplia que se pierde en los horizontes de posibilidad, pues el ser rizomáticamente se encuentra en constante decisión "y todo el tiempo aparecen nuevas posibilidades, lo que da como resultado un tiempo discontinuo. No hay decisión que sea definitiva";[26] por eso se dice que el yo se descompone en una "sucesión de momentos".

---

[24] *Idem.*

[25] Gilles Deleuze y Félix Guattari, *Mil Mesetas: capitalismo y esquizofrenia*, citado por Byung-Chul Han, *Hiperculturalidad...*, p. 44.

[26] Byung-Chul Han, *El aroma del tiempo...*, p. 67.

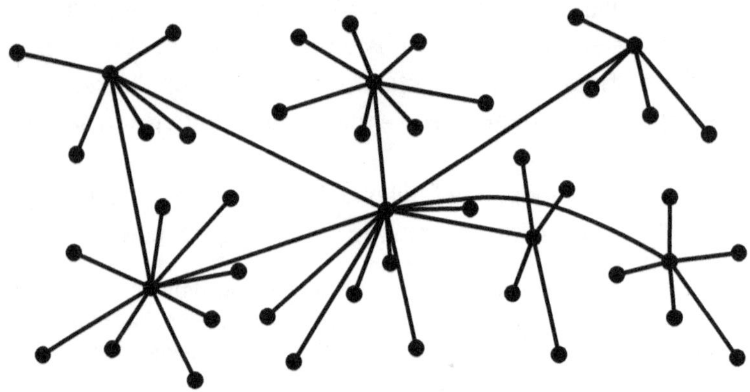

Figura 5. Ejemplo de esquema rizomático.

Usando la metáfora de Michel Maffesoli, diremos que es tiempo puntillista, un tiempo que está más marcado por la profusión de rupturas y discontinuidades, por los intervalos que separan los sucesivos bloques y establecen los vínculos entre ellos, que por el contenido específico de los bloques en sí. El tiempo puntillista es más prominente por su inconsistencia y su falta de cohesión que por sus elementos cohesivos y de continuidad.
El tiempo puntillista está roto, o más bien pulverizado, en una multitud de 'instantes eternos' –eventos, incidentes, accidentes, aventuras, episodios– mónadas cerradas sobre sí mismas, bocados diferentes, y cada bocado reducido a un punto que se acerca cada vez más a su ideal geométrico de no dimensionalidad.[27]

Sin pasado ni futuro, el ser se pierde y se aferra al presente sin memoria ni perspectiva, y no sólo Maffesoli o Bauman se han percatado de ello; una

---

[27] Cfr. Michel Maffesoli, *L´instant eternal. Le retour du tragique dans les societés posmodernes*, citado por Zygmunt Bauman, *Vida de consumo...*, p. 52.

de las principales críticas que se le puede hacer a la teoría de la aceleración social de Hartmut Rosa es que parece no haber reparado en este tiempo puntillista. Uno de los principales críticos es Byung-Chul Han cuando afirma:

> La crisis temporal de hoy no pasa por la aceleración. La época de la aceleración ya ha quedado atrás. Aquello que en la actualidad experimentamos como aceleración es sólo uno de los síntomas de la dispersión temporal. La crisis de hoy remite a la disincronía, que conduce a diversas alteraciones temporales y a la parestesia [sensaciones anormales en la piel por problemas circulatorios o nerviosos]. El tiempo carece de un ritmo ordenador. El sentimiento de que la vida se acelera, en realidad, viene de la percepción de que el tiempo da tumbos sin rumbo alguno [...] La responsable principal de la disincronía es la atomización del tiempo. A esta se debe la sensación de que el tiempo pasa mucho más rápido que antes. La dispersión temporal no permite experimentar ningún tipo de duración. No hay nada que rija el tiempo.[28]

La sentencia de Han es abrumadora –y así nos lo dejó ver Hartmut Rosa en una conversación–; sin embargo, lo que permite entender la desincronización y la noción del "tiempo puntillista" que obliga al ser a vivir en un presente atomizado es la aceleración social, tal y como la ha expuesto nuestro autor, pues las afirmaciones de Han y otros autores, más que contradecir, complementan la teoría.

En el *spectacular now*[29] en que vivimos en el siglo XXI, no hay nada que distinga un momento de otro, pues todos parecen ser iguales entre sí; en este sentido, no debería sorprender que hoy en día se pierda la idea de trascendencia. Para Nietzsche y Heidegger el tiempo fragmentado de la vida se reduce a un vivir a destiempo, y la muerte, como culminación de la vida, se entiende únicamente como un perecer: "La fragmentación del tiempo reduce la muerte al perecer. La muerte pone punto final, aunque a destiempo, a la vida, que es un presente que se sucede sin rumbo".[30]

---

[28] Byung-Chul Han, *El aroma del tiempo...*, p. 9.

[29] Hacemos referencia a la película del año 2013 *The Spectacular Now* [*Aquí y ahora*], dirigida por James Pondsolt y escrita por Scott Neustadter, donde se retrata la vida de un adolescente que muestra perfectamente el problema que exponemos en este trabajo, sólo puede vivir aquí y ahora.

[30] Byung-Chul Han, *El aroma del tiempo...*, p. 33.

Asimismo, la angustia y la inquietud propias de nuestro tiempo son consecuencia de esta atomización puntilllista del tiempo desincronizado por el desgarramiento espaciotemporal del ser, pues este fenómeno destruye la experiencia de continuidad: "La inquietud del quehacer acelerado también afecta al sueño. Durante la noche se prolonga como duración vacía del insomnio".[31]

Si trazamos una línea del tiempo punteada (*Punkt-Zeit*) y decimos que es la historia vital de una persona, claramente veremos que esa existencia parece incompleta, que hay vacíos donde no aconteció nada, y dará la impresión de que esa vida fue incompleta: "El tiempo mítico e histórico, en cambio, no dejan ningún vacío".

Vivir en el tiempo atomizado y discontinuo del aquí y el ahora impide al ser humano entenderse en el tiempo de su propia historia; sin pasado y sin futuro se pierde la capacidad de contemplación ni reflexión, lo que también impide a la persona sujetarse, sostenerse y dirigir sus pasos: "Las prácticas sociales tales como la promesa, la fidelidad o el compromiso, todas ellas prácticas temporales que crean un lazo con el futuro y limitan un horizonte, que crean una duración, pierden importancia".[32]

Zygmunt Bauman también analiza las causas y consecuencias de la línea del tiempo puntillista y comprende que es debido al desgarramiento de la espaciotemporalidad en que vivimos, es decir a la desincronización.

> Sólo hay 'momentos', puntos sin dimensiones. Pero ese tiempo, un tiempo cuya morfología es la de un conjunto de momentos, ¿sigue siendo el tiempo 'tal como lo conocemos'? 'Momentos de tiempo' oxímoron. ¿Será, tal vez que tras haber aniquilado al espacio como valor, el tiempo se ha suicidado? ¿No habrá sido el espacio simplemente la primera víctima de la frenética carrera de tiempo hacia su propia aniquilación?[33]

Otra de las consecuencias desprendidas de la desincronización, debido a la desaparición del pasado y el futuro, es que la persona no puede llevar a

---

[31]   *Ibid.*, p. 21.

[32]   Byung-Chul Han, *El aroma del tiempo...*, p. 37.

[33]   Zygmunt Bauman, *Modernidad líquida...*, pp. 127-128.

término ninguna actividad trascendente. Ocurre que, por el modo de vida actual, constantemente se proyectan ideas que no llegan a ningún lado, o bien, siempre se está empezando a hacer algo. Sin continuidad no hay conclusión: si uno tiene que estar constantemente empezando de nuevo, eligiendo una nueva opción o versión, es normal que se tenga la impresión de que la vida se acelera; no obstante, en realidad, tiene que ver con la falta de una experiencia de la duración. Siguiendo a Buyng-Chul Han, sin duración, el tiempo pierde su aroma; pero, curiosamente, el aroma es un hecho que se desprende en el tiempo y en el espacio, es decir, requiere un tiempo para ser percibido, y su percepción tiene, asimismo, una duración.

Bauman también reflexiona sobre las consecuencias de una vida que no genera ninguna continuidad entre pasado y futuro:

> Stephen Bertman ha acuñado el término 'cultura ahorista' y 'cultura acelerada' para referirse al estilo de vida de nuestro tipo de sociedad [...] El moderno consumismo líquido se caracteriza, ante todo y fundamentalmente, por una renegociación del significado del tiempo, algo hasta ahora inédito [...] El tiempo en la moderna sociedad líquida de consumidores no es cíclico ni lineal.[34]

En lugar de una historia de vida, lo que los individuos realizan en el mundo tardomoderno es sólo un encadenamiento de presentes, una colección de instantes vividos con variada intensidad.

Las ideas mismas de trascendencia, eternidad, logro o continuidad han perdido sentido en el mundo de hoy. Ya no se valoran como antes la fidelidad, la virtud ni la construcción de un nombre como ocurría con un profesor o un político, parece ser que ahora sólo interesa el prestigio temporal de un *trend topic* y el número de seguidores para un *youtuber*. La sociedad contemporánea, como menciona Thomas Hylland Eriksen, vive una "tiranía del momento": "Las consecuencias de la rapidez extrema son sobrecogedoras: tanto el pasado como el futuro, en tanto categorías mentales, se ven amenazadas por la tiranía del momento [...]. Incluso el aquí y ahora está

---

[34] Cfr. Stephen Bertman, *Hyperculture: The Human Cost of Speed*, citado por Zygmunt Bauman, *Vida de consumo...*, p. 51.

amenazado, ya que el momento próximo llega tan rápido que se hace difícil vivir en el presente".[35]

Comprender la desincronización nos permitirá entender mejor la relación que existe en la presente crítica con los siguientes tres capítulos, a saber, la dirección/sentido del tiempo, la relación y la alteridad.

En un mundo desincronizado, la experiencia del tiempo queda amputada en ambos extremos. El pasado y el futuro se convierten en abismos vacíos y sin puentes posibles. El ser humano de nuestra época vive únicamente en el presente y no le interesa su relación con el pasado ni las consecuencias de sus acciones en el futuro, lleva una forma de vida estratégica que se traduce en una inexistencia de vínculo con otros.

> Parece justo decir que nada define más a los humanos del presente que nuestra incapacidad de estar mentalmente "actualizados" respecto del progreso de nuestros productos, vale decir, nuestra incapacidad de controlar el ritmo de nuestra creación y de recuperar en el futuro (que nosotros llamamos presente) los instrumentos que se han apoderado de nosotros [...]. No es inimaginable que nosotros, fabricantes de esos productos, estemos a punto de crear un mundo al que no seremos capaces de seguirle el paso y que excederá completamente nuestra capacidad de "comprensión", nuestra imaginación y nuestra resistencia emocional y que cada vez trascenderá los límites de nuestra responsabilidad.[36]

Esta afirmación de Günther Anders pareciera el preludio de lo que podría suceder a partir de la pandemia por covid-19 en el año 2020; por un lado, la necesidad de estar actualizado y activo con la información que cada país proporciona sobre la situación y, por otro, nuestra incapacidad de resistir emocionalmente a la situación misma.

---

[35] Thomas Hylland Eriksen, *Tyranny of the Moment: Fast and Slow Time in the Infomration Age*, citado por Zygmunt Bauman, *Vida de consumo...*, p. 143.

[36] Véase Günther Anders, *Die Antiquiertheit des Menschen*; citado aquí a partir de la traducción francesa, *L´Obsolescence de l´homme. Sur l`áme a l`époque de la deuxieme revolution industrielle*, citado por Zygmunt Bauman, *Vida de consumo...*, p. 201.

El tiempo (des)afortunado

De las tres diferentes representaciones que existen del tiempo en la mitología griega, la imagen de *Kairos* cobra mayor relevancia para el ser humano en el presente siglo, pues este semidios simboliza el tiempo afortunado, el aquí y ahora que beneficia al individuo que lo ha capturado.

Esta idea del tiempo justo o tiempo oportuno sólo puede existir cuando hay una tensión entre los tiempos lineales de presente, pasado y futuro, ya que, si hay un tiempo oportuno hoy, es porque no lo hubo ayer y por ello, se espera conservar mañana. En palabras de John Searle "los recuerdos representan el pasado; las intenciones el futuro".

Resulta importante para la teoría de Hartmut Rosa la relación que podamos develar entre la noción de buena vida y el instante que representa *Kairos* como momento o tiempo oportuno dentro de la mitología griega, pues resulta paradójico buscar el favor de una divinidad como él si, al mismo tiempo, la vida de un ser humano no debiera reducirse a instantes.

> El término "instantaneidad" parece referirse a un movimiento muy rápido y a un lapso muy breve, pero en realidad denota la ausencia de tiempo como factor de acontecimiento y, por consiguiente, su ausencia como elemento en el cálculo del valor. El tiempo ya no es "el desvío hacia el logro", y por eso ya no confiere ningún valor al espacio. La casi instantaneidad de la época del software augura la devaluación del espacio.[37]

La paradoja es sorprendente y trataremos de explicarla brevemente: si el ser humano es un ser arrojado al mundo (*Dasein*) y tiene la capacidad de recordar su pasado y proyectar su futuro, entonces, es deseable que no se pierda en ninguna dimensión temporal y regrese siempre al presente sin demorar demasiado en sus recuerdos o proyecciones. Sin embargo, la aceleración social produce una desincronización de tal magnitud que la persona se extravía en sus recuerdos por falta de adaptación al mundo actual, o bien, vive en el futuro, proyectando constantemente, porque no desea quedarse atrás. Bajo esta reflexión, lo lógico es que el individuo regrese a su presen-

---

[37] Zygmunt Bauman, *Modernidad líquida...*, pp. 126-127.

te espaciotemporal; pero en realidad, ocurre que el ser humano, capaz de hacer reflexión sobre su temporalidad, permanece en un eterno presente, desvinculándose de su pasado y de su futuro con tal de no perder el momento (*Kairos*). De esa manera, "'segunda modernidad' y 'sobremodernidad' el hecho de que el largo esfuerzo por acelerar la velocidad de movimiento ha llegado ya a su 'límite natural'. El tiempo requerido para el movimiento de sus ingredientes esenciales se ha reducido a la instantaneidad".[38]

Por eso debemos regresar a la pregunta sobre la aportación que la noción de *Kairos* puede tener para el ser en el mundo contemporáneo y cuál es el papel de las nuevas tecnologías de la comunicación en este sentido: "La comunicación digital hace posible la experiencia de una cercanía beatificante, el instante feliz [*Kairos*] en el que se elimina como por arte de magia la distancia espacial y temporal".[39]

Sin pasado, no se puede construir una personalidad; la vida humana requiere términos y conclusiones que puedan contar una historia. El problema actual es que la historia se escribe conforme se vive, sin posibilidad de pensar sobre ella: "Los logros pierden su atractivo y su poder gratificador en el mismo instante de su obtención, si no antes. Ser moderno significa estar eternamente un paso delante de uno mismo".[40]

"El tiempo insustancial e instantáneo del mundo del software es también un tiempo sin consecuencias. 'Instantaneidad' significa una satisfacción inmediata, 'en el acto', pero también significa el agotamiento y la desaparición inmediata del interés".[41] Ésta es la razón por la cual una persona puede pasar tanto tiempo jugando videojuegos o revisando su *timeline* de Facebook, pues si la gratificación por llevar a cabo una acción se satisface inmediatamente después de haberla llevado a cabo, es lógico que se busque iniciar una nueva experiencia. Cada partido de FIFA o cada entrada en las redes sociales son un instante de satisfacción de una acción efectuada casi al instante, lo que provoca una percepción diferente del tiempo.

---

38 *Ibid.*, p. 16.

39 Byung-Chul Han, *En el enjambre*, Barcelona, Herder, 2014, p. 74.

40 Zygmunt Bauman, *Modernidad líquida...*, p. 34.

41 *Ibid.*, p. 128.

> En un mundo de permanentes reinicios, viajar con ilusión es mucho más seguro y atractivo que la perspectiva de llegar: el goce está en la gratificación de comprar, mientras que la adquisición en sí, que carga con la sospecha de los posibles incordios o defectos secundarios que pueda acarrear, sólo preanuncia frustración, tristeza y arrepentimiento. Con los comercios electrónicos están abiertos las 24 horas, uno puede extender a voluntad el tiempo de la gratificación sin contaminarlo con la preocupación de frustraciones por venir.[42]

El ser humano del siglo XXI, en concordancia con Han o Bauman, son turistas o peregrinos del mundo digital a quienes les gusta pasear cómodamente, sin arriesgarse existencialmente a perder nada, ni su tiempo, ni su forma de pensar, porque si una persona compromete el instante a un cuestionamiento que puede destruirlo, por aceleración social, tenderá a evitarlo: "La 'vida ahorista' tiende a ser una vida acelerada [...] para cada oportunidad en particular no existe una 'segunda vez' [por ello] la procrastinación es la asesina serial de las oportunidades".[43]

La tiranía del momento a la que hemos hecho alusión impide el desarrollo del proceso de aprender y el de olvidar, tan importante uno como el otro, el primero por permitirnos proyección hacia el futuro y el segundo, porque gana desarraigo respecto a las malas experiencias. Será clave como seres humanos comprender que cada cosa y actividad tiene su tiempo oportuno, fuera del cual se frustra o se desperdicia; el adulto adolescente y el llamado "chavorruco"[44] padecen el mismo mal: ambos viven desfasados, desincronizados respecto al momento que deberían estar viviendo. El *Kairos* no llega espontáneamente o por arte de magia, se le busca y se le agarra cuando se le encuentra; necesita suceder, precisamente cuando se está en acción, una de las razones por las que Sison lo entiende como una virtud:

---

[42] *Ibid.*, p. 34.

[43] *Ibid.*, p. 56.

[44] De acuerdo con la Academia Mexicana de la Lengua el término "chavorruco" se refiere a "una persona de edad avanzada que, a la manera de los jóvenes, actúa y se viste según la moda". Se forma a partir de las palabras *chavo*, "persona joven que viste y actúa según la moda" y *ruco* que se usa despectivamente para referirse a una "persona de edad avanzada", tal y como lo consigna el *Diccionario de americanismos*, de la Asociación de Academias de la Lengua Española (2010).

> El *kairos* es el tiempo interno al acto virtuoso [...] Continuidad-discontinuidad. El *kairos* es continuo con respecto al fin o a la perfección de la acción que favorece: dura lo que dura, mientras dura, la acción. Se mantiene durante la magnitud exacta de tiempo requerido para que una acción, en sus sucesivas etapas, no se frustre. Desde otro punto de vista, se afirma también que le *kairos* es continuo porque no invalida al pasado, sino que lo rehabilita en atención al futuro (término de la acción) en el presente –que es donde, con precisión, se sitúa el *kairos*– y el *kairos* es discontinuo porque lo es el instante-presente (*nyn*), que, en sucesión infinita y ordenada, 'constituye' el tiempo.[45]

Cuando la vida de una persona tiene una estrategia, la aceleración social y el *Kairos* son aspectos que lo impulsan para construirlo. Así, podemos enunciar algunos de los rasgos distintivos de *Kairos*: no puede "re-(o)currir" ni volver jamás a su punto de origen, nunca volveremos a la infancia ni podemos adelantar nuestra jubilación; una segunda característica consiste en su imprevisibilidad, es decir, se aprovecha cuando se le encuentra, no podemos tejer una estrategia basada en el contragolpe si no se ha tenido antes el balón en propio control; finalmente, brinda a la vida del hombre, en términos más globales, la oportunidad del cambio en la historia humana.

En resumen, la aceleración social produce desincronización porque fuerza la separación teórica y práctica de una unidad que no debe separarse, a saber, la espaciotemporal. Dicha desincronización modifica la estructura de las dimensiones temporales del ser humano, desfasando sus acciones temporales e impidiéndole vivir a un ritmo "natural" de vida en vinculación sana con sus recuerdos y su proyección a futuro. En su etapa más radical, la sociedad acelerada impulsa a vivir en un mundo donde todo tiene que ocurrir aquí y ahora, de manera que desvincula la relación con el pasado y el futuro; en otras palabras: no importa si el desfase proviene de una falta de adaptabilidad a las condiciones del mundo tardomoderno o si procede de un esfuerzo por vivir permanentemente el aquí y el ahora, lo que tenemos claro es que el hombre, por la ruptura de la espaciotemporalidad de su espíritu, vive completamente desincronizado.

---

[45] *Ibid.*, p. 175.

CAPÍTULO 11

Dirección y sentido del tiempo

Y los ritos son en el tiempo lo que la morada en el espacio, bueno es que el tiempo que transcurre no nos dé la sensación de gastarnos y perdernos, como al puñado de arena, sino de realizarnos. Bueno es que el tiempo sea una construcción [...] donde todos los pasos tengan un sentido.

Antoine de Saint-Exupèry

Byung-Chul Han se ha convertido en uno de los principales críticos de la aceleración social, sus reflexiones giran en torno a los estudios culturales desde una perspectiva filosófica; además, entabla una dialéctica entre la visión europea del mundo, principalmente desde Alemania, y una proveniente del este asiático, particularmente Corea del Sur. Cabe señalar, el primer país, pues es el lugar donde trabaja y realizó sus estudios; el segundo, por ser la cultura con la que aprendió a relacionarse con el mundo.

El problema principal de la crítica de Han es que desestima la aceleración y otorga más importancia a variables antropológicas y culturales que, si bien tienen relevancia y coherencia, también resultan insuficientes, pues la cultura cambia lenta, pero constantemente; asimismo, ciudades importantes no occidentales a nivel global, como podrían ser Seúl o Tokio, presentan cada vez mayor similitud con las aceleradas de Europa. Ni Hartmut Rosa ni Byung-Chul Han voltean a ver Latinoamérica como referencia, latitud que, sin duda, tiene un potencial altamente desaceleratorio debido a que el desarrollo de muchas de sus urbes no es tan grande.

Uno de los principales aciertos en la crítica de Han a la aceleración social se encuentra en las reflexiones respecto a la dirección y el sentido del tiempo ya que el problema no es simplemente la aceleración o los cambios de velocidad de las actividades humanas, sino las consecuencias de dicha aceleración en la vida de las personas. La noción de *estrategia*, como hemos expuesto ya, y el mismo Hartmut Rosa ha señalado, sería una manera de responder a esta crítica, pues la aceleración no es negativa si en el fondo tiene una finalidad concreta, en otras palabras, si tiene *dirección* y *sentido*.

Historia y narración

La vida de una persona se comprende, subjetivamente, desde un ámbito lineal a partir de su pasado, presente y proyección hacia el futuro; objetivamente, desde su historia, es decir, desde la narración que otros hacen sobre su vida y sus actividades.

Antes de la tercera revolución industrial, la vida de una misma persona se podía estudiar ora desde la recopilación de sus cartas, diarios o publicaciones, ora desde el retrato que otros podían hacer de ella. Hoy en día esta forma de trabajar una biografía será muy diferente, no sólo porque ya no se escriben correspondencias o diarios, sino porque la vida se ha digitalizado, para bien y para mal; en consecuencia, una misma persona puede replicarse cuantas veces quiera, o bien, adoptar varias personalidades virtuales: "Los internautas pueden experimentar, una y otra vez, con nuevos yoes a elección, y sin temor a las sensaciones".[1]

El problema de la digitalización contemporánea, de la información, de la captura de datos personales, etcétera, es que termina constituyéndose una personalidad digital que si bien representa significativamente a quien está detrás de esa información, no podemos decir que sea el mismo sujeto. La persona digital habita un limbo cibernético y es omnipresente, a diferen-

---

[1]   Veáse Francis Jauréguiberry, *Hypermodernité et manipulation de soi*, citado por Zygmunt Bauman, *Vida de consumo...*, p. 156.

cia de su ser real que es finito y habita espaciotemporalmente el mundo. Esta distinción es significativa pues, con la muerte de alguien, su ser digital no termina ahí, más bien sigue existiendo hasta que alguien lo elimina, literalmente hablando.

A manera de viñeta, el día en que la Selección Mexicana perdió un partido de eliminación contra el conjunto brasileño en la Copa Mundial celebrada en Rusia en julio de 2018, un antiguo compañero de escuela falleció abruptamente. Unos meses después del deceso, el día que sería su cumpleaños, Facebook avisó a todos sus contactos para que le enviaran buenos deseos; algunos conocidos, que evidentemente no se enteraron del fallecimiento, mandaron sus mensajes de felicitación.

El tiempo de la vida cobra relevancia precisamente porque se termina, y la historia de una persona puede ser contada, narrada y descrita para que otros puedan escucharla y aprender de ella; después de todo, ¿qué podríamos contar de un ser inmortal? Por ello, Byung-Chul Han insiste en que el tiempo tiene un aroma, pues necesitamos destinar tiempo para escuchar la narración, mientras que el ser digital no tendría ningún aroma, historia, ni nada que contar:

Los rituales y ceremonias son sucesos narrativos que se sustraen a la aceleración y tienen su propio tiempo, ritmo y tacto, pero la sociedad de la transparencia los elimina a todos, en cuanto que éstos no pueden hacerse operacionales.[2] Los ritos de cualquier índole, desde la conmemoración civil, religiosa o mágica hasta la representación teatral u operística de una obra, tienen por objetivo una intencionalidad, pero en la era digital, las intenciones se diluyen, pocas personas generan *blogs*, perfiles de Instagram o páginas web con objetivos concretos y temporales, muchas veces sólo se publican contenidos por publicar, porque se puede, de manera que sobreabunda el ruido digital.

Al ser humano, por tener un pasado, un presente y un futuro, se le presenta el privilegio del recuerdo y la imaginación, es decir, de un constante constituirse, construirse y proyectarse. En contraste, el ser digital contem-

---

[2]   Cfr. Byung-Chul Han, *La sociedad de la transparencia...*, p. 60.

poráneo está siempre presente, no concluye, no puede contar una historia, no narra nada.

> El procesador no conoce ninguna narración, por eso no es capaz de concluir [...] [la narratividad de la memoria] la distingue del acumulador, que trabaja de forma meramente aditiva y acumula. Las huellas de la memoria, en virtud de su historicidad, están sometidas a una constante reordenación e inscripción. La transparencia no desprende aroma.[3]

A su vez, la aceleración tecnológica, en su vertiente comunicativa, genera sistémicamente la acumulación de datos que buscan describir los atributos, deseos, creencias y actitudes de la persona como consumidor, con el fin de ofrecerle productos afines para su consumo; sin embargo, los datos no son sobre la persona, el *Quantified Self* es también una técnica dadaísta que descompone al yo en datos hasta vaciarlos de sentido.

Como bien menciona Han, la palabra digital refiere al dedo (*digitas*), que ante todo *cuenta*; ni los *tweets* ni las informaciones se cuentan para dar lugar a una *narración*, a una historia. El ser digital calcula constantemente y los amigos de Facebook son *contados*; por el contrario, la historia de una persona, la amistad, es *narración*: "Hoy todo se hace numerable, para poder transformarlo en el lenguaje del rendimiento y de la eficiencia. Así, hoy deja de ser todo lo que no puede contarse numéricamente".[4]

En el apartado anterior, mencionábamos que la vida de las personas en el siglo xxi se asemeja a una línea punteada, pues se ha convertido en una sucesión de presentes que, desincronizadamente, donde se intercalan experiencias y acontecimientos con sucesión de momentos discontinuos. En este sentido, cuando el tiempo se descompone en una sucesión sin fin de un presente puntual, también pierde su tensión dialéctica. En sí misma, la dialéctica es un acontecimiento temporal intensivo que pierde en su narratividad por la falta de continuidad de la vida contemporánea.

> Una larga enumeración de un acontecimiento no genera una tensión en la narración. La tesis de la aceleración no detecta el verdadero problema, que con-

---

[3] *Ibid.*, pp. 62 y 64.

[4] Byung-Chul Han, *En el enjambre...*, p. 60.

siste en que la vida actual ha perdido la posibilidad de concluirse con sentido (*sinnvoll*). De ahí proceden el ajetreo y el nerviosismo que caracterizan a la vida actual. Se vuelve a empezar una y otra vez, se hace zapping entre las 'opciones vitales', porque ya no se es capaz de llegar hasta el final de una posibilidad. Ya no hay historia y unidad de sentido que colmen la vida [...] La aceleración se descubre como una inquietud nerviosa que da tumbos de una posibilidad a otra. Nunca se llega a la tranquilidad, es decir, a un final.[5]

Una persona que no se proyecta hacia el futuro y vive en una sucesión de presentes, en el fondo, no puede ser un ser humano libre porque sus acciones no tendrán una finalidad ni una conclusión en el tiempo "la hipercultura acaba con la historia en sentido enfático". Es posible, como mencionan Jean-Claude Carrière y Umberto Eco en *Nadie acabará con los libros*,[6] que dentro de doscientos años, cuando alguien quiera hacer una historia sobre las personas en los albores del siglo xxi, tendrá serias dificultades para conseguir información, pues no hay nada menos duradero que los soportes digitales; así, no conseguirá una historia que contar, pues la sociedad, tendría que decirse, se encontraba totalmente desnarrativizada.

> Fragmentación, puntualización y pluralización son síntomas del presente. Estos también rigen la experiencia del tiempo actual. No existe más aquel tiempo colmado, que tenía lugar gracias a esa bonita estructura del pasado, presente y futuro, o sea, una historia, una curva de tensión narrativa. El tiempo se desnuda, es decir, desviste la narración. Emerge un tiempo del punto o del acontecimiento que, a causa de su pobreza de horizonte, no es capaz de acarrear mucho sentido.[7]

Otra dificultad que tendrá el investigador del futuro sobre la vida a principios del siglo xxi será la de contar la verdad, pues los datos no la implican ya que no la pueden narrar. La verdad, como la belleza, se contemplan y se explican; pero las nuevas formas de recopilación de datos no hablan sobre la persona o la empresa, simplemente se acumulan información que la explican. Por ejemplo, el *rating* de un mariscal de campo en un partido regular

---

[5] *Ibid.*, p. 27.

[6] Cfr. Jean-Claude Carrière y Umberto Eco, *Nadie acabará con los libros*, México, Lumen, 2010.

[7] Byung-Chul Han, *Hiperculturalidad...*, p. 75.

de futbol americano puede ser muy alto o muy bajo, pero por sí mismo no puede narrarnos ni explicarnos la verdad sobre el partido. Lo mismo ocurre con un simulacro: no es igual saber que la alerta sísmica sonará para repasar las rutas y los tiempos de evacuación de un edificio, que cuando el sismo toma por sorpresa, tal cual ocurrió el 19 de septiembre de 2017 en la Ciudad de México. Incluso, se puede trasladar al ensayo de una obra de teatro o la práctica musical de un concierto: no es lo mismo ni cobra igual relevancia la práctica que la ejecución frente a público. "De un montón de datos, como *Big Data*, se pueden extraer informaciones útiles, pero no generan *conocimiento* ni *verdad*. Ese 'final de la teoría' que Chris Anderson proclamó, donde la teoría es completamente reemplazada por datos, significa el final de la verdad, el final de la narración, el final del espíritu".[8]

Asimismo, tomemos lo que sucede actualmente: la gran cantidad de información que los gobiernos han publicado en la pandemia por covid-19 en 2020 no cuenta por sí sola la historia detrás del contagio, ni la tragedia por las muertes; además, es claro que la forma de mostrar la información fue muy diferente entre países, por citar a Estados Unidos y México como ejemplos.

Mencionamos al inicio de este apartado que las historias que se cuentan tienen una intencionalidad, dicho en otros términos, poseen una dirección. El problema de la falta de territorialidad del mundo digital en que vivimos es que no podemos decir exactamente hacia dónde vamos, a dónde viaja la información, qué cambios de personalidad adquirirá mi ser digital. El ser humano es un ser para la muerte, como afirmaba Heidegger, pero en el siglo XXI parece que no muere, pues trasciende digitalmente.

Dirección

Las preguntas clásicas que los profesores de filosofía hacen a sus alumnos suelen ser: ¿quién soy?, ¿de dónde vengo?, ¿hacia dónde voy? Las cuales

---

permiten saber si la persona va en camino de una buena vida que es, en el fondo, lo que nos interesa.

Hoy en día, las cosas ligadas a la temporalidad envejecen mucho más rápido que antes. Se convierten en pasado al instante y dejan de captar la atención. El presente se reduce a picos de actualidad; ya no dura. Podemos encontrar varios ejemplos: en la obsolescencia programada, cuando los objetos son generados intencionalmente deficientes para incentivar el consumo de unos nuevos; a su vez, las relaciones interpersonales también son efímeras y de utilidad; en la relación con el mundo ocurre lo mismo, un caso ilustrativo es lo que sucede con el medio ambiente, los analistas hablan de calentamiento global, falta de agua y contaminación del aire, pero la gente no suele estar preocupada por ello ya que la crisis se pronostica para un tiempo en el que "ya no vamos a estar".

Byung-Chul Han objeta a Hartmut Rosa al decir que "la causa de la contracción del presente o de esta duración menguante no se debe, como suele pensarse equivocadamente, a la aceleración", pues para él, "el vínculo entre la pérdida de la duración y la aceleración es mucho más complejo. El tiempo se precipita como una avalancha porque ya no cuenta con un sostén en su interior".[9] Según Han es la dirección: "Precisamente por no tener dirección alguna no se puede hablar de aceleración. La aceleración, en sentido estricto, presupone caminos unidireccionales".[10] Asimismo añade:

> La aceleración actual tiene su causa en la incapacidad general de acabar y concluir. El tiempo aprieta porque nunca acaba, nada concluye porque no se rige por ninguna gravitación. La aceleración que se han roto los diques temporales. Ya no hay diques que regulen, articulen o den ritmo al flujo del tiempo, que puedan detenerlo y guiarlo, ofreciéndole un sostén. Cuando el tiempo pierde el ritmo desaparece también cualquier tiempo apropiado o bueno. Quien no vive nunca a tiempo, ¿cómo va a morir a tiempo? El hombre ha perdido completamente el sentido de este *a tiempo*. Ha cedido ante el destiempo.[11]

---

9   Byung-Chul Han, *El aroma del tiempo...*, p. 18.

10   *Ibid.*, p. 19.

11   *Ibid.*, pp. 14-15.

En efecto, la aceleración social es un absurdo porque las personas en el siglo XXI aumentan la velocidad de sus actividades sin motivo alguno, pues desconocen a dónde se dirigen; conducir un auto a gran velocidad sin objetivo alguno es absurdo, se necesita un destino o una meta, por ejemplo, visitar la ciudad de Cuernavaca o ganar una competencia. El problema del ser humano contemporáneo es que vive discontinuamente y de manera desincronizada, no está aquí y ahora y no sabe a dónde va.

Remitámonos nuevamente a las figuras del peregrino y el turista a las que ya hemos hecho alusión: el peregrino está en camino y transita hacia un lugar de destino, pensemos, la ruta de Santiago de Compostela en España; en cambio, el turista no está en camino hacia ningún lugar, de hecho, camina apresuradamente por la ciudad, toma la fotografía de los lugares emblemáticos, sin oportunidad de disfrutar el tránsito, y se apresura para poder visitar el siguiente sitio emblemático. Para el ser humano del mundo contemporáneo "estar en camino" adquiere una gran importancia, aunque no sepa hacia a qué rumbo se dirige.

> El peregrino [...] no está *aquí* completamente en su casa. Por eso se encuentra *en camino* hacia un *allí* particular [...] En vez de estar *en camino* hacia *allí*, avanza hacia un mejor *aquí* [...] El peregrino es una figura de la premodernidad. Al ser le pertenece el vagar. El 'estar en camino a' de Heidegger presenta la estructura de un viaje peregrino.[12]

Mientras que el peregrino podría hacer una narración detallada del viaje que realizó, el turista contará momentos discontinuos de los lugares que mejor recuerda, como ocurre en la película de *21 gramos* de Alejandro González Iñárritu, cuya historia se cuenta desincronizadamente; de hecho, al espectador le tomará comprenderla al menos los primeros treinta minutos, pues la forma intencional en la que está filmada impide conectar los fragmentos aislados de la historia. Cabe decir, el juego que logra el director requiere genialidad, pues se vale de la capacidad humana del espectador que permite la reconstrucción de la historia.

---

[12] De este modo, escribe Heidegger: "Ellos vagan / Pero no se pierden". *Aus der Erfahrung des Denkens*, citado por Byung-Chul Han, *Hiperculturalidad...*, p. 60.

El presente, reducido a picos de actualidad, intensifica, también en el terreno de la acción, la atemporalidad (*Unzeitigkeit*). La promesa, el compromiso o la lealtad, por ejemplo, son prácticas temporales genuinas. Hacen de vínculo con el futuro al continuar el presente en el futuro y entrecruzarlos.[13]

Hemos mencionado que la percepción del tiempo varía con respecto a un referente comparativo, aunque el tiempo transcurre igual para todos objetivamente. Para el niño será poco si su papá se cansa rápido de jugar con él y el tiempo de preparación para una celebración transcurrirá diferente que la duración de la celebración misma. Ahora bien, lo importante de la duración es el motivo de la acción más que la duración misma, por ejemplo, la experiencia del primer beso suele ser breve, pero nunca se olvida. En este sentido, "el tiempo, sin ningún apoyo ni centro de gravedad sobre el que sostenerse, se precipita, transcurre imparable".[14]

Desde el punto de vista de Byung-Chul Han, la velocidad de los acontecimientos no tienen ninguna importancia si no hay ese motivo que sostenga la acción; por eso, el problema no es la aceleración social, sino la falta de dirección y el motivo de las acciones. Si las acciones cotidianas se llevaran a cabo con mayor lentitud pero la dirección o el motivo no cambiaran, no serviría de nada. Respecto a ello, estamos completamente de acuerdo con Han, con la única diferencia de que, desde nuestra perspectiva, la aceleración es la causa, no la consecuencia de la pérdida de dirección.

Tanto una velocidad demasiado alta como demasiado baja de la circulación social y económica comportan la desaparición de la historia [...] Un exceso de velocidad destruye el sentido. Una velocidad demasiado baja, en cambio, genera un atasco que impide cualquier movimiento [...] Las cosas se aceleran porque no tienen ningún sostén, porque no hay nada que las ate a una trayectoria estable [...] Aceleración y paralización. Son dos caras de la misma moneda.[15]

Lo que desespera al ser humano en el siglo xxi, más allá de la aceleración o la velocidad de los acontecimientos, es que no encuentra el porqué

---

[13] Byung-Chul Han, *El aroma del tiempo...*, p. 20.

[14] *Ibid.*, p. 22.

[15] *Ibid.*, p. 45.

de las cosas y "el exceso de indefinición genera un sentimiento de inquietud y angustia".[16] En este sentido, debe reconciliarse con la razón de ser de su existencia, pues el mundo hiperacelerado es consecuencia de la falta de *dirección* de la existencia humana; de acuerdo con Han: "La aceleración de la vida contemporánea también juega un papel en esta falta de ser. La Sociedad del trabajo y el rendimiento no es una sociedad libre".[17]

Por desgracia, el ser humano ha cedido, literalmente, su tiempo y su espacio a la nuevas herramientas digitales. De esa manera, sufre un efecto de incertidumbre respecto a la duración de las actividades y de la experiencia toda, como le ocurre a los personajes de la película *2046* del cineasta hongkonés Wong Kar-wai, que se encuentran en un tren a toda velocidad mientras se dirigen a un destino incierto; también están a bordo androides que se dedican a hacer más placentero el viaje a los pasajeros: "La información [...] habita un tiempo que se ha satinado a partir de puntos de presente indiferenciados. Es un tiempo sin acontecimientos ni destino".[18]

Cuando nos damos cuenta de que ni el mejor navegador de internet en la actualidad alcanza a cubrir el cien por ciento de los sitios web que existen en el mundo, y que además existe una *Deep Web* (internet profunda) quizá más grande, nos preguntamos ¿a dónde irá a parar tanta información y qué sentido tiene almacenarla? Lo importante no es la información, sino lo que con ella se hace.

Sentido del tiempo

Hemos insistido mucho en la necesidad de la proyección hacia el futuro que traza necesariamente una dirección. El sentido del tiempo de la vida del hombre proviene del futuro. El ser se proyecta, pues le interesa llegar a un lugar en el que no se encuentra, el problema surge cuando se pierde de vista

---

[16] *Ibid.*, p. 60.

[17] *Idem.*

[18] Byung-Chul Han, *Burnout society...*, p. 19. "The acceleration of contemporary life also plays a role in this lack of being. The society of laboring and achievement is not a free society".

el objetivo a donde se quiere llegar: "Cuando ya no es posible determinar qué tiene importancia, todo pierde importancia".[19]

Cuando se narra un relato biográfico siempre hay una intención en la narración, alguna explicación o sentido, ya sea una moraleja de la historia o un ejemplo que se pretende compartir. Todos los mensajes lingüísticos tienen intencionalidad, lo mismo ocurre con los discursos: "Una sucesión de frases indistintas no genera ningún sentido, no constituye una historia",[20] sólo un discurso bien constituido tiene sentido para quienes lo escuchan.

Al universo de datos de las herramientas tecnológicas le falta precisamente dirección y sentido; el *big data* sólo proporciona dígitos, no historias, "los números no cuentan nada sobre el yo. La numeración no es una narración".[21]

Encontramos el sentido del tiempo cuando sabemos para qué lo usamos, si comprendemos el motivo de nuestras acciones. Hartmut Rosa menciona que en los motores de la aceleración social, la pérdida de la trascendencia y la sobreabundancia de opciones producen el motor cultural; para una sociedad que ha extraviado la dirección, es lógico que también haya perdido el sentido del tiempo.

Byung-Chul Han sostiene que la aceleración no es el problema, sino la pérdida del sentido del movimiento y el tiempo que implican las acciones.

> La crisis de la época actual no es la aceleración, sino la dispersión y la disociación temporal. Puesto que por sí misma la aceleración no representa el auténtico problema, su solución no está en la desaceleración. La mera desaceleración no engendra ningún tacto, ningún ritmo, ningún aroma. No impide la precipitación en el vacío.[22]

El problema de la perspectiva de Han es que él considera la aceleración social como consecuencia de la pérdida de sentido y nosotros, con Hartmut Rosa, la consideramos la causa. De esta manera, es necesario hacer una

---

[19] Byung-Chul Han, *El aroma del tiempo...*, p. 79.

[20] *Idem*.

[21] Byung-Chul Han, *Psicopolítica...*, p. 92.

[22] Byung-Chul Han, *La sociedad de la transparencia...*, p. 65.

pausa en nuestras actividades cotidianas para darnos cuenta de la dirección y el sentido de nuestras acciones.

El sentido del tiempo sólo puede comprenderse linealmente, cuando el pasado sirve al presente para proyectar el futuro. Las acciones humanas no son comprensibles sin el pasado, pero sólo cobran su sentido hacia el futuro: "El tiempo, que al encadenar los acontecimientos los dota de sentido, transcurre linealmente. No es la eterna repetición de lo mismo lo que dota de sentido al tiempo, sino la posibilidad del cambio".[23]

Es necesario que el futuro provea al ser humano de diferentes probabilidades, si el destino está trazado, nuevamente el sentido del tiempo se pierde; en contraste, sólo si se ha perfilado una ruta, aunque pueda cambiar espontánea y radicalmente, el tiempo invertido en las acciones tendrá sentido. Así, invertir al menos cuatro años de la vida en la obtención de un título universitario sólo tendría sentido si se desea un desarrollo profesional específico en un área.

Bauman ha señalado que la sociedad moderna está orientada hacia el consumo de bienes y servicios, y el dinero es el motor económico del impulso humano por tener más y más: "La sociedad de consumidores es quizás la única en la historia humana que promete felicidad en la vida terrenal, felicidad aquí y ahora y en todos los 'ahoras' siguientes, felicidad instantánea y perpetua".[24]

En la crítica que hemos estado construyendo, la felicidad tendría que ser la consecuencia de las acciones que llevamos a cabo, no la actividad misma, pero el mundo tardomoderno lo entiende así: comprar cosas nos otorga pequeños instantes de felicidad aquí y ahora, de manera que se entrega al presente lo que antes otorgaba el futuro.

La sociedad contemporánea genera la idea de la construcción de la identidad a partir del consumo, pero el problema es la imposibilidad de consolidar la identidad por la sobreabundancia de ideas en la oferta; conforme a las ideas de Bauman: sigamos buscando nuestro yo real, y es pura

---

[23] Byung-Chul Han, *El aroma del tiempo...*, p. 30.

[24] Zygmunt Bauman, *Vida de consumo...*, p. 67.

diversión, a condición de que nunca lo encontremos, pues si lo llegamos a alcanzar, la diversión se terminaría.

Debido a que la sociedad capitalista está orientada al consumo y no a la identidad de la ciudadanía, podemos afirmar que ha perdido su dirección y su sentido: si la identidad tiene que ser re-inventada constantemente, no tiene conclusión, y al no concluir, no hay historia ni narración. Lo que resulta increíble es que el ser humano termine por convertirse en un producto de consumo que se oferta a la institución que más le valore monetariamente:

> El propósito crucial y decisivo del consumo en una sociedad de consumidores no es satisfacer necesidades, deseos o apetitos, sino convertir y reconvertir al consumidor en producto, elevar el estatus de los consumidores al de bienes de cambio vendibles [...] Los miembros de una sociedad de consumidores son ellos mismos bienes de consumo.[25]

Un mundo donde las personas pueden verse a sí mismas como objetos de consumo permite la capacidad de cambiar constantemente de identidad, sin necesidad de comprometerse con ser sí mismo de tal suerte que, como afirma el novelista polaco Andrzej Stasiuk, "la posibilidad de convertirse en otro es el sustituto actual de la salvación y la redención",[26] pues cuando nos agotamos en una personalidad, nos inventamos una nueva, ya sea virtual o físicamente. Ahora bien, este cambio de identidad no es gratuito, un ser humano no puede cambiar de personalidad de la noche a la mañana; eso requiere, por parte del sujeto, la disponibilidad de moverse y actuar rápido para adquirir una identidad actualizada. La sobreoferta de posibilidades implica, cuando uno mismo es un producto, la aceleración social.

> Estar permanentemente atareado, con una urgencia tras otra, proporciona la seguridad de una vida plena o una 'carrera exitosa', única prueba de autoafirmación en un mundo en que toda referencia al 'más allá' está ausente, y en el que la finitud de la existencia es la única certeza [...]. Al actuar, las personas piensan a corto plazo, en cosas que deben hacerse de inmediato o en un futuro

---

[25] *Ibid.*, p. 83.

[26] Zygmunt Bauman, *Vida de consumo...*, p. 154.

cercano [...] Con demasiada frecuencia la acción es sólo un escape del yo, un remedio para la angustia.[27]

Cabe señalar, en tiempos de crisis el análisis de datos y la pausa para la toma de decisiones son más valiosas que la velocidad de reacción; sobre todo para los gobiernos en situaciones de gravedad, como la pandemia del año 2020.

La reflexión en torno a la buena vida pasa necesariamente por la crítica social del estilo de vida propuesto por el capitalismo. El sistema mismo propicia la aceleración e impide generar resonancia entre los individuos que apenas alcanzan a percatarse de que se encuentran encerrados en la rueda del hámster.

Los primeros que reparan en los cambios sociales, ya sean positivos o negativos, son los artistas, especialmente literarios. Milán Kundera se dio cuenta de ello cuando escribió *La lentitud* donde afirma: "El nivel de velocidad es directamente proporcional a la intensidad del olvido". Es por esto que sostenemos que la aceleración es la causa de la pérdida del sentido y no la consecuencia, como señala Han, quien, sin asumirlo, concede a la contemplación el poder de reconectar al ser humano con su entorno.

Contemplación

No es lo mismo ver una serie de televisión de diez capítulos en el curso de diez días que hacerlo en el transcurso de tres. Incluso el consumo de las imágenes requiere de un tiempo de asimilación, por eso para los aficionados al futbol americano es necesario ver los programas de los resúmenes de los partidos, pues una enorme exposición a las jugadas impide recordarlas, al menos, hasta que son vistas muchas veces.

La narración de una historia exige tiempo y espacio para ser comprendida; su final debe cautivar y llevar a la reflexión, pero sólo es posible si nos damos tiempo para ello: "El final de la narración, el final de la historia, no

---

[27]   Nicole Aubert, *Le Culte de l´urgence...*, pp. 107 y 108.

tiene por qué traer consigo un vacío temporal. Al contrario, da lugar a la posibilidad de una vida que no necesita la teología ni la teleología, y que tiene su propio aroma. Pero requiere una revitalización de la vida contemplativa".[28]

Una historia que se cuenta rápidamente pierde la mitad de su atractivo, se pierde en la memoria porque no le dio la oportunidad de desarrollarse. La sensación de que el tiempo pasa mucho más rápido que antes tiene su origen en que la gente, hoy en día, ya no es capaz de demorarse; el tiempo puntillista de nuestra experiencia cotidiana, es decir, el tiempo de la experiencia de la duración, es cada vez más insólito y más raro.

Sólo el *Dasein*, el ser arrojado al mundo, tiene la capacidad de demorarse, porque es y permanece en el tiempo; "la época de las prisas y la aceleración es, por tanto, una época del olvido del ser",[29] como afirma Han.

Para cerrar el tema de la dirección y el sentido del tiempo, revisemos una última analogía. La razón por la cual el ser humano se detiene a contemplar cosas bellas es por el sentido que le encuentra a la belleza y la posibilidad de demorarse en ella, "lo bello cancela el poder del tiempo", como hicieron ver los griegos a través de Afrodita. En este mito, la diosa de la belleza, cuyo origen parece estar situado en la isla de Chipre, es producto de la castración de Urano (el cielo) a manos de *Kronos* (el tiempo). ¿Qué puede engendrar el miembro viril de la divinidad celestial, vencida por el tiempo y arrojada a la vastedad de las aguas? Se trata de la belleza de Afrodita, siempre joven, fruto de la inmensidad del mar y el firmamento, aunque arrebatada por el tiempo.... la belleza es temporal, pero cuando se le tiene, se le contempla.

---

[28] Byung-Chul Han, *El aroma del tiempo...*, p. 10.
[29] *Ibid.*, p. 110.

CAPÍTULO 12

Alteridad y tiempo

La esencia del lenguaje es amistad y hospitalidad.

Emmanuel Levinas

Es evidente la influencia de Heidegger en la obra de Hartmut Rosa, la idea del ser-en-el-mundo (*Dasein*) permea las categorías de aceleración, sus motores y la desaceleración social misma. De acuerdo con Heidegger, el ser interpreta (comprende el mundo) y se proyecta en él, es decir, acontece y se va revelando:

> El 'ver en torno' descubre, significa: el 'mundo', ya comprendido, resulta interpretado [...] El carácter de posibilidad responde en todos los casos a la forma de ser de los entes comprendidos [...] Cuando los entes intramundanos son descubiertos a una con el ser del 'ser ahí', es decir, han venido a ser comprendidos, decimos que tienen 'sentido'. Pero lo comprendido no es el sentido, sino los entes o el ser. Sentido es aquello en que se apoya el 'estado de comprensible' de algo.[1]

Una de las críticas más importantes que se ha hecho a Heidegger radica en que únicamente parece existir una correlación entre el "ser" con el

---

[1] Martin Heidegger, *El ser y el tiempo*, México, FCE, 2010, § 32.

"ser-en-el-mundo"; es decir, entre el ser como sustancia y el ser como acontecimiento. Así pues, se trata de una dialéctica con el mundo, individual, subjetiva e íntima. Para Heidegger, el hombre debe tomar conciencia de esa correlación, pero no contempla otras relaciones posibles.

Uno de los críticos es Emmanuel Levinas, quien precisamente observa que esta correlación del "ser" con el "ser-en-el-mundo" tiene un problema: la correlación implica sólo el *sí mismo*, no abarca ni contempla lo que el propio Levinas denomina el *Otro*. Heidegger supera el idealismo clásico que subordina al ser con la conciencia y comprende que es un ente concreto subjetivo subordinado, el cual encuentra su autenticidad al *salir de sí*; sin embargo, para Levinas, es fundamental formular una trascendencia que no se mantenga en el ser y no signifique elevar al sujeto a una forma superior del ser (una conciencia).

Según Levinas, es necesario que el ser suprima la conciencia del individuo, el *sí mismo*, y trascienda su existencia *más allá del ser*. Para lograrlo, debe asumir la *alteridad*, la existencia del otro.

> El *noúmeno* es el otro que se manifiesta en una relación de no-violencia que es esencialmente lenguaje y no poder: por lo tanto, la metafísica es posible [...] el otro es precisamente lo que no se puede neutralizar en un contenido conceptual [...] El otro como lo absoluto es una trascendencia anterior a toda razón y a lo universal, porque es, precisamente, la fuente de toda racionalidad y de toda universalidad.[2]

Las aportaciones de Levinas a la obra heideggeriana nos permiten, por un lado, presuponer que el ser-en-el-mundo (*Dasein*) es compartido con otros, por otro lado, implican una ética para el *sí mismo* (la totalidad) y para *el otro*[3] (el infinito). Una reinterpretación de la trascendencia levinasiana

---

[2] Citado por Emmanuel Levinas, *Totalidad e infinito*, Salamanca, Ediciones Sígueme, 2001, pp. 21 y 25.

[3] El propio Levinas hace una diferenciación para entender la noción de Otro como diferente a la de otros autores como Buber o Marcel, pues "esta equivale a la reducción del Otro al yo (al Mismo) en el pensamiento de Levinas" (*Ibid.*, p. 36); por lo que su idea del otro "no es un yo calculable por analogía" sino aquel que "en el campo de la experiencia moral... la relación con el Otro se expresa por la imposibilidad moral de exigir a otro lo que me exijo a mí mismo" (*Ibid.*, p. 38), por eso lo define como un "cara a cara" con el huérfano, la viuda y el extranjero

permitiría asumir una antropología optimista frente la teoría de la aceleración social.

La sociedad acelerada en la que vivimos está inmersa en un mundo que compartimos con otros, un mundo del que somos corresponsables y en el que dejamos huella; es decir, la existencia humana en el mundo implica una trascendencia en diversas direcciones. Trasciende al ser como sí mismo en su subjetividad por medio de la conciencia, y a la vez, al ser-en-el-mundo (*Dasein*) por medio de las acciones que realiza y dejan huella en el mundo; además, trasciende metafísicamente al ser, al otro y al mundo como objetos; finalmente, al ser-para-más-allá-de-su-muerte a través de la huella que deja su ser y su acontecer en el mundo. La aceleración social es fruto de las acciones de los seres que han construido y transformado el mundo: "La estructura formal que encuadra esta experiencia de la alteridad es la idea de lo infinito cuyo contenido consiste en sobrepasar permanentemente todo contenido y por el cual se contiene más de lo que se puede contener".[4]

Resulta muy interesante la responsabilidad ética que, a partir de la idea levinasiana de trascendencia, cada una de las personas tiene en su acontecer en el mundo, e igualmente esa trascendencia en forma de huella que queda tanto en la conciencia del otro como en sí mismo, en el infinito del ser-para-más-allá-de-su-muerte.

Con el fin de analizar la aceleración social a la luz de la *alteridad*, comenzaremos por hacer una distinción metodológica entre una visión de ser-en-el-mundo (*Dasein*), donde el ser se asimila en el mundo (positividad), y una donde se interroga y resiste al mundo (negativa), para así comprender el papel que los otros tienen en nuestra experiencia del mundo hacia una buena vida.

---

indefenso y necesitado ante el cual soy rico. Ahora bien, aún si pensáramos en el Otro de manera levinasiana, no tendría, en nuestra opinión, por qué desprenderse la idea del otro al modo heideggeriano.

[4] Emmanuel Levinas, *Totalidad e infinito...*, p. 25.

Positividad y negatividad del mundo

Inicialmente los sociólogos Peter Berger y Thomas Luckmann con *La construcción social de la realidad*, y después el filósofo del lenguaje John Searle en su obra *La construcción de la realidad social* debatieron, desde sus áreas, sobre la forma en que está constituido el mundo, aunque, de alguna manera, siguiendo la idea del *Dasein* heideggeriano.

El ser humano asimila el mundo que le rodea, lo interioriza e interactúa con él, pero no todos los hechos pueden ser asimilados sin algún tipo de confrontación. A esto nos referimos cuando hablamos de la positividad y negatividad del mundo: la primera se presenta cuando el mundo es más bien asimilado por el sujeto sin confrontación; mientras que la segunda, surge precisamente de este conflicto. La observación general es que el acelerado mundo contemporáneo es excesivamente positivo, por consiguiente, le falta negatividad.

Uno de los síntomas de la positividad del mundo se encuentra en el arte; por ello, Byung-Chul Han critica a Jeff Koons, pues en su "obra de arte [...] lo pulido y terso [...] se amolda al observador [...] lo único que quiere es agradar, y no derrumbar".[5] En contraste, las fotografías del World Press Photo, que anualmente se premian y se exhiben en México en el museo Franz Mayer, muestran un contenido que confronta al receptor con una realidad que no le es tan ajena como suele pensar: "En presencia de su arte no son necesarios ningún juicio, ninguna interpretación, ninguna hermenéutica, ninguna reflexión, ningún pensamiento".[6]

El mundo contemporáneo del consumo capitalista busca maximizar la producción, el transporte y la comunicación, como ha descrito Hartmut Rosa en su observación sobre la aceleración tecnológica. Esta forma de productividad transformó la sociedad disciplinaria en la sociedad del rendimiento, es decir, convirtió las formas sociales de la negatividad por formas sociales positivas.

---

[5]   Byung-Chul Han, *La salvación de lo bello...*, p. 18.

[6]   *Ibid.*, p. 12.

Aunque la experiencia del mundo puede poner de frente al ser humano con el entorno, la sociedad tardomoderna del siglo xxi, de manera paradójica, ofrece experiencias menos agresivas o confrontativas; es decir, la sociedad de la información se muestra más bien aditiva y acumulativa, más vivencial y superficial, mientras que el mundo al que hemos sido arrojados, siguiendo a Heidegger, es uno de experiencias únicas que pueden confrontar al ser con el mundo: "Hoy ya no vivimos poéticamente en la tierra. Nos acondicionamos en la zona digital, donde nos sentimos a gusto [...] La hipercomunicación actual reprime los espacios libres de silencio y de soledad, que son los únicos en los que sería posible decir cosas que realmente merecieran ser dichas".[7]

Por otro lado: "Los proyectos, las iniciativas y la motivación reemplazan la prohibición, el mandato y la ley. A la sociedad disciplinaria todavía la rige el no. Su negatividad genera locos y criminales. La sociedad de rendimiento, por el contrario, produce depresivos y fracasados".[8] A diferencia del siglo pasado, en donde el ser humano se guiaba más por el *deber*, el mundo de hoy se rige por el *poder hacer*.

Las nuevas tecnologías permiten llegar más lejos, más rápido y más cómodamente; el efecto social que esta condición produce es la sensación de libertad, pues como explica Bauman: "Vivir entre opciones aparentemente infinitas (o al menos en medio de más opciones de las que uno podría elegir) permite la grata sensación de 'ser libre de convertirse en alguien'".[9] Antes de internet, publicar un texto para que algunos tuvieran acceso a él era una posibilidad extraordinaria, se *debía* hacer un muy buen trabajo para alcanzar ese privilegio; hoy en día, por el contrario, cualquier persona *puede* publicar

---

[7] Byung-Chul Han, *La expulsión de lo distinto...*, p. 99. El optimismo infundado es la característica de nuestro tiempo, al grito de "sí se puede" o "le voy a echar todas las ganas" la gente se ilusiona y se compromete, hoy en día existe abundancia de opciones para ser y hacer en la vida, a diferencia del siglo pasado, el cual estaba lleno de reglas y prohibiciones. Un ser humano motivado y positivo es más productivo y obediente, aunque en el fondo la desilusión y desengaño engendran malestares sociales.

[8] Byung-Chul Han, *La sociedad del cansancio...*, p. 27.

[9] Zygmunt Bauman, *Modernidad líquida...*, p. 68.

cualquier texto y paradójicamente alcanzar a más audiencia sin necesidad de tener mérito artístico o académico.

Es bien sabido que la desdicha del consumidor deriva no tanto de la reducida oferta, sino del exceso de la misma, pues si alguien siente que su vida no va bien, en el mundo actual, el único culpable es uno mismo: las posibilidades son infinitas y quien no las aproveche se convierte en un fracasado. Cada uno es "arquitecto de su propio destino"; por ejemplo, los servicios de red social no sólo son abundantes en oferta además de gratuitos, también permiten la grata sensación de poder publicar todo lo que uno quiera por medio de sus plataformas personales (imagen, video, audio, texto, etcétera). A causa de esto, muchos abren espacios en todos los servicios, para sentirse libres de expresar lo que quieran; sin embargo, se presenta una doble vertiente: por un lado, los contenidos que algunos pueden publicar son meras réplicas de lo que otros han replicado a su vez, pues al no haber un mundo que confronta la libertad y el intelecto, el ser humano no puede generar contenidos valiosos para compartir; por otro lado, cuando una persona desea mantenerse activa en todas sus redes, le resulta casi imposible atenderlas todas, por el tiempo que implica la actualización de contenidos, mantenerlos vigentes e incrementar su número de seguidores. La consecuencia de esta situación puede conducir también a problemas psicosociales.

La positividad del siglo xxi es violenta e invisible, pues no se puede culpar a nadie más que a uno mismo del fracaso propio. Eso ocurre precisamente cuando falta algo que resista, que confronte al ser con el mundo; la sobreabundancia genera ruido. Si una persona acumulara cosas sin control, se daría cuenta de la imposibilidad del uso de aquellas cosas y el absurdo que implicaría tenerlas. Este exceso de abundancia en realidad genera vacíos. "La proliferación de lo igual se hace pasar por crecimiento. Pero a partir de un determinado momento, la producción ya no es productiva, sino destructiva; la información ya no es informativa, sino deformadora; la comunicación ya no es comunicativa, sino meramente acumulativa".[10]

---

[10] Byung-Chul Han, *La expulsión de lo distinto...*, p. 10.

Lo que hace falta al ser humano en el presente siglo es algo que lo confronte y lo reafirme frente al mundo, algo que le permita generar sentido y dirección a las cosas y hechos que ocurren en el mundo. Y precisamente, aquello que de modo más manifiesto puede confrontar al ser en el mundo es otro ser-en-el-mundo: "Los tiempos en los que existía el otro se han ido. El otro como misterio, el otro como seducción [...] como dolor va desapareciendo. Hoy, la negatividad del otro deja paso a la positividad de lo igual".[11]

En este sentido, la positividad del poder es mucho más eficiente que la negatividad del deber; por esa razón, primero hay que reconocer y después enfrentar aquellos aspectos del mundo que producen negatividad, conflicto o confrontación.

El discurso de la transparencia acelera los procesos de sistema social porque impide la opacidad. En teoría, si todo es transparente, es fácil ver para tomar acciones; sin embargo, la transparencia desmonta la negatividad natural del sistema social, porque, si bien la transparencia se exige institucionalmente, sólo se ejerce sobre las personas, no sobre las instituciones. Es increíble que los gobiernos puedan tener acceso a la información de una persona en tiempo real, con el apoyo de las grandes empresas de comunicación denunciadas por Edward Snowden, pero que las personas tengan dificultad de acceso a la información de aquellos. El objetivo inicial del discurso sobre la transparencia consiste en eliminar la alteridad, todo aquello que no sea transparente o que no pueda saberse acerca de los súbditos.

"Es significativo que Facebook se negara consecuentemente a introducir un botón de 'no me gusta'. La sociedad positiva evita toda modalidad de juego de la negatividad. Su valor se mide tan sólo en la cantidad y la velocidad del intercambio de información".[12] Debido a que la positividad se caracteriza por la desaparición de la alteridad, es indispensable comprender cuáles son los elementos que introducen negatividad en el sistema social; por ejemplo, el conocimiento es claramente un agente de confrontación y

---

[11] *Ibid.*, p. 9.

[12] Byung-Chul Han, *La sociedad de la transparencia...*, p. 23.

una fuente de conflicto, pues el ser humano necesita constantemente verificar sus creencias e inferencias sobre el mundo.

El espíritu humano, con su sentido común, imaginación, memoria y facultades estimativa y cogitativa, es lento para analizar el mundo, pues se demora en la negatividad, ya que requiere hacer sinergia entre sus variables y así obtener conclusiones que le sean útiles para su acción. Así como el conocimiento es un agente de la negatividad, actividades fisiológicas como el miedo o la tristeza confrontan al ser humano con el entorno y, por ese motivo, se ralentiza la toma de decisiones, pues se mueve a la reflexión y esta requiere tiempo.

De esta manera, la figura de la alteridad, del otro con quien comparto el mismo mundo, se convierte en la confrontación máxima de una persona, su némesis, pues no existe nada más parecido y, al mismo tiempo, nada más diferente que un *alter*. Por eso Jacques Derrida usará la figura del extranjero como aquella que "reafirma la convicción de un nosotros como identidad".

El pensamiento, a diferencia del cálculo,[13] posee el pleno sentido de la negatividad, pues resiste y cuestiona al ser que se enfrenta al mundo; de hecho, podríamos afirmar lo siguiente: la negatividad, la resistencia y el conflicto son, precisamente, el origen del movimiento y del mundo. Pensemos lo anterior desde distintos planteamientos: en la mitología de la cultura helénica, de acuerdo con la *Teogonía* de Hesíodo, antes de la existencia del mundo había Caos; es decir, la primera negatividad. Si desplazamos el ejemplo al pensamiento religioso cristiano, lo que hizo Dios en el primer día, de acuerdo con la Biblia, fue separar la luz y la oscuridad; en otras palabras, la primera negatividad. Finalmente, si consideramos el origen del universo para la ciencia moderna, en el Big Bang, todo comenzó también con un primer conflicto, con la primera negatividad: "Pensar en sentido estricto

---

[13] El cálculo, que sí es en efecto una forma de pensamiento, no se considera específicamente negativo porque no confronta el mundo, simplemente lo explica. Confrontar implica oponer resistencia o incluso contradecir o contravenir, el cálculo no posee esa característica; por eso, el abuso de datos (*big data*) característico de nuestro tiempo, no puede erigirse como una figura de la negatividad, sino todo lo contrario.

está ligado a una negatividad; sin esta, pensar no sería más que un mero calcular".[14]

"La negatividad es vivificante. Nutre la vida del espíritu. El espíritu sólo obtiene su verdad si dentro del desgarramiento absoluto se encuentra a sí mismo. La negatividad del desgarramiento y del dolor es lo único que mantiene con vida al espíritu".[15] La relevancia de la negatividad consiste en su potencial de opuesto, en la resistencia, la diferencia y la producción de movimiento. Si un cristiano pregunta las razones por las cuales Dios permite el mal en el mundo, quizá habría una respuesta filosófica evidente: es por necesidad, pues para saber que algo es bueno, necesariamente, se necesita que algo sea malo. Desde los primeros filósofos de la naturaleza como Heráclito, se ha pensado que el mundo al que hemos sido arrojados está regido por opuestos, los cuales le permiten a la persona constituirse como persona, es decir, tener personalidad, identificarse consigo como alguien completamente diferente a aquel extranjero, negativo, que tiene frente a sí.

La figura del umbral emerge como la ventana que permite el tránsito entre la positividad y la negatividad, por ejemplo, cuando aprendemos un idioma, pues claramente genera un conflicto y una dificultad negativa hacia el entendimiento, pero genera aprendizaje positivo que expande los límites del pensamiento de la persona que ha experimentado dicha negatividad. El umbral es el acceso, el dolor, la resistencia que obliga al ser, ser sí mismo en el mundo. Cuando una persona viaja por países remotos y enfrenta manifestaciones culturales diferentes a las propias, vive y sufre el mundo; el viajero, a diferencia del turista, no puede permanecer indiferente ante la experiencia del mundo porque ya ha atravesado el umbral: "Quien traspasa el umbral se somete a una transformación. El umbral como lugar de transformación duele. Le es inherente la negatividad del dolor".[16]

Es verdad que no todas las personas quieren ni pueden atravesar umbrales; con ellas, ocurre como alguien absorto en los videojuegos: no están

---

[14] Byung-Chul Han, *Topología de la violencia...*, p. 178.

[15] Byung-Chul Han, *La expulsión de lo distinto...*, p. 51.

[16] *Ibid.*, p. 57.

habitando el mundo, sino se habitan a sí mismos, ya que el mundo es una resistencia, un umbral y un dolor.

Cuenta la historia que cuando un consejo de sabios se reunió para saber cuál es la palabra más importante del lenguaje humano, después de un extenso diálogo y reflexión, llegaron a la conclusión de que la palabra "supervivencia" es la que sintetiza la dicotomía más profunda de la existencia humana, es decir, su conflicto más profundo, porque el umbral de la muerte es el único que puede revelar y dar sentido a la vida propia. Sin muerte, no es posible la dirección y el sentido de la vida, pues la no-existencia es la negatividad por excelencia.

De modo similar, aunque menos radical, la negatividad productora de movimiento más humana es el amor, además de ser la experiencia más dolorosa que se hace positiva al negar la existencia, pues a la alteridad que la nutre no se le opone resistencia. Así, el amor es el abandono del yo más profundo que no pone en riesgo la existencia propia y *Eros* es lo único que está en condiciones de salvar al yo de las enfermedades por aceleración, de sacar de sí mismo al narciso contemporáneo. Es por lo anterior que la alteridad tiene un lugar tan relevante para la teoría de Hartmut Rosa.

> ¿En qué consiste el amor si no en entender y alegrarse de que haya otro que viva, actúe y sienta de forma distinta e incluso opuesta a como lo hacemos nosotros? Para que el amor franquee las oposiciones valiéndose de la alegría es necesario que las elimine, que no las niegue. Incluso el amor a sí mismo implica como condición previa la dualidad (o pluralidad) no miscible en una misma persona.[17]

El desafío que enfrenta el ser humano arrojado al mundo consiste en transitar por él, ora asimilándose ora distanciándose para gozarlo plenamente. El deleite del mundo sólo es posible si le ofrece resistencia física y cognitiva al ser humano, pues esta combinación de positividad y negatividad es lo que permite experimentarlo en plenitud; sin embargo, esto requiere, al mismo tiempo, guardar distancia con el mundo.

---

[17] Friedrich Nietzsche, *Menschliches, Allzumenschliches II, Kritische Gesamtaugabe* [trad. cast. *Humano, demasiado humano. Segundo volume*n], citado por Byung-Chul Han, *La expulsión de lo distinto...*, pp. 110-111.

Falta de distancia

El *Dasein* heideggeriano implica la interacción del ser humano y el mundo, pero no permite ni la completa asimilación del ser en el mundo, ni la completa separación del ser del mundo. La experiencia del mundo es ontológica y epistémica, así como objetiva y subjetiva. La distancia y la distinción de estos ámbitos son fundamentales para que el ser se relacione de manera óptima con el mundo, y sólo así se puede alcanzar una buena vida.

"Tener una experiencia con algo significa que eso 'nos concierne, nos arrastra, nos oprime o nos anima', su esencia es el dolor [...] lo igual no duele [...] el dolor cede paso a ese 'me gusta' que prosigue con lo igual".[18] La positividad y negatividad del mundo son necesarias, la asimilación así como la separación o la distancia son importantes. Por desgracia, la aceleración social, debido a sus consecuencias, particularmente la tecnológica, destruye la distancia por la separación del espacio; dicha brecha, a su vez, asimila y positiviza al individuo en el mundo y no le permite negatividad o distancia.

La falta de distancia del mundo contemporáneo ha llevado a la disolución de los límites entre lo público y lo privado. En la antigüedad, lo público se relacionaba con lo político, de modo tal que actividades sociales como la civilidad, la religión o el matrimonio eran claramente acontecimientos públicos; no obstante, en el mundo tardomoderno del siglo XXI, civilidad, religión y matrimonio se encuentran en la esfera privada, ya nadie manifiesta pública y abiertamente su religión o manifiesta su civilidad.

De manera drástica, la aceleración tecnológica que deriva en la separación del espacio ha traído como consecuencia el surgimiento de una nueva frontera entre lo público, lo privado y lo que podríamos denominar lo íntimo, ya que al ser humano del siglo XXI lo público, es decir, lo político, no le interesa mayormente: "Reina una total falta de distancia, en la que la intimidad es expuesta públicamente y lo privado se hace público. La comunicación digital

---

[18] Martin Heidegger, *De camino al habla*, citado por Byung-Chul Han, *La expulsión de lo distinto...*, p. 12.

deshace las distancias. La destrucción de las distancias espaciales va de la mano con la erosión de las distancias mentales".[19]

Particularmente en México, lo privado se convierte en tema público; así, las personas deciden revelar detalles de su intimidad en los servicios de red social, y la nueva esfera de lo íntimo es la que permite guardar las cosas que no se desea revelar. La negatividad y la distancia que nos queda es poca; si se rompiera definitivamente esta esfera de lo íntimo, el ser humano quedaría por completo asimilado al mundo.

En su aspecto comunicativo, la aceleración tecnológica fomenta el anonimato mediante la eliminación de la alteridad del mensaje, así como la destrucción masiva del respeto y la distancia entre emisor y receptor; si en un acto comunicativo se separa el mensaje del mensajero, el nombre del emisor se pierde, además de su vínculo con el mundo: "La comunicación digital hace que se erosione la comunidad, el nosotros. Destruye el espacio público y agudiza el aislamiento del hombre. Lo que domina la comunicación digital no es al amor al prójimo, sino el narcicismo".[20]

En un diálogo, la alteridad permite la transformación de las personas que se comunican, pues al tratarse de otro quien muestra una manera diferente de entender el mundo, se fomentan formas nuevas de relación con el mundo, lo cual enriquece a los seres humanos y, en consecuencia, al mundo. Por el contrario, sin distancia ni diferencias entre los sujetos del diálogo, lo que se tiene es un soliloquio acompañado de narcisismo, en lugar de diálogo y alteridad.

El enriquecimiento personal que otorga la confrontación con el otro permite una mejor vinculación con el mundo; la ausencia de un vínculo genera una crisis de la gratificación que, como reconocimiento, requiere la instancia del otro o de un tercero. La falta de dicha relación es la condición trascendental de la crisis de la gratificación.

Una de las consecuencias inminentes de la aceleración social, aunada a la desincronización y ruptura del tiempo y el espacio, es la desvincula-

---

[19] Byung-Chul Han, *En el enjambre*, Barcelona, Herder, 2014, p. 14.

[20] *Ibid.*, p. 75.

ción de la persona de aquello con lo que debiera guardar distancia, a saber, el mundo y la alteridad. Parece ya no haber umbrales de experiencias que ofrezcan tensión o resistencia, pues el mundo se amolda a las exigencias individuales. Un ejemplo claro es el desarrollo de la industria pornográfica que abre la posibilidad de un encuentro con un "otro" a la medida, de tal suerte que anula la auténtica experiencia de un vínculo.

> El terror de lo igual alcanza hoy todos los ámbitos vitales. Viajamos por todas partes sin tener ninguna experiencia. Uno se entera de todo sin adquirir ningún conocimiento. Se ansían vivencias y estímulos con los que, sin embargo, uno se queda siempre igual a sí mismo. Uno acumula amigos y seguidores sin experimentar jamás el encuentro con alguien distinto.[21]

En la modernidad líquida propuesta por Bauman, a falta de emancipación plena por parte de las personas que debieran resistir a la fluidez de los tiempos, impera el individualismo narcisista que impide ver al otro como ser diferente de mí, pero que comparte el mismo mundo y tiene experiencias similares a las mías. El narcisismo reinante ahoga la voz de la alteridad: ahora se mira en un espejo, pero no se ve a los otros; se publica toda la existencia, contribuyendo así al ruido digital, pero se está igual que muchas personas, creando diálogos sordos, ciegos y desinteresados.

Siguiendo esta idea, una de las más recientes innovaciones de Facebook permite a los usuarios agregar contenido a sus "historias", por lo que se produce el fenómeno más narcisista de la era digital hasta el momento: suponer que a una persona le importa la historia de un contacto, pero cada una crea que la suya es lo más relevante. Al final, pocos son quienes dedican tiempo a revisar la historia de los otros, pero publican una propia pensando que otros sí la verán. Lo preocupante no es la historia que se cuenta, sino su forma, pues es efímera y completamente impersonal; por el contrario, sería completamente diferente escuchar la historia de viva voz para guardarla en la memoria. Lo expuesto en este ejemplo puede darnos idea de qué hay detrás de la crisis actual de la literatura: "El imperativo de aceleración lo nivela

---

[21] Byung-Chul Han, *La expulsión de lo distinto...*, p. 12.

todo volviéndolo igual. El espacio transparente de la hipercomunicación es un espacio sin misterio, sin extrañeza ni enigmas".[22]

De igual forma, resulta curioso que la falta de alteridad tenga los consultorios médicos con esos índices de gente con depresión y agotamiento. El mundo tardomoderno ya no mira hacia fuera, sino hacia adentro, donde no encuentra nada diferente que lo confronte. "Ninguna dimensión de alteridad está involucrada. La depresión, que a menudo culmina en *burnout*, se deriva de una autorreferencia excesiva, sobreexcitada que asume rasgos destructivos. El mundo virtual es pobre en alteridad y la resistencia que opone".[23]

Considerando lo anterior, la cuestión que surge a continuación es desentrañar, más allá del sistema individualista imperante del siglo XXI, cuál es la razón por la cual los seres humanos tienen dificultades para convivir con la alteridad.

Miedo

A diferencia de la antigüedad, y hasta antes de la Revolución Industrial y de la Declaración de los Derechos del Hombre y el Ciudadano, el mundo ofrecía tensión y resistencia a cada individuo de acuerdo con las circunstancias; sin embargo, está habituado a sobrevivir en el mundo, hoy en día, particularmente entrando al siglo XXI, con la idea del cuidado de la infancia, la tecnología que hace "más cómoda la vida", ha derivado en un deseo por no confrontar la existencia ni ofrecer resistencia al mundo ni al otro que nos rodea.

Steven Pinker ha señalado muy bien en *Los ángeles que llevamos dentro* que, desde los orígenes de la civilización, la violencia y el número de personas involucradas en conflictos bélicos ha disminuido de modo notable en

---

[22] *Ibid.*, p. 63.

[23] Byung-Chul Han, *Burnout society...*, p. 42. "No *dimension of alterity* is involved. Depression —which often culminates in burnout— follows from overexcited, overdriven, excessive self-reference that has assumed destructive traits. The virtual world is poor in alterity and the resistance it displays".

los últimos años del siglo xx e inicios del xxi; aunque aún hay muchos conflictos, la situación general no es comparable con lo que se vivía en los siglo anteriores. A los habitantes del mundo contemporáneo les horroriza la idea de los conflictos armados y casi no encuentran razones para pelear como se hacía antes; la guerra ha perdido casi toda su legitimidad y la "profesión de las armas", el brillo que tenía antes.

El sistema neoliberal contemporáneo elimina las estructuras estables de la fase sólida de la modernidad y fomenta la productividad mediante la fragmentación del tiempo de vida, así, provoca que los vínculos entre el ser y el mundo se vuelvan obsoletos. Este sistema occidental genera miedo e inseguridad, pues individualiza al sujeto convirtiéndolo en un aislado empresario de sí mismo. La individualización quiebra la solidaridad, la comunidad weberiana, y la competencia, motor económico de la aceleración social, produce miedo hacia los demás.

Un fenómeno triste durante el primer año de confinamiento por la pandemia mundial del 2020, fue la psicosis del sospechosismo acerca de que "el otro es el virus"; personas en el supermercado exigiendo distancia, o bien, incómodas porque los demás no guardan la "sana distancia" correspondiente respecto a uno y hacia los demás. Si bien era cierta la reducción de contagios por guardar este espacio, "el virus no es el otro"; quien contagia no es el otro por sí mismo, sino un virus alojado de manera involuntaria. A largo plazo, el problema no será la pandemia, sino la forma en que nos miramos los unos a los otros como enemigos, como un virus.

> Pero lo primero que uno aprende del contacto con los otros es que la única ayuda que nos pueden brindar es el consejo de cómo sobrevivir en nuestra propia e irremediable soledad, y que la vida de todos está llena de peligros que deben ser frenados y combatidos en soledad. Liberar a la gente puede volverla indiferente. El individuo es el enemigo número uno del ciudadano, sugería De Toqueville [...] 'El medio más seguro de volverse loco es involucrarse en los asuntos de otras personas, y la manera más rápida de volverse una persona cuerda y feliz es ocuparse de los propios asuntos'.[24]

---

[24] Zygmunt Bauman, *Modernidad líquida...*, p. 71.

El aislamiento de la persona, o bien, la idea de que cada uno sólo puede ser responsable de sí mismo y que el éxito o fracaso en la vida depende de cada quien, es un aspecto fundamental del miedo hacia el mundo y la alteridad. Resulta extraño que el planteamiento aristotélico que dicta que el ser es social por naturaleza se haya perdido; la persona que buscaba la fuerza para ofrecer resistencia al mundo hoy en día ya no lo hace; simplemente se asimila al mundo y se conforma con expresiones como "así nos tocó vivir" o "no hay nada que pueda yo hacer".

> El yo se orienta en función de los demás y se vuelve inseguro cuando cree que no puede mantener el paso. [...] De este modo, la noción de qué es lo que los demás piensan de uno y qué es lo que piensan que uno piensa de ellos pasa a ser una fuente de miedo social. Lo que agobia y destroza a la persona singular no es la situación objetiva, sino la sensación de desventaja en comparación con otros que resultan significativos.[25]

El asunto no es tanto la reducción de la violencia que demuestra Pinker, sino la incapacidad humana para ofrecer la resistencia frente al mundo o la alteridad, "los miedos de la sociedad contemporánea son difusos: miedo a quedarse al margen, miedo a equivocarse, miedo a fallar, miedo a fracasar, miedo a no responder a las exigencias propias".[26] El miedo se intensifica por una constante comparación con los demás.

Sería necesario vencer el miedo para romper la inercia cultural a la que se somete el mundo contemporáneo, como ha señalado Rosa en su teoría. Para lograrlo se requiere ver al otro, reencontrarse con su mirada, aceptar su diferencia y aprender de ella; para ser dueño de sí mismo, auténticamente emancipado y aspirar a la buena vida por la que nos hemos preguntado a lo largo de este libro, se necesita, en términos derridianos, ser anfitrión, es decir: intermediario entre el mundo y la alteridad. "Quiero ser dueño de mi propia casa [pareja] para poder recibir en ella a quien quiero. Comienzo a considerar como extranjero indeseable, y virtualmente como enemigo, a

---

[25] Heinz Bude, *Gesellschaft der Angst* [trad. cast. *La sociedad del miedo*], citado por Byung-Chul Han, *La expulsión de lo distinto...*, p. 55.

[26] Byung-Chul Han, *La expulsión de lo distinto...*, p. 57.

quienquiera que invada mi 'propio-hogar', mi *ipséimté*, mi poder de hospitalidad, mi soberanía de anfitrión".[27]

Al miedo sólo se le puede vencer enfrentándolo, pero no necesariamente para derrotarlo o desaparecerlo, sino para comprenderlo y aprender de él, pues a la alteridad no se le desecha, elimina o extermina, más bien se le conoce y, como ha demostrado Jürgen Habermas a lo largo de su vida, se dialoga con ella.

Una de las ideas más valiosas del trabajo de Immanuel Kant en *Respuesta a la pregunta qué es la Ilustración* y defendida por Pinker en su libro más reciente *En defensa de la Ilustración*, es aquella donde el uso de la razón, la comprensión y el entendimiento humano puedan salir de su "minoría" de edad y convertir al ser humano en un "ser emancipado", "dueño de sí mismo" y, en este sentido, dominador del mundo, tal como pretendían Bacon y Descartes.

> Al no existir una traducción autorizada de la 'exigencia silenciosa' a un inventario infinito de obligaciones y proscripciones, ahora corresponde a los individuos establecer los límites de su propia responsabilidad hacia los otros humanos y trazar la línea entre las intervenciones morales factibles y no factibles, así como decidir cuánto de su propio bienestar están dispuestos a sacrificar para cumplir sus responsabilidades morales hacia los demás.[28]

En la alteridad está la clave para recuperar el sentido del tiempo y vivir una buena vida; primero se precisa reconocer al otro, mirarlo a los ojos y compartir con él la propia historia y experiencia del mundo.

Respeto y experiencia del otro

El miedo hacia el otro no puede vencerse asimilando al otro en uno mismo, es necesario su reconocimiento como alteridad independiente; sólo así tiene sentido la idea de sociabilidad de Aristóteles y sólo el encuentro permite

---

[27] Jacques Derrida, *La hospitalidad...*, p. 57.

[28] Zygmunt Bauman, *Vida de consumo...*, p. 126.

la formación de una comunidad. Ahora bien, para que la comunidad funcione es necesaria la voluntad de los miembros y el respeto entre ellos, hacia su persona y también hacia las actividades que cada uno lleva a cabo por el grupo.

Desde la libertad individual, el reconocimiento del otro abre un espacio hacia la convivencia en la comunidad. Finalmente las palabras "común", "comunidad" y "comunicación" tienen una misma raíz que permiten la relación entre las personas.

Inspirada por una prueba realizada en la década de los años noventa por el psicólogo estadounidense Arthur Aron, Amnistía Internacional publicó un experimento realizado en Berlín donde, debido al rechazo hacia más de un millón de migrantes al interior del viejo continente entre el año 2006 y el 2016, pidieron a europeos sentarse frente a frente con refugiados de diferentes lugares del mundo durante cuatro minutos.[29] Este tipo de contacto, la posibilidad de ver a los ojos a un perfecto desconocido y el encuentro en solitario parecen demostrar que las ideas aristotélicas están vigentes en el siglo XXI, pues el ser humano es capaz de reconocer la alteridad y, comprendiendo su diferencia, dialogar con ella.

El mundo contemporáneo, inmerso en su aceleración tecnológica, obstaculiza el contacto cara a cara, ya no sólo con perfectos desconocidos, incluso, con personas cercanas:

> El videoteléfono produce la ilusión de una presencia y sin duda ha hecho más soportable la separación espacial entre amantes. Pero se nota siempre la distancia, que permanece, quizá con la mayor claridad en una pequeña descentralización. Efectivamente, en Skype no es posible mirarse el uno al otro. Cuando en la pantalla se mira a los ojos del otro, este cree que su interlocutor mira ligeramente hacia abajo, pues la cámara está instalada en el marco superior del ordenador. La bella peculiaridad del encuentro inmediato, la de que ver a alguien es siempre equivalente a ser visto, ha dejado paso a la asimetría de la

---

[29] Véase. Amnesty International, *Look beyond borders. 4 minutes experiment* (dir. Bartosz Dombrowski). Amnesty Poland (17 de mayo, 2016), 5:00 min. [Video en línea]: https://youtu.be/ f7XhrXUoD6U [Consulta: 31 de enero, 2021].

mirada. [Gracias a Skype] podemos estar cerca los unos de los otros las veinticuatro horas del día, pero dejamos constantemente de mirarnos.[30]

Es verdad que la tecnología puede acercar a los que se encuentran lejos, pero no puede brindar, al menos aún, la experiencia real del otro; y únicamente la experiencia real, frente a frente, confronta a la persona con la alteridad. Si bien la tecnología acerca, no permite la confrontación; por eso quizá resulta tan sencillo terminar relaciones por medios digitales, pues brinda la oportunidad de no encarar o dialogar con quien está enfrente.

De manera radical, no tanto el respeto, sino el amor hacia la alteridad es lo que permite una auténtica relación plena del (*Dasein*): "El Eros hace posible una experiencia del otro en su alteridad, que saca al uno de su infierno narcisista".[31] La figura de Eros en la mitología griega es fascinante, por un lado es un semidios, es decir, un intermedio (*daimon*), hijo de Poros (Abundancia) y Penia (Penuria). En ese sentido, reúne en sí todo un conjunto de notas contrarias: no es rico sino ávido de riquezas, no es bello sino amante de la belleza, no es sabio sino ansía la sabiduría, no es feliz sino tiende a la felicidad; es esencialmente el deseo de lo bueno, lo bello y de la felicidad. Por otro lado, hay una representación de Eros joven que se asocia como impulso creador, es decir, como el impulso que mueve al ser hacia el hacer.

El amor es la confrontación más radical existente del ser con otro ser, pues se abandona y es capaz de dar la vida por él. Es la alteridad manifiesta y humana por antonomasia, porque permite situarse en el lugar del otro sin ser otro (empáticamente)."El amor es una conclusión absoluta porque presupone la muerte, la renuncia a sí mismo. La 'verdadera esencia del amor' consiste en 'renunciar a la conciencia de sí mismo, en olvidarse de sí en otra mismisidad'".[32]

Si una persona logra vencer el miedo hacia la alteridad, si respeta o incluso ama al otro, accede a una nueva espaciotemporalidad que dibuja los

---

[30] *Süddeutsche Zeitung Magazin*, citado por Byung-Chul Han, *En el enjambre...*, p. 44.

[31] Byung-Chul Han, *La agonía del Eros*, Barcelona, Herder, 2014, p. 12.

[32] *Ibid.*, p. 39.

bordes de la existencia, pues accede a una dimensión del tiempo, a saber, el tiempo del otro.

Tiempo del otro

Hemos hecho énfasis a lo largo de este libro en la idea de que "somos tiempo". Cada una de las personas que habitan temporalmente el mundo es tiempo y, en ese sentido, el reconocimiento de la alteridad introduce el *tiempo del otro*. Para Byung-Chul Han la *fatigue* (fatiga) sólo puede surgir del *tiempo del sí mismo*; por el contrario, el tiempo del otro es accesible sólo a partir de la relación personal con la alteridad. El tiempo de sí mismo y el tiempo del otro sólo se disuelven con la muerte; pero la completa asimilación narcisista del otro en mí mismo o la absoluta distancia del sí mismo con respecto al mundo producen la muerte por ausencia de alteridad.

La muerte o terminación de un ciclo son las únicas formas de ruptura con la alteridad; ahora bien, como ya se ha señalado, uno de los bordes del tiempo es precisamente su acabamiento. Al terminar el tiempo de *Kronos*, la muerte propia y la del otro dan sentido a dos tiempos, el de la propia existencia y el del otro. "Las posibilidades se amplían, agrega Flusser, cuando incluyo al otro tiempo en mi tiempo, es decir, cuando 'reconozco' y 'amo': no estoy sólo en el mundo, sino que otros también están aquí [...] poniendo mi propio futuro a disposición de otro, dispongo yo del suyo".[33]

El tiempo *aionico*[34] no tiene sentido para un ser temporal. Del mismo modo en que una historia necesita un final, las relaciones humanas y el tiempo de la existencia sólo tienen sentido gracias a la terminación del tiempo, a la muerte. La alteridad, el tiempo del otro es lo que da sentido a la propia existencia de cada existente, se trata de un acontecimiento donde los tiempos se conjugan y comparten simultáneamente. En efecto, lo que guardamos

---

[33] Byung-Chul Han, *Hiperculturalidad...*, p. 26.

[34] Hacemos referencia a *Aion*, divinidad griega que simboliza el tiempo que siempre es y siempre será, razón por la cual se le representa como un niño alrededor de un círculo o como un viejo alado.

en la memoria no es el tiempo, sino el acontecimiento que sobrevino en la conjugación del tiempo.

> El poema sólo acontece en el encuentro con otro, en el misterio del encuentro, en presencia de un prójimo que esté enfrente: 'El poema quiere ir hacia algo Otro, necesita ese otro, necesita un interlocutor. Se lo busca, se lo asigna. Cada cosa, cada hombre es para el poema que mantiene el rumbo hacia ese Otro una forma de ese Otro'.[35]

En el ya citado filme del director hongkonés, Wong Kar-Wai, *2046*, el escritor y periodista Chow Mo-wan tiene un diálogo con Bai Ling, la mujer por la que se arrepentirá de no haber pasado más tiempo con ella:

> Chow Mo-wan: Si la encuentro... Un hombre como yo tiene mucho excepto tiempo libre. Es por lo que necesito compañía.
> Bai Ling: ¿Así que la gente sirve para llenar tu tiempo?
> Chow Mo-wan: Lo puedes decir así. La gente puede tomar mi tiempo prestado también.
> Bai Ling: ¿Y esta noche? ¿Está tomándome prestado o yo te estoy tomando prestado?
> Chow Mo-wan: No hay diferencia en ello. Tal vez te tomé prestado antes y ahora tú me tomas prestado.[36]

El tiempo del otro es hospitalidad, es apertura hacia una relación, es compartir la intimidad con la alteridad y, a la vez, estar abierto al otro, a la invasión de la intimidad, al sufrimiento y al cambio. El tiempo del otro es negatividad del propio tiempo, porque cuando uno utiliza el tiempo del otro ignora el propio. Como dice Jacques Derrida: "La hospitalidad ofrece, o no ofrece, al extranjero, a lo extranjero, a lo ajeno, a lo otro. Introduce la posibilidad de cierta separación dentro de nosotros mismos, muerte, ausencia, inquietud".[37]

---

[35]   Paul Celan, *Obras completas*, citado por Byung-Chul Han, *La expulsión de lo distinto...*, p. 101.

[36]   Juan Carlos Padilla, "Una distopía sobre la espacio-temporalidad", en Alfonso Ortega (coord.), *Cuando el futuro nos alcance: utopías y distopías en el cine*, México, Notas Universitarias, 2018, p. 395.

[37]   Jacques Derrida, *La hospitalidad...*, p. 7.

El tiempo epistémicamente objetivo, ligado a las rutinas institucionales, a las leyes, a las funciones, estorba al tiempo del otro, pues distrae y fuerza al sujeto a acelerarse socialmente entre compromisos, horarios y calendarios. El mundo tardomoderno de la aceleración social transgrede la apertura del tiempo del otro porque el tiempo es oro, no hay, se acabó o está destinado para otra actividad; en sentido derridiano, no es un tiempo de hospitalidad sino de hostilidad.

> Hoy una reflexión sobre la hospitalidad supone, entre otras cosas, la posibilidad de una delimitación rigurosa de los umbrales o de las fronteras: entre lo familiar y lo no-familiar, entre lo extranjero y lo no-extranjero, el ciudadano y el no-ciudadano, pero sobre todo entre lo privado y lo público, el derecho privado y el derecho público, etcétera.[38]

La hospitalidad implica un tiempo y un espacio en el que se suscita un encuentro, no puede presentarse sin acontecimiento, imposible si no hay sincronicidad espaciotemporal; por eso la manifestación del amor, o bien, el amor como acontecimiento, sería el mejor ejemplo del tiempo del otro, del que se comparte en el mundo.

> En hebreo 'fabricar tiempo' es equivalente a 'invitar' ¿cuál es esta extraña inteligencia de la lengua que certifica que para producir tiempo es preciso ser dos, o más bien es preciso que exista lo otro, una efracción de lo otro original? El porvenir se da como lo que nos viene de otro, de eso que es enteramente sorprendente.[39]

La negatividad es el otro, lo que sorprende y genera movimiento, lo que permite el encuentro y la interacción, lo que, en última instancia, genera, necesariamente, comunidad y vida en sociedad. Pero la existencia vital no es exclusivamente el encuentro con un otro, sino con muchos más que también conviven con la alteridad. Por eso resulta afortunada en este contexto la noción illichiana de convivencialidad, pues precisamente, el encuentro de las

---

[38] *Ibid.*, p. 55.

[39] *Ibid.*, p. 78.

alteridades en el mundo, aquí y ahora, es también el contacto, el diálogo y la relación que se requiere para generar resonancias y aspirar a la buena vida.

Convivencialidad

La convivencialidad propuesta por Illich implica el tiempo del otro en el tiempo propio y es, en palabras del propio autor, "la única alternativa a la contraproductividad y su reproducción ritual",[40] pues la alteridad en sí misma es un fin convivencial y no un medio que persiga productividad.

Más allá de la aceleración tecnológica, el problema de las herramientas contemporáneas consiste en el alejamiento de las personas entre sí; la interacción cotidiana se presenta más frecuentemente con máquinas que directamente con seres humanos: pagar o recibir dinero, comunicarse, jugar, escuchar música, etcétera.

La propuesta illichiana consiste en recuperar la idea de comunidad para construir espacios donde puedan multiplicarse las relaciones interpersonales mediante actividades de convivencia social y en donde las herramientas sirvan para el objetivo relacional y no el contraproductivo que domina en la actualidad: "La convivencialidad –escribe Illich– es libertad individual, realizada dentro del proceso de producción, en el seno de una sociedad equipada con herramientas eficaces".[41]

Para el filósofo francés Jacques Rancière, la convivencialidad consiste en distribuir los tiempos y los espacios de modo tal que el proyecto de emancipación *del* trabajo, que tanto agobia a los seres humanos del siglo XXI, sea emancipación *en el* trabajo, con el fin de que el trabajo se convierta en autorrealización y no meramente en dinero, motor económico de la aceleración social.

La convivencialidad constituye un ambicioso esquema para la crítica de las instituciones modernas, pero representa también algo más: un programa prác-

---

40 Humberto Beck, *Otra modernidad es posible...,*, p. 59.

41 Iván Ilich, *La convivencialidad* citado por *Ibid.*, p. 70.

tico de transformación política basado en el control social de la tecnología, la subversión de la estructura de las herramientas y el establecimiento de límites al desarrollo.[42]

La apuesta de Illich es estructural, pues no se trata simplemente, como las propuestas de desaceleración social, de encontrar salidas individuales y resonantes frente a la aceleración, sino una propuesta de cambio cultural y social. De acuerdo con él, hay dos clases de instituciones: las manipuladoras y las convivenciales. Las primeras, como lo son la escuela y el transporte, inhabilitan la libertad de los usuarios, pues son adictivas social y psicológicamente porque siempre exigen consumos cada vez más intensos; mientras que las segundas, como los parques o las bibliotecas, no imponen un consumo ni frustran a sus usuarios, pues alientan la accesibilidad general y tienden a autolimitarse.

La convivencialidad así entendida conduce a un ámbito de relación social porque el reconocimiento y la negatividad de la alteridad mueven, pero este movimiento siempre está en relación, la cual, a su vez, produce el movimiento. El tiempo del otro es un tiempo en relación que produce movimientos en múltiples direcciones con sus propios efectos y consecuencias, como sucede en el macrocosmos con la revolución de los planetas.

---

[42] *Ibid.*, p. 79.

CAPÍTULO 13

Tiempo de relación

Cada acto contiene la semilla de muchos más.

Janne Teller

Esta crítica sobre la teoría de la aceleración social de Hartmut Rosa encuentra su fundamento tanto en la comprensión de las dimensiones ontológicas y epistémicas (objetivas y subjetivas) de la temporalidad, como en la dialéctica del ser y el mundo, atendiendo particularmente la vinculación del ser con la alteridad con quien se comparte el mundo. Asumidas estas consideraciones y aceptadas sus variables, sólo resta indagar sobre el resultado de todas las interacciones ofrecidas por la dialéctica en cada una de las temporalidades posibles. En otras palabras, las acciones que llevan a cabo las personas en el mundo producen una serie de efectos y consecuencias en la alteridad y en el mundo, pero la esencia de esos efectos y consecuencias de las acciones humanas se encuentra no en los seres o en los objetos del mundo, sino en la tensión y relación entre ellos.

Libertad

Una de las variables que debemos tener siempre en cuenta en la dialéctica con el mundo es la de libertad, pues "la libertad es, fundamentalmente, una palabra relacional".[1] Es cierto, como ya han observado algunos autores como Peter Berger y Thomas Luckmann a través de la noción del "carácter dual de la sociedad", que la realidad social es una construcción previa al individuo, es decir, venimos a un mundo ya está constituido completamente aparte de nuestra voluntad; sin embargo, también es cierto, como ellos mismos reconocen, que el ser humano es quien decide, libremente, en qué aspectos del mundo sí puede y quiere intervenir para transformarlo. En ese orden de ideas, el grado de libertad del ser sería directamente proporcional al grado de transformación del mundo que ese ser puede aportar. "En lo teórico, el sujeto es finito y carece de libertad a causa de las cosas, cuya autonomía se presupone; en lo práctico, no es libre a causa de la unilateralidad [...] de los impulsos o las pasiones excitadas desde fuera, así como por la resistencia de los objetos, que nunca se elimina por completo".[2]

Es natural que los objetos y la alteridad, como se mencionó en el apartado anterior, ofrezcan resistencia al sujeto que conoce e interactúa, y es necesario el respeto, la distancia, entre el ser y su entorno para que pueda existir una relación. Si el ser se apropia del objeto o esclaviza al otro, no hay relación posible, porque en primera instancia, la relación es reconocimiento de la diferencia y aceptación de la tensión. Al estar frente a un objeto, el sujeto no es libre mientras siga siendo dependiente de él o trate de someterlo a su voluntad, a su objetivo y a su interés, aunque se tope con la resistencia del mismo objeto.

Al otorgar distancia y reconocimiento al objeto y a la alteridad, estamos reconociendo la propia identidad personal y abriendo la posibilidad a la relación; es precisamente la libertad de apropiarse del objeto lo que permite la relación, puesto que implica el rechazo a la apropiación del objeto

---

[1]   Byung-Chul Han, *Psicopolítica*..., p. 13.

[2]   Georg Wilhelm Friedrich Hegel, *Vorlesungen über die Ästhetik 1*, citado por Byung-Chul Han, *La salvación de lo bello*..., p. 78.

consintiendo su independencia y reconociendo su valor: sólo en la relación estética con el objeto el sujeto es libre.

> Ser libre no significa tan sólo ser independiente o no tener compromisos. La ausencia de lazos y la falta de radiación no nos hace libres, sino los vínculos y la integración. La carencia absoluta de relaciones genera miedo e inquietud. La raíz indogermánica *fri*, de la que derivan las formas libre, paz y amigo (*frei, friede, freund*) significa 'amar' (*lieben*). Así pues, originalmente, 'libre' significaba 'perteneciente a los amigos o los amantes'. La libertad no es posible sin un sostén.[3]

En otras palabras, no somos libres si no nos vinculamos. Desgraciadamente, el acelerado siglo xxi en que nos encontramos, debido a sus dinámicas consumistas e individualistas, profundamente ancladas en la noción de modernidad líquida baumaniana, el ser pierde la libertad de relación al apropiarse del mundo y, en consecuencia, conduce ora a la pérdida de libertad, ora a un aislamiento del mundo que impide el goce temporal y la relación con él.

Aislamiento

Reconocer y aceptar que la dialéctica con el mundo implica que el ser lo transforme por intervención directa o indirecta, pero también que el mundo modifique en su transformación la manera en que el ser se relaciona con él. Así, permite establecer el orden del mundo para comprender sus relaciones e interacciones.

El problema específico del ser en el mundo contemporáneo es que la aceleración social, entre otros factores, incide más en la forma en que nos relacionamos con el mundo que a la inversa; es decir, el ser humano en el siglo xxi es más afectado por los cambios del mundo de lo que puede transformarlo, por eso hemos hablado de la pérdida de sentido de la dirección del tiempo.

---

[3] Byung-Chul Han, *El aroma del tiempo...*, p. 53.

El mundo contemporáneo produce un aislamiento del ser en el que pierde relación, pues la aceleración tecnológica ofrece conexiones, no relaciones, y este aislamiento tiene como consecuencia una pérdida de interés hacia la alteridad e incluso hacia las cosas del mundo:

> El neoliberalismo convierte al ciudadano en consumidor. El votante no tiene un interés real por la política. No está dispuesto ni capacitado para la acción política común. Sólo reacciona de forma pasiva a la política, refunfuñando, quejándose, igual que el consumidor ante las mercancías y los servicios que le desagradan.[4]

El problema del aislamiento es que impide a la persona tomar decisiones, puesto que al ser que ha perdido interés en el mundo, le da lo mismo asimilar los objetos o alienarse a ellos. Tanto Bauman como Han usan el ejemplo de caminar sin rumbo (callejear) o el *zapping* (cambiar desinteresadamente de canal) para hacer un retrato del ser humano moderno, pues en ambas actividades, se pierde el interés del destino y sólo se transita entre canales o series de televisión y calles. También es cierto que la aceleración tecnológica genera mucho ruido que aturde al consumidor, quien ya no ve ni los anuncios publicitarios ni las entradas de Instagram, pues no le causan interés y le falta relación con los otros. Nunca será lo mismo pasar el tiempo con alguien que compartir memes; lo primero implica relación, lo otro solamente conexión.

Aunado al aturdimiento por el ruido del mundo, Byung-Chul Han emplea un tono irónico para decir que el fracaso frente a una buena vida sólo es responsabilidad de la persona, pues el mundo ofrece todas las oportunidades para ser feliz: "Quien fracasa en la sociedad neoliberal se hace a sí mismo responsable y se avergüenza, en lugar de poner en duda a la sociedad o al sistema".[5]

Una de las grandes paradojas de la modernidad es que, a pesar de encontrarnos en el momento con más tecnología y herramientas de comunicación, a la vez, el ser humano está en algún sentido más aislado e incomu-

---

[4] Byung-Chul Han, *Psicopolítica...*, p. 23.

[5] *Ibid.*, p. 18.

nicado que nunca, y esto se debe a que ya no hay relación, sino conexión. En la caja de resonancia digital de la modernidad sólo se oye hablar del sí mismo, la voz del otro desaparece cada vez más a causa de la ausencia del vínculo con la alteridad; la voz y el sonido del mundo no son escuchados.

Aquello a lo que llamamos "voz interior" no es la voz de otro; el ello no tiene voz. La idea de que "los ojos son el espejo del alma" no puede ser ya otra cosa que la idea narcisista de mirar dentro de nosotros mismos, o bien, que vemos en el otro sólo lo que queremos ver, es decir, no lo vemos. Uno mismo no puede mirarse, sólo se mira al otro. El verdadero interlocutor ha desaparecido y nos encontramos realmente solos y aislados en un mundo que nos pasa por encima.

> La comunicación digital es muy pobre de mirada y de voz. Los alcances y las interconexiones se entablan sin mirada ni voz. En eso se diferencian de las relaciones y los encuentros, que requieren de la voz y de la mirada. Es más, son experiencias especiales de la voz y de la morada. Son experiencias corporales.[6]

La sociedad del cansancio es sorda porque se encuentra sola y aislada, sería necesario que las generaciones por venir tengan mejores herramientas de relación para ser una *sociedad de oyentes*. No basta con descubrir el *tiempo del otro*, es necesario comenzar un *tiempo de relación*. Hemos permitido que la política y la sociedad neoliberales eliminen el tiempo del otro, porque para el mercado y la economía, dedicar el tiempo a los demás y estar en relación con ellos es improductivo.

Cuando Aristóteles afirmaba en su *Política* que "la razón por la cual el hombre es un ser social",[7] es evidente, por un lado, que no conoció la aceleración tecnológica, pero sobre todo, que tenía razón: somos sociales en

---

[6] Byung-Chul Han, *La expulsión de lo distinto...*, p. 92.

[7] Véase Aristóteles, *Política*, I-2, 1253 a 10-12. "Y la razón por la cual el hombre es un ser social [...] es evidente: la naturaleza, como decimos, no hace nada en vano; y el hombre es el único animal que tiene palabra. Pues la voz es signo del dolor y el placer, y por eso la poseen también los demás animales, porque su naturaleza llega hasta tener sensación de dolor y placer e indicársela unos a otros. Pero la palabra es para manifestar lo conveniente y lo perjudicial, así como lo justo y lo injusto. Y esto es lo propio del hombre frente a los demás animales: poseer, él sólo, el sentido del bien y el mal, de lo justo y de lo injusto, y de los demás valores y la participación comunitaria de estas cosas constituye la casa y la ciudad".

tanto que tenemos palabra, pero el mundo moderno ya no habla, no sostiene más un diálogo, sólo hace ruido y publica sus experiencias, es decir, no se comunica ni crea comunidad.

Comunidad

El aislamiento del que acabamos de hacer mención más que ser radical, consiste en una ausencia del tiempo del otro, pues sin duda hay interacciones y conexiones cotidianas, incluso relaciones, aunque sean efímeras. El problema se observa por el número de horas o de momentos en los que una persona puede entrar en relación auténtica con otra durante un día. Si pasamos ocho horas dormidos y seis más viendo una pantalla, el tiempo que pudiéramos dedicar se reduce considerablemente "a diferencia del tiempo del yo, que nos aísla y nos individualiza, el tiempo del otro crea una *comunidad*. Por eso es un *tiempo bueno*",[8] como afirma Byung-Chul Han.

La modernidad líquida de Bauman muestra una sociedad individualista que dificulta la constitución de auténticas comunidades; de hecho, el comunitarismo contemporáneo sería, en su opinión, la consecuencia lógica de la "acelerada licuefacción de la vida moderna". Sin embargo, el mundo actual es muy complejo y la comunidad se ve afectada y llena de nudos de tensión.

Primero, las personas buscan grupos a los cuales pertenecer, con seguridad y para siempre. En este sentido la familia se convierte, como es natural, en la primera comunidad, pues sería el lugar donde una persona se podría sentir segura de un modo permanente; pero hay familias destructivas que inclusive encuentran como amenaza a alguno de sus miembros, situación que conduce al rompimiento de esta primera comunidad y produce la huida de sus miembros, lo cual conlleva malestares sociales profundos que desencadenan problemas en múltiples direcciones.

Segundo, después de la familia, el Estado se convierte en el lugar donde una persona puede encontrar esa seguridad que le permite desenvolverse,

---

[8] Byung-Chul Han, *La expulsión de lo distinto...*, p. 123.

pues en muchos casos brinda la seguridad, empleo o pensión suficiente para la subsistencia de una persona por el sólo hecho de haber nacido en su territorio. No obstante, sabemos claramente que muchos Estados han perseguido, incluso, a alguna o algunas de las naciones que lo integran, razón por la que, quienes pertenecen a tales naciones, se ven necesitadas de refugio en otro lugar; ahí comienza la migración.

Cabe agregar, entre la familia y el Estado existen una serie de comunidades a las que podríamos denominar organizaciones intermedias –iglesia, escuela, agrupaciones de la sociedad civil, medios de comunicación–, las cuales cumplen con una función intermedia y de socialización e integración social.

Tercero, el tránsito de personas entre familias y Estados supone una de las dicotomías más importantes del análisis sociológico, a saber, la dicotomía entre seguridad y libertad. Así como cada familia aplica sus propias reglas de convivencia, al mismo tiempo, cada Estado dispone de las propias: "Cada civilización se distingue de las demás porque 'hace sociedad' de un modo *sui generis*, distinto de otros modos, que consiste en privilegiar un modo de 'construir relaciones' respecto a otros modos posibles".[9]

Consideremos algunos ejemplos: el gobierno ruso de Vladímir Putin ha sido enfático en no permitir el ingreso de musulmanes dentro de su territorio, en aras de impedir, por seguridad, cualquier tipo de terrorismo; debemos decir que lo ha logrado exitosamente, pero a costa de ciertas libertades de tránsito para los extranjeros y los propios rusos. Por el contrario, el gobierno de Angela Merkel en Alemania ha permitido el libre tránsito de personas ajenas a la Unión Europea en su territorio, en aras de la libertad; sin embargo, el costo de víctimas por ataques terroristas que los musulmanes se han atribuido es significativo, y la canciller podría perder el gobierno del país como consecuencia de esa política.

Esta dicotomía entre libertad y seguridad se puede hallar en todos los ámbitos sociales y es aplicable a otros territorios; México cuenta con un grado de libertad bastante amplio, pero la seguridad dentro de su territorio

---

[9] Pierpaolo Donati, *Repensar la sociedad (el enfoque relacional)*, Madrid, Ediciones Internacionales Universitarias, 2006, p. 232.

lo convierte hoy en el segundo lugar más violento del planeta, sólo después de Siria. En otro orden de ideas, una familia que desea tener seguridad y contrata guardaespaldas, autos blindados, pone muros altos, cámaras de vigilancia, etcétera, tendrá un importante nivel de seguridad, pero a costa del libre tránsito.

En este contexto, Bauman hace una distinción pertinente para el análisis de la diferencia entre nacionalismo y patriotismo; a su entender son dos maneras distintas de entender "comunidad a gran escala", pues mientras que el segundo integra a un mayor número de personas por los rasgos comunes que comparten; el primero, a la inversa, separa a los miembros del grupo por las diferencias.

> Patrotismo y nacionalismo [...] La primera tienen más probabilidades de inspirar estrategias antropofágicas (devorar a los extraños para que sean asimilados por el cuerpo del devorador y se hagan idénticos a las otras células, perdiendo así su diferencia), mientras que la segunda se asocia casi siempre con la estrategia antropoémica (vomitar y expulsar a los que merecen ser de los nuestros).[10]

En el fondo, la construcción de la comunidad tiene que ver esencialmente con los rasgos comunes que identifican a los miembros, pero también con las relaciones que tienen entre ellos y el tiempo que pasan juntos. El puente entre las nociones de comunidad, convivencialidad y relación implica el tiempo del otro en lo relativo al tiempo propio; es decir, las relaciones sociales existen por el tiempo y sólo a través de éste se establecen y cobran sentido.

Relación

La Real Academia de la Lengua Española entiende por sociedad al conjunto de individuos pueblos o naciones que conviven bajo normas comunes.[11]

---

[10]   Zygmunt Bauman, *Modernidad líquida...*, p. 187.

[11]   Real Academia Española, *Diccionario de la lengua española*, 23a. ed. [versión 23.4 en línea]:

La gran aportación de Pierpaolo Donati a la sociología es la comprensión de que la sociedad, más que la suma de sus miembros, es la relación que se desprende de ellos y los frutos originados por dicho vínculo. Este planteamiento constituye un enfoque alternativo para el análisis de la realidad social y una forma diferente de pensar la vinculación entre tiempo y relación.

> La relación social es el núcleo de la sociedad. La sociedad está hecha de relaciones sociales [...] Las relaciones sociales son formas específicas de interacción de las personas. Cada relación genera formas propias de interdependencia. Es evidente que nadie es estrictamente autosuficiente: para la gran mayoría de las cosas que hacemos a lo largo del día dependemos de otros, gracias a los cuales obtenemos lo que buscamos, mediante intercambios apropiados a la relación que nos une. En sociedad, guste o no, la interdependencia es inevitable.[12]

Sostiene Donati que una relación social tiene una triple semántica. La primera es como referente significativo, es decir, una manera de referirse a otra persona según un sentido concreto, propio de cada relación: "La relación va más allá de los sujetos que en ella participan. El significado de una relación no puede depender de cada persona singular".[13] No todas las personas están relacionadas con todas las demás, si alguien no significa nada para alguna otra, sencillamente no existe una relación social allí.

Segundo, como vínculo entre personas; es decir, una relación social implica un resultado de la relación recíproca entre las personas que se encuentran dentro de ella. En ese sentido, toda relación implica un intercambio recíproco en el cual se genera cierto vínculo. Todas las relaciones sociales implican interdependencia, pues estar en relación con alguien significa ser sujetos de condicionantes recíprocas e involucramiento con el tiempo del otro.

La tercera semántica es como realidad emergente, es decir, el resultado de la acción recíproca de los implicados genera una realidad relativa a

---

https://dle.rae.es [Consulta: 18 de julio, 2021].

[12] Zygmunt Bauman, *Modernidad líquida...*, pp. 10 y 12.

[13] *Ibid.*, p. 16.

las personas que se encuentran en relación. Cuando dos o más personas entran en relación se genera una realidad específica y propia; por ejemplo, los enamorados crean un lenguaje propio y específico que sólo sirve para comunicarse entre ellos, pues todos aquellos guiños, símbolos y gestos particulares de esa relación cobran sentido en esa relación específicamente y en ninguna otra.

Desde su origen, el ser humano es ya, además de tiempo, una relación de tipo personal, pues la interacción social humana implica, simultáneamente, cierto grado de reciprocidad. Para Donati, la reciprocidad es una categoría central de lo social e identifica al menos tres formas generales que, en términos de nuestro análisis, podríamos comprender como tiempos compartidos: reciprocidad societaria (abierta hacia cualquier otro que se encuentre conmigo), reciprocidad restringida (aquélla que se abre sólo cuando entro en relación voluntaria con otro) y reciprocidad extensa (permite vínculos de aproximación, mas no de relación íntima).

> Una relación social es aquella referencia– simbólica e intencional– que conecta sujetos sociales en la medida en que actualiza o genera un vínculo entre ellos, es decir, en cuanto expresa su acción recíproca. Esta acción recíproca consiste en la influencia que los términos de la relación tienen el uno sobre el otro, y en el efecto de reciprocidad emergente entre ellos.[14]

Así como en la teoría de la Gestalt en psicología se establece que el todo es mayor que la suma de sus partes, en sociología, a partir de la vertiente relacionista, podríamos decir que la sociedad es diferente a la suma de los individuos, ya que "las relaciones sociales trascienden a los sujetos implicados: se sitúan en un nivel distinto que pertenece sólo a la relación y no a los sujetos implicados".[15] Las relaciones sociales son hechos que acontecen en la interacción espaciotemporal de los individuos o personas entre sí, por ello, decimos que son relacionales, pues no son hechos aislados y estáticos, sino dinámicos, y sus dinámicas producen a su vez nuevas relaciones. "Las relaciones sociales no se pueden entender si se observan sólo sus compo-

---

[14] Pierpaolo Donati, *Repensar la sociedad...*, p. 15.

[15] *Ibid.*, p. 20.

nentes o sólo los sujetos implicados. Es preciso advertir cómo se conectan unos con otros y qué propiedades surgen de esa acción".[16]

La relación social y la teoría de la relatividad de Einstein tienen algo en común, y no sólo su raíz filológica. La ciencia social implica comprender y explicar por qué unos seres humanos tienen entre sí ciertas relaciones y no otras: "Estudiar la sociedad significa entenderla como relación social entre sujetos que crean estructuras y las modifican con el tiempo".[17]

Al decir relativo no debe entenderse que las reflexiones de este libro giren en torno al relativismo filosófico, el cual asume una postura parcial sobre la realidad y sus conexiones. Se trata más bien de una postura compleja de interacciones espaciotemporales que implica que las relaciones entre las personas se presentan de un modo único, singular y concreto en un momento y en un lugar determinados, y sólo pueden presentarse de una manera en el tiempo, aunque sus interpretaciones pudieran ser variadas.

"El sentido de una acción no se reduce a los motivos del agente: también hay que entender a las condiciones previas a las consecuencias que se derivan de un curso de acción para captar su sentido más completo".[18] La hermenéutica en general no puede prescindir del sentido que las personas dan a sus acciones; puede ciertamente comprenderla, como propone Max Weber, situarlo en un contexto espaciotemporal, pero no puede evitarlo, ignorarlo o negarlo.

La "pragmática relacional" referida por Donati implica que no existen sujetos y objetos aislados, sino tramas de relaciones en las que las personas y los objetos se definen relacionalmente. Es decir, la vinculación epistémica y ontológica constituye la esencia del fenómeno, el cual sólo puede operar bajo esas tramas de relaciones, produciendo efectos sistémicos, como lo señala Hartmut Rosa en su teoría. Es ampliamente aceptado que, a diferencia de los fenómenos naturales, los hechos sociales son contingentes y dependen de ciertas condiciones que pueden no existir, o bien, darse de

---

[16] *Ibid.*, p. 23.

[17] *Ibid.*, p. 26.

[18] *Ibid.*, p. 31.

otra manera. Estudiar la sociedad significa comprenderla como una relación social entre personas que crean estructuras y las modifican en el tiempo, en presencia de ciertos requisitos y bajo ciertas condiciones.

Señalamos que es tiempo de relación porque hemos olvidado, en el mundo contemporáneo, la importancia que tiene la interdependencia entre seres humanos, y sin una teoría relacional sería casi imposible comprender el tránsito de la sociedad tradicional a la moderna, de la moderna a la posmoderna y de esta a la *hipermodernidad*.

> La relación es más que una referencia, simbólica e intencional: implica también 'intercambiar algo', es decir, una acción recíproca en la que algo pasa de *ego* a *alter* y viceversa, lo cual genera un vínculo recíproco [...] El intercambio– aunque sea sólo de tipo comunicativo– puede ser el núcleo generador y el motor propulsor de las relaciones sociales".[19]

Es así que podemos sostener que las relaciones entre las personas son narrativas y las vinculan en la medida en que se actualizan sus interacciones, es decir, en cuanto hay reciprocidad con la alteridad. Desde luego, una relación se puede romper o diluir conforme la reciprocidad se acabe. Las relaciones sociales no sólo admiten, sino que exigen necesariamente una narración, una historia, pues sólo pueden existir en el tiempo.

Podríamos decir que el arte moderno estaba centrado en el ser humano y la naturaleza, no representa lo divino, como el arte clásico o medieval, sino lo humano y natural; por su parte, el arte posmoderno perdió la centralidad humana y deformó su rostro, pasando a dar mayor importancia a los objetos. Se convierte en una obra abierta y se burla de la sociedad, como refiere Umberto Eco en su *Opera aperta*; finalmente, el arte hipermoderno, juega con el receptor y lo invita no sólo a interpretar la obra, sino a interactuar con ella, es una arte efímero y vinculado a la experiencia a partir de performance e instalaciones.

> En el 'código histórico relacional' el tiempo social tiene una duración, porque la relación nace en un momento determinado, se desarrolla durante un cierto tiempo y sólo después muere. En el 'código interactivo' el tiempo social tiene

---

[19] *Ibid.*, pp. 71-72.

la duración de un evento, es decir, dura el tiempo de la mera comunicación, la relación nace y muere con ella. En el 'código atemporal simbólico' el tiempo social no tiene propiamente una duración, en el sentido bergsoniano de *durée*, porque es el tiempo de aquello que existe desde siempre; por eso, propiamente hablando, no es una relación social.[20]

La relación es el fundamento y se manifiesta por medio de la interacción. Si nos limitáramos al análisis de la mera interacción perderíamos la dimensión narrativa de la vida social, la historia de las relaciones y el fruto de sus acciones.

La razón por la que debemos llamar "servicios de red social" a las que hoy se denominan "redes sociales" tiene su sustento en la propia noción de red: los individuos existen en un contexto de relaciones y hay una relación entre estos vínculos, de tal suerte que la red no es el conjunto de individuos que mantienen contacto entre sí, sino el conjunto de sus mutuas relaciones. Las llamadas "redes sociales" no relacionan a las personas, pues no generan vínculos, son "servicios de red social" porque facilitan las conexiones, pero no garantizan la vinculación entre ellos.

La perspectiva relacional propuesta por Donati implica aceptar aspectos invisibles de realidad, aunque igualmente reales, dentro de los cuales la relación social es lo tercero que surge como nueva referencia social.

Uno de los riesgos de la postura relacional consiste en suponer que la complejidad de la relatividad se transforme en relativismo social, pero la misma complejidad del sistema social del siglo xxi, con su aceleración social incluida, advierte que no existen sujetos y objetos aislados y estáticos, sino "tramas complejas de relaciones en las que sujetos y objetos se definen relacionalmente".[21]

Para alcanzar la vida buena es necesario recuperar una noción de relación que guíe a las personas a un reencuentro con la alteridad; asimismo, para recuperar el sentido del tiempo existencial es preciso dejar de lado, o bien, mandar a un segundo plano, la aceleración tecnológica que en lugar

---

[20] *Ibid.*, p. 96.

[21] *Ibid.*, p. 130.

de cumplir su promesa de facilitar la vida de las personas, las aísla y les impide tener relaciones auténticas; sin embargo, de la relación no se puede prescindir, pues como afirma Donati, es el tejido de todo.

Conclusiones

Lo que motivó a Hartmut Rosa para elaborar la teoría de la aceleración social fue la pregunta sobre la buena vida y por qué no la tenemos. La primera parte de este libro expuso la teoría del autor y los problemas que enfrenta para ser evaluada y empleada para responder a esta cuestión social existencial. *La teoría de la aceleración social debe ser leída, analizada y medida por partes para que pueda brindar soluciones razonables desde los diferentes ámbitos del quehacer humano*, pues se trata de una teoría compleja y transdisciplinaria que abarca variables diversas, las cuales van desde la sociología hasta la filosofía y desde la psicología hasta la medicina y biología. Creemos firmemente que la desaceleración funcional brinda una de las respuestas más importantes frente al fenómeno de la aceleración y la desaceleración disfuncional, es decir, las enfermedades por aceleración social. Asimismo, sostenemos que se trata de una aproximación transdisciplinaria capaz de explorar causas y consecuencias de la aceleración social en la salud personal y social.

Tanto el científico Steven Pinker y como el historiador Eric J. Hobsbawm coinciden en una apreciación positiva de la historia global de la humanidad a lo largo del tiempo. Es decir, ambos afirman que si se analiza la historia de la humanidad, el siglo XXI se descubre como un tiempo mejor que todos los siglos anteriores, desde el punto de vista de grandes problemas, principalmente materiales, que aquejaron a nuestra especie humana.

Por un lado, Pinker considera que el progreso de la humanidad tiene tres peldaños: la razón, la ciencia y el humanismo, mismos que deben ser defendidos, pues sus logros pudieran disolverse si sólo se toma en cuenta el discurso negativo de la cultura contemporánea. Aunado a lo anterior, afirma que no debemos temer a las nuevas tecnologías, dado que el progreso de la razón, la ciencia y el humanismo, iniciado con la Ilustración, fundamenta una esperanza razonable en el progreso si las instituciones humanas sacan lo mejor de las personas: "Muchas instituciones, aunque imperfectas, resuelven problemas [...] la gente vive más, hay más abundancia, salud, seguridad, conocimiento (alfabetización), libertad, etc.".[1]

Es innegable que, a largo plazo, el análisis histórico de la humanidad termina por disolver los discursos apocalípticos sobre el siglo XXI, sin embargo, como declara Eric Hobsbawm "lo que vaya a ocurrir tendrá forzosamente alguna relación con lo que ya ha ocurrido".[2] *En este sentido el mundo del siglo XXI es más consciente de las consecuencias que acarrean las acciones globales, el mundo de hoy es menos drástico que el de los siglos pasados,* "el verdadero problema no es ambicionar un mundo mejor, es creer en la utopía de un mundo perfecto".[3]

No deseamos caer en discursos catastrofistas que sólo miran el lado negativo del mundo contemporáneo, es precisamente la esperanza de un lugar mejor, de una buena vida, lo que nos mueve a revisar, desde la filosofía, la teoría de la aceleración social, a fin de responder por qué motivo, a pesar de los progresos históricos, no estamos aún conformes con los resultados.

---

[1] Cfr. Steven Pinker, *En defensa de la Ilustración*, Barcelona, Paidós, 2018.

[2] Eric Hobsbawm, *Entrevista sobre el siglo XXI*, Barcelona, Crítica, 2012, p. 14.

[3] *Ibid.*, p. 216.

Immanuel Kant, quien viviría el periodo de la primera Revolución Industrial, es uno de los primeros pensadores en cuestionar la dirección y el sentido del progreso, pues los cambios sociales, culturales y tecnológicos no siempre han impulsado positivamente al ser humano. En consecuencia, se requiere el contrapeso del discurso negativo desarrollado por la filosofía alemana del siglo XXI, no por un deseo irracional de autodestrucción, el cual, sin duda, puede surgir también en caso de que se desprecien algunos logros culturales vigentes; sino por un gesto de supervivencia, pues la negatividad de lo opuesto remite a una acción en sentido inverso, es decir, positivo.

Uno de los problemas que enfrenta la sociedad actual es que ni siquiera se percata de los problemas que surgen irremediablemente a su alrededor, no es consciente de su realidad, porque el mundo pasa frente a ella como un torbellino y apenas le da tiempo de adaptarse al entorno. No le es posible criticarlo, apenas tiene tiempo de asimilarlo para sobrevivir: "Cornelius Castoriadis afirma que lo que está mal en la sociedad en la que vivimos es que ha dejado de cuestionarse a sí misma. Ya no reconoce la alternativa de otra sociedad, se considera absuelta del deber de examinar, demostrar, justificar la validez de sus presupuestos explícitos o implícitos".[4]

Es importante hacer consciencia entre los habitantes del mundo en el siglo XXI de la necesidad de re-agruparnos en torno al mundo y reconocernos en él. El ser humano, como sostiene Hartmut Rosa, es en sí mismo una caja de resonancia que, asimilando el entorno y reflexionando sobre él, puede comunicar a la alteridad las cosas del mundo con las que encuentra resistencia, tanto para asimilarlas como para transformarlas. *Sólo a partir de acciones, en principio individuales, se podrá revertir el proceso de aceleración, pues la inercia cultural, por su motor estructural, impide que el sistema en que vivimos pueda modificar, estructuralmente, la manera en que nos desenvolvemos con el mundo.*

Hartmut Rosa ha referido que la desaceleración social es consecuencia de la aceleración, por lo que no son fuerzas en balance; y así como no hay

---

4 Zygmunt Bauman, *Modernidad líquida…*, p. 28.

un factor que lo acelere todo, podemos afirmar, no hay tampoco una receta para desacelerarlo todo. Es por ello que *sólo las acciones individuales y luego comunitarias e institucionales podrán revertir, con el tiempo, el proceso de aceleración*. Quizá el mismo tiempo que tarda un proceso de aceleración requiera, al menos, el mismo tiempo para regresar al punto de inicio.

Como argumenta Pinker, las instituciones pudieran ayudar a recomponer el tejido social y a rescatar a los individuos o las sociedades, en este caso, del desenfrenado ritmo de vida y cambio social al que se está expuesto en este siglo; sin embargo, no todas las instituciones serán capaces de hacerlo del mismo modo e, incluso, pueden surgir y cobrar fuerzas algunas otras que nos arrojen a una mayor aceleración social. En el fundamento individual y cultural estará la consistencia de las instituciones que nos puedan ayudar a desacelerarnos.

> [Hay] dos clases de instituciones: las manipuladoras y las convivenciales. Las instituciones manipuladoras, como la escuela y el transporte motorizado, inhabilitan la libertad de sus usuarios: son adictivas social y psicológicamente, porque siempre exigen consumos cada vez más intensos. Las instituciones convivenciales, como los parques o las bibliotecas, no imponen un consumo ni frustran a sus usuarios, porque alientan la accesibilidad general y tienden a autolimitarse.[5]

Cuando una institución pasa más tiempo preocupada por adquirir certificaciones de acreditación que atendiendo las necesidades sociales para las que fue creada, podemos afirmar que será una institución incapacitada para cumplir con su labor social.

Una de las claves para comprender la aceleración social, desde su origen, consiste en la observación de la ruptura de la unidad espaciotemporal de la existencia. El aumento en la velocidad de producción, transporte y comunicación incentivó el consumo que, a su vez, detonó los motores de aceleración. Si en la vida cotidiana las acciones individuales, consciente-

---

[5] Humberto Beck, *Otra modernidad es posible...*, pp. 80-81.

mente, integran la espaciotemporalidad de sus actividades, entonces, se puede recuperar el sentido del tiempo y con ello buscar la buena vida.

La misión de una persona que desea alcanzar una vida buena y gozar lo más vital, que es la existencia misma, necesitará re-aprender a vivir el tiempo en el mundo; en ese sentido, las tres aportaciones implícitas en el trabajo de Rosa son claves, pues en la vida, como en el deporte, se requiere de *estrategia*: "La estrategia temporal de Heidegger se basa en devolver al tiempo su anclaje, su significatividad, proveerlo de un nuevo sostén, volver a integrarlo en una trayectoria histórica".[6]

La *resonancia* funciona en un doble sentido. Por un lado, hace consciente a la persona de su ser-en-el-mundo, por otro comunica y comparte con otro el tiempo de su existencia. En esta dialéctica del ser con el mundo que se comparte con otros seres, al ser cada uno tiempo y compartir la existencia, el tiempo se redescubre.

> Aquel que existe en forma propia siempre dispone de tiempo. Siempre tiene tiempo porque él mismo es tiempo. No pierde el tiempo, porque no se pierde [...] La estrategia temporal de Heidegger consiste en transformar el 'no tengo tiempo para nada' en un 'siempre tengo tiempo'. Es una estrategia de la duración, una tentativa de recuperar el dominio perdido sobre el tiempo a partir de una movilización existencial del sí-mismo.[7]

Tal vez, como pensaba Kant, la (más perfecta) buena vida no llegará en ésta, sino en otra distinta que podría encontrarse más allá de la muerte. Las religiones, a diferencia de las ideologías políticas generadas por Occidente, ofrecen una esperanza con respecto a la trascendencia humana que, si bien es sólo una esperanza y "la esperanza no es la victoria", mantiene vivas las aspiraciones de alcanzar el objetivo trazado.

Una persona que crea verdaderamente en algún tipo de trascendencia no tendrá prisa por vivir, será paciente y, como un campesino de la antigüedad, esperaría el momento oportuno para la cosecha; en última instancia,

---

[6] Byung-Chul Han, *El aroma del tiempo...*, p. 96.

[7] Humberto Beck, *Otra modernidad es posible...*, pp. 97-98.

como se desprendía de ciertas ideas de Francis Bacon, no se trata de dominar la naturaleza, sino de dialogar con ella. Esta forma religiosa de vivir permite la serenidad manifiesta en aquello que no podemos comprender del mundo a través de una fe.

> El último Heidegger abandona el énfasis en el actuar y remite a otra relación con el mundo muy distinta, la llamada 'serenidad' (*Gelassenheit*), que es un movimiento contrario (*Gegenbewegung*) a la resolución del actuar, una contra-calma (*Gegenhruhe*). La serenidad nos da la posibilidad de estar en el mundo de un modo completamente distinto [...] El aburrimiento profundo sólo llegará a su final cuando la vita activa, en su crítico final, integre en sí la vida contemplativa y vuelva a ponerse a su servicio.[8]

Religión, *resonancia* y *estrategia* son entonces elementos clave para reaprender a vivir el tiempo de la vida en cada persona, y el propio Hartmut Rosa, de quien deriva este libro, ha caído en cuenta de ello. Ahora bien, nosotros, por otro lado, enfatizamos diferentes aspectos que requieren atención para devolverle al tiempo de la existencia su equilibrio.

Lo importante de *trazar los bordes del tiempo* es que permiten a la persona comprenderse entre sus pliegues, es decir, entender que el mundo tiene sus propios tiempos, diferentes a los subjetivos, y que el tiempo ontológico tiene sus propias formas, de modo que el ser roza las fronteras de los bordes pues es parte de ellos.

La reflexión filosófica apunta a un cambio en las perspectivas y las acciones de las personas que habitan el mundo, primero, generando conciencia y después, buscando estrategias para transformar y transformarse en el mundo. *La contraproductividad nos enseña que los instrumentos no deben perder su función original y el ser no debe convertirse en esclavo de sus herramientas*. El mundo contemporáneo, en su mayoría, en lugar de buscar la felicidad y la buena vida está desbordado en la actividad de adquirir bienes y riquezas, transformando al ser ilustrado en un *animal laborans*.

---

[8]   Byung-Chul Han, *El aroma del tiempo...*, pp. 121-122.

> La realidad es que la gente, aparentemente muy pocas veces hace lo que 'realmente quiere hacer'; en lugar de ello, se dedica —sin ninguna coerción, claro está— a actividades que, en realidad, no le atraen mucho [...] Las personas se dedican voluntariamente a hacer lo que 'realmente' no quieren hacer [...] Esta forma extraña y completamente nueva de alienarnos respecto de nuestras propias acciones resulta también, en mi opinión, de las lógicas autopropulsadas de la competición y la aceleración.[9]

La *desincronización* se presenta por la ruptura de la unidad espaciotemporal, por lo cual, es necesario reagrupar el espacio y el tiempo para que el ser sea y esté presente aquí y ahora, sin olvidar que el pasado y el futuro son los extremos a partir de los cuales se desenvuelve, pero sin perderse en ellos, sin desincronizarse. Para resincronizar la existencia debemos alejar las herramientas desincronizantes, o bien, utilizarlas estratégicamente.

Una de las preguntas filosóficas de la existencia tiene que ver con la *dirección* del tiempo. Para eso sirven el pasado y el futuro. El sentido de la vida no es algo escondido que se tenga que encontrar; más bien es algo que se ha de descubrir con el paso del tiempo en nuestra existencia. Cada persona, como persona, es única e irrepetible, sus circunstancias son exclusivas y el tiempo de su vida tiene un límite; la dirección que le dé a esta vida y las acciones que en ella desempeñe, darán sentido a su existencia.

El *sentido del tiempo*, como se ha comprendido en la historia de la ciencia, encuentra reposo en la relación que existe entre las cosas del mundo, entre las personas que habitan el mundo. Sólo podemos estar en relación con las personas que se encuentran a nuestro alrededor, con quienes compartimos el tiempo y el espacio, el aquí y el ahora, y *este tiempo compartido tiene sentido para las personas en relación y para el mundo que los cobija*: "Una 'buena vida' podría ser, al final, aquella que es rica en experiencias multidimensionales de 'resonancia'; una vida que vibra a lo largo de 'ejes de resonancia'".[10]

---

[9] Hartmut Rosa, *Alienación y aceleración...*, p. 163.

[10] *Ibid.*, p. 182.

La alteridad es lo distinto a nosotros, lo que permite el movimiento del mundo y del ser en el mundo, porque confronta al ser y porque las acciones que realizamos en el mundo sólo tienen sentido y dirección, pues van dirigidas a alguien, a alguien que nos mira y aprende de nosotros. Max Weber dilucidó desde la sociología que lo importante era encontrar el motivo de las acciones humanas, el motor que inspira sus movimientos, el sentido de su danza, por eso creó lo que conocemos hoy como sociología comprensiva, a la cual nos afiliamos.

Hemos comprendido que la vida misma de una persona cambia cuando algo la confronta, la detiene y la motiva a transformarse. Observemos lo que Hartmut Rosa escribió:

> Tendemos a olvidarnos de lo que 'realmente' queríamos hacer y quiénes 'realmente' queríamos ser. Estamos tan dominados por el deseo de reducir la lista de cosas por hacer y dedicarnos a las actividades de consumo y gratificación instantánea (como ir de compras o ver televisión) que perdemos nuestro sentido de 'lo auténtico', de aquello que en verdad queremos. Así, en palabras de Ödön von Horvath, al final tenemos la sensación de que somos alguien muy diferente, porque nunca encontraremos tiempo para ser él o ella.[11]

Con ello, puso a prueba la teoría de la aceleración social, pues el problema no es tanto si las cosas se han acelerado o nosotros mismos lo hemos hecho y aumentamos la velocidad de las actividades, sino que el aumento de la velocidad impide ver en perspectiva. *Si pasamos el tiempo de la vida acelerando los procesos para ganar tiempo, pero el tiempo no nos alcanza para hacer lo que en verdad queríamos hacer, terminamos haciendo en la vida sólo aquello que no queríamos hacer... a largo plazo, si vivimos el tiempo de la vida así, terminaremos viviendo una vida que no queremos vivir.*

Para recuperar el sentido del tiempo hay que apropiarnos del espacio, reconocer la alteridad, entrar en relación: "¡La felicidad, en suma! Sí, la felicidad amorosa es la prueba de que el tiempo puede albergar la eternidad".[12] Debemos creer que otra realidad es posible porque podemos transformar el

---

[11] *Ibid.,* p. 164.

[12] Byung-Chul Han, *La agonía del Eros...*, p. 45.

tiempo y la vida a nuestro alrededor y así alcanzar la buena vida cuando se extinga el tiempo.

La legítima preocupación sobre la buena vida está llena de aristas que no pueden agotarse a partir de una teoría, pero la discusión aporta para continuar con la reflexión. Hemos expuestos ideas de pensadores desde las primeras etapas del pensamiento clásico, con Anaxágoras, hasta los últimos momentos que estamos viviendo, en cuarentena, a mediados del año 2020, y no sin riesgo de descontextualizar a los autores; sin embargo, la preocupación por una buena vida, ahora y siempre, se mantendrá vigente y en estas páginas se entretejen algunas propuestas que pretenden resonancia.

Referencias

Arendt, Hannah, *La condición humana*, Barcelona, Paidós, 2003.

Bartra, Roger, *La melancolía moderna*, México, FCE, 2017.

Baudrillard, Jean, *La transparencia del mal,* Barcelona, Anagrama, 1990.

Bauman, *Modernidad líquida*, México, FCE, 2006.

______, *Vida de consumo*, México, FCE, 2007.

______, *Flaneur, Spieler und Touristen. Essays zu postmodernen Lebensformen*, Hamburgo, Hamburger, 1997.

Beck, Humberto, *Otra modernidad es posible: el pensamiento de Iván Illich*, Barcelona, Malpaso, 2017.

Berger, Peter y Thomas Luckmann, *La construcción social de la realidad,* Buenos Aires, Amorrortu, 1993.

Böhme, Hartmut, "Do We Want to Live in a Posthuman Age? Speed and Deceleration in Our Culture", en Böhme, Hartmut y Hartmut Rosa (eds.), *The Art of Deceleration*, Alemania, Hatje Cantz, 2012.

Boorstin, Daniel, *Los descubridores*, Barcelona, Crítica, 2000.

Brüderlin, Markus y Uta Ruhkamp, "Wheezing Politicians, Crashing Financial Markets, Wild Pendulum Swings, Burnout, and Life Eternal: Interview with the Sociologist", en Böhme, Hartmut y Hartmut Rosa (eds.), *The Art of Deceleration*, Alemania, Hatje Cantz, 2012.

Carrière, Jean-Claude y Umberto Eco, *Nadie acabará con los libros*, México, Lumen, 2010.

Derrida, Jacques, *La hospitalidad*, Buenos Aires, Ediciones de la Flor, 2008.

Donati, Pierpaolo, *Repensar la sociedad (el enfoque relacional)*, Madrid, Ediciones Internacionales Universitarias, 2006.

Dóriga, Enrique, *El universo de Newton y de Einstein: introducción a la filosofía de la naturaleza*, Barcelona, Herder, 1985.

Ehrenberg, Alain, *Wearinness of the Self: Diagnosing the History of Depression in the Contemporary Age*, Montreal, McGill Queen´s University Press, 2010.

Ferrer, Christian, *Cabezas de tormenta x*, Buenos Aires, Terramar, 2005.

Foucault, Michel, *Freiheit und Selbstsorge, Interwie 1984 und Vorlesung 1982*, Frankfurt del Meno, Materialis, 1985.

Georgescu-Roegen, Nicholas, *La décroissance: Entropie-Écologie-Économie*, París, Sang de la terre, 1995.

Gramsci, Antonio, *Odio a los indiferentes*, Barcelona, Ariel, 2011.

Guerrero, Luis, *Kierkegaard: los límites de la razón en la existencia humana*, México, Publicaciones Cruz, 1993.

Habermas, Jürgen, *Teoría de la acción comunicativa I (Racionalidad de la acción y racionalización social)*, México, Taurus, 2007.

Han, Byung-Chul, *Burnout society*, Stanford, Stanford University Press, 2015.

______, *El aroma del tiempo*, Barcelona, Herder, 2016.

______, *En el enjambre*, Barcelona, Herder, 2014.

______, *Filosofía del budismo Zen*, Barcelona, Herder, 2015.

______, *Hiperculturalidad*, Barcelona, Herder, 2018.

______, *La agonía del Eros*, Barcelona, Herder, 2014.

______, *La expulsión de lo distinto*, Barcelona, Herder, 2017.

______, *La salvación de lo bello*, Barcelona, Herder, 2016.

______, *La sociedad de la transparencia*, Barcelona, Herder, 2016.

Han, Byung-Chul, *La sociedad del cansancio*, Barcelona, Herder, 2012.

______, *Psicopolítica*, Barcelona, Herder, 2014.

______, *Sobre el poder*, Barcelona, Herder, 2016.

______, *Topología de la violencia*, Barcelona, Herder, 2016.

Heidegger, Martin, *Die Grundbegriffe der Metaphysik*, Frankfurt del Meno, Klostermann, 1992.

______, *El ser y el tiempo*, México, FCE, 2010.

Heinkel, Ernst, *Memorias*, Barcelona, AHR, 1956.

Hobsbawm, Eric, *Entrevista sobre el siglo XXI*, Barcelona, Crítica, 2012.

Illich, Iván, "La convivencialidad", en *Obras reunidas I*, México, FCE, 2006.

Kahneman, Daniel, *Pensar rápido, pensar despacio*, México, Penguin Random House, 2018.

Kant, Immanuel, *Si el género humano se halla en progreso constante hacia lo mejor*, México, FCE, 1990.

Kierkegaard, Sören, *La enfermedad mortal*, Madrid, Trotta, 2008 (Colección Estructuras y Procesos: Filosofía).

Klein, Stefan, "In the Tsunami of Stimuli On the "Velocity" Drug", en Böhme, Hartmut y Hartmut Rosa (eds.), *The Art of Deceleration*, Alemania, Hatje Cantz, 2012.

Kotler, Phillip, *Marketing 3.0*, México, LID, 2011.

Latouche, Serge y Didier Harpagès, *La hora del decrecimiento*, España, Octaedro, 2011.

Levinas, Emmanuel, *El tiempo y el Otro*, Barcelona, Paidós, 1993.

______, *Totalidad e infinito*, Salamanca, Ediciones Sígueme, 2001.

Luhmann, Niklas, *Introducción a la teoría de sistemas*, México, UIA/ITESO, 1996 (Autores, textos y temas, Ciencias Sociales 11).

Morin, Edgar, *Introducción al pensamiento complejo*, Barcelona, Gedisa, 2007.

Nietzsche, Friedrich, *Humano, demasiado humano*, Madrid, Akal, 1996.

Ott, Ulrich, "How Meditation Changes the Structure of the Brain", Böhme, Hartmut y Hartmut Rosa (eds.), *The Art of Deceleration*, Alemania, Hatje Cantz, 2012.

Padilla, Juan Carlos, *Importancia de la teoría del conocimiento en el proceso comunicativo*, México, Universidad Panamericana, 2008.

Padilla, Juan Carlos, "Una distopía sobre la espacio-temporalidad", en Alfonso Ortega (coord.), *Cuando el futuro nos alcance: utopías y distopías en el cine*, México, Notas Universitarias, 2018.

______, *Confusio Linguarum Epistemologica: comunicación de la realidad y realidad de la comunicación*, México, Universidad Panamericana, 2007.

Pinker, Steven, *En defensa de la Ilustración*, Barcelona, Paidós, 2018.

______, *Los ángeles que llevamos dentro*, Barcelona, Paidós, 2011.

Real Academia Española, *Diccionario de la lengua española*, 23a. ed. [versión 23.4 en línea], https://dle.rae.es.

Reheis, Fritz, "Liberation from the Turbo Principle: The Dictatorship of Money and the Prospect of an Ecology of Time", en Böhme, Hartmut y Hartmut Rosa (eds.), *The Art of Deceleration*, Alemania, Hatje Cantz, 2012.

Rosa, Hartmut, "Aceleración social: consecuencias éticas y políticas de una sociedad de alta velocidad desincronizada", *Persona y Sociedad*, Universidad "Alberto Hurtado", 1, XXV (2011), pp. 9-49.

______, *Alienación y aceleración: hacia una teoría crítica de la temporalidad en la modernidad tardía*, Buenos Aires, Katz Editores, 2016.

______, *High-speed Society: Social Acceleration, Power, and Modernity*, Pennsylvania, The Pennsylvania State University Press, 2010.

______, *Social Acceleration: A New Theory of Modernity. New Directions in Critical Theory*, Nueva York, Columbia University Press, 2013.

Rovelli, Carlo, *¿Y si el tiempo no existiera?*, Barcelona, Herder, 2018.

______, *The Order of Time*, Londres, Allen Lane Penguin Books, 2018.

Schalansky, Judith, *Atlas de las islas remotas*, México, Paidós, 2015.

Searle, John, *La construcción de la realidad social*, Barcelona, Paidós, 1997.

______, *Making the Social World: the Structure of Human Civilization*, Oxford, Oxford University Press, 2010.

Sison, Alejo, *La virtud: síntesis de tiempo y eternidad. La ética en la escuela de Atenas*, Pamplona, EUNSA, 1992.

Soca, Ricardo, *El origen de las palabras: diccionario etimológico ilustrado*, Bogotá, Rey Naranjo, 2016.

Taylor, Charles, *Human Agency and Language: Philosophical Papers* vol. 1, Cambridge, Cambridge University Press, 1985.

Los bordes del tiempo se imprimió el 21 de noviembre de 2021,
Solemnidad de Cristo Rey del Universo,
en Litográfica Ingramex, S. A. de C. V.
Centeno 162-1, Granjas Esmeralda, Iztapalapa,
C. P. 09810, Ciudad de México, México